1913
世纪之夏的浪荡子们

Der Sommer des Jahrhunderts

[德] 弗洛里安·伊利斯 著

续文 译

译林出版社

1月

希特勒在美泉宫花园散步时遇见斯大林；弗兰茨·卡夫卡儿乎为爱疯狂 / 1

2月

纽约的"军械库展"引发了现代艺术的大爆炸；一些女人在弗洛伊德博士面前袒露自己的灵魂，每小时100克朗；可可·香奈儿小小的帽子店扩大了经营 / 37

4月

希特勒在流浪汉之家庆祝他的二十四岁生日；托马斯·曼在构思《魔山》；卡夫卡靠每天下午的除草工作来治疗他的"倦怠症" / 113

3月

阿诺德·勋伯格在公众场合吃了一记耳光；维特根斯坦在剑桥开始他的郊游和他的新逻辑；弗吉尼亚·伍尔夫写完了她的第一本书 / 79

目录
contents

7月

度假去！埃贡·席勒和奥地利皇位继承人弗兰茨·斐迪南玩铁路模型；马蒂斯带给毕加索一束花 / 197

5月

施尼茨勒与妻子激烈争吵，甚至想饮弹自尽；希特勒登上去往慕尼黑的火车；斯特拉文斯基和未来的情人可可·香奈儿初次相遇 / 139

6月

卡夫卡起草了一份求婚书，D. H. 劳伦斯发表了《儿子与情人》；德国军队继续膨胀 / 175

8月

弗洛伊德晕厥了；毕加索和马蒂斯一起骑马；赖纳·马利亚·里尔克有女客来访；有人送给弗兰茨·马尔克一只温驯的鹿 / 217

9月

弗吉尼亚·伍尔夫和卡尔·施米特想自杀；弗洛伊德和C. G. 荣格唇枪舌战；查理·卓别林签下他的第一份电影合同 / 247

10月

先锋派们聚在一起搞神秘剧；德皇威廉二世给民族大会战纪念碑举行落成典礼；奥古斯特·马克在瑞士阳光明媚的图恩湖边发现了天堂 / 271

12月

马列维奇画了一个黑色的四方形；《蒙娜丽莎》在佛罗伦萨；里尔克情愿变成一只刺猬；施尼茨勒开球迎来1914年 / 329

11月

普鲁斯特的《追忆似水年华》第一卷出版；普拉达的第一家时装店在米兰开业；杜尚把一只车轮放在一把餐椅上 / 299

主要参考书目 / 356

致谢 / 366

I
月

在这个月,希特勒在美泉宫花园散步时遇见斯大林,弗兰茨·卡夫卡几乎为爱疯狂。一只猫爬上西格蒙德·弗洛伊德的长沙发。天很冷,脚踩在雪地上嘎吱作响。埃尔泽·拉斯克-许勒穷困潦倒,她爱上了戈特弗里德·贝恩,从弗兰茨·马尔克那儿得到一张画着马的明信片,却把加布里勒·明特称作废物。恩斯特·路德维希·基尔希纳描画波茨坦广场上的妓女。首次翻筋斗特技飞行成功了。但一切都是徒劳。奥斯瓦尔德·斯宾格勒已经在写《西方的没落》。

《蓝马之塔》,弗兰茨·马尔克

这是1913年的最初时刻。一声枪响划破漆黑的夜空。人们听到短促的咔嚓一声，扣在扳机上的手指绷紧了，然后是第二声沉闷的枪响。被惊动的警察匆忙赶到，立刻逮捕了射手。他的名字是路易斯·阿姆斯特朗。

这位来自新奥尔良的十二岁少年想用一把偷来的手枪迎接新年。警察把他关进牢房，在1月1日一大早就送他进了一家叫作"彩色流浪儿之家"的感化院。在那儿他依旧率性而行，感化院的负责人彼得·戴维斯无计可施，只好随手塞给他一把小号（他本来是想给他一巴掌的）。路易斯·阿姆斯特朗却突然沉默了，几近深情地接过乐器，他的手指在前一夜刚刚紧张地拨弄过手枪扳机，现在再度触摸到冰冷的金属，不过，这次不再有枪响。还在负责人的办公室里，他就让小号发出了第一阵温暖而野性的声音。

"正是那午夜的枪声。巷子里和桥上的叫喊。钟鼓轰鸣。"来自布拉格的报道：弗兰茨·卡夫卡博士，供职于波希米亚王国工人意外伤害保险公司。他的读者坐在遥远的柏林，在伊马努埃尔大街29号的整层套房里。读者只有一人，然而对他来说却是整个世界：菲丽丝·鲍尔,二十五岁,淡金色头发,身形瘦削,动作有些笨拙,她是卡尔·林德斯特伦有限公司的速记员。8月里下着倾盆大雨的一天,两人匆匆相识,她的双脚湿淋淋的,他的脚也很快冰凉。但是从此以后,他们在深夜里写信,在家人都已入睡的时候,他们写热情如火的、不可思议的、稀奇古怪的、疯狂迷乱的信。经常在午后还追发一封。有一次,菲丽丝连续几天杳无音信,他从惶恐不安的梦中醒来,满心绝望地开始写《变形记》。他曾对她讲过这个故事,稿子在圣诞节来临前夕完成(如今它躺在他的写字桌抽屉里,被菲丽丝寄给他的两张她自己的照片焐热)。不过,从这封跨年夜的信中她才得知,她遥远的、深爱着的弗兰茨何等迅速地变形成了一个可怕的谜。他没来由地问,要是他们约好了在美因河畔的法兰克福见面,在参观完一场展览之后再去剧院,而他躺在床上不动,她会不会拿伞狠狠地揍他。卡夫卡先是连用三个虚拟式提出这个问题。接着他似乎是毫无恶意地对他们共同的爱情起誓,梦想着菲丽丝和他的手紧紧相牵,永不分开,以便能继续话题:"毕竟有可能的是,一对夫妻以这种方式联系在一起,被带上绞刑架。"多迷人的情书写法。两人还没有亲吻过,男人就已经在想象一同走向绞刑架的道路。卡夫卡自己一时好像也被他突然冒出来的想法惊到了:"那时候我脑子里到底在想些什么啊?"他写道。解释相当简单:"是新的一年的数字里的13造成的。"以此,世界文学史上的1913年开始了:以某种暴力的想象开始。

❋

寻物启事。达·芬奇的《蒙娜丽莎》不见了。1911年它被人从卢浮宫中偷走,迄今还没有找到可靠线索。巴勃罗·毕加索受到巴黎警方的审讯,不过他有不在场证明,便被释放回家。卢浮宫里,悲伤的法国人把一束束鲜花倚放在光秃秃的墙壁上。

❋

在1月的开头几天,确切的日子我们不知道,一个稍有些衣冠不整的三十四岁俄国人从克拉科夫坐火车来到维也纳北站。外面下着暴风雪。他走起路来一瘸一拐。他的头发今年还没有洗过,乱糟糟的小胡子在鼻子下面如同蔓生的矮树丛,却掩盖不了脸上的麻子。他脚穿俄式农民靴,提着一只塞得鼓鼓囊囊的箱子。刚一到站,他就立即上了一辆有轨电车,被带到希青区。他的护照上写的是"斯塔夫罗斯·帕帕佐普洛斯",听起来像是希腊语和格鲁吉亚语的混合发音,和他的外表一样蓬乱,和当时的天气一样冷,每个海关人员都信了这个名字。在克拉科夫的另一次流亡途中,他在前一夜最后一次和列宁对弈时赢了,他已经赢了七次。他明显更善于下棋,而不是骑自行车。列宁曾经也试图教会他骑自行车,最后失望了。革命家必须行动迅速,他对他灌输道。但是这个男人,这个原名叫作约瑟夫·维萨里奥诺维奇·朱加什维利,现在称自己是斯塔夫罗斯·帕帕佐普洛斯的男人,学不会骑车。圣诞节前夕,他狼狈地跌倒在克拉科夫上了冻的鹅卵石路面上。他的腿上还伤痕累累,膝盖扭伤了,好几天后才能出门。当他一瘸一拐地向列宁走去时,列宁微笑着称呼他:我的"华丽的吉奥尔格"。他从列宁那儿拿到了去往维也纳的假护照。旅途愉快,我的同志。

他毫无障碍地通过国境线,像患了热病一般心神不宁地坐在火车上。他的手稿和书籍在椅子下面,是他在换乘时急匆匆地塞进箱子里的。

现在,已经抵达维也纳,他扔掉了那个格鲁吉亚假名。从1913年1月起,他说:我的名字是斯大林,约瑟夫·斯大林。从有轨电车上下来,他看到右手边的美泉宫在冬日灰蒙蒙的天幕下闪闪发亮,后面是花园。他走进美泉宫宫殿路30号,列宁给他的小纸条上是这么写的:"按特罗扬诺夫斯基的门铃。"于是他掸掉鞋子上的雪,用手帕擤了擤鼻涕,有些不安地按下门铃。女仆出来了,他说出约好的暗号。

❇

维也纳贝尔格巷19号,一只母猫蹑手蹑脚地溜进西格蒙德·弗洛伊德的书房,那里正在进行星期三晚间小组的例行集会。它是在短时间内造访此地的第二位令人惊喜的女客:去年深秋,露·安德烈亚斯-莎乐美就已闯入这群绅士们的圆桌会谈,最初她遭遇到猜疑的目光,而今却收获殷勤的敬意。露·安德烈亚斯-莎乐美的吊袜带上挂着一长串精神巨匠,那是她的战利品:她在圣彼得大教堂的忏悔室中遇见尼采,和里尔克上床,在俄国跟托尔斯泰在一起,据说弗兰克·韦德金德的《露露》以她命名,理查德·施特劳斯的《莎乐美》亦是如此。现在她的弗洛伊德至少在精神上向她缴械投降了——这年冬天,她甚至可以在他工作的楼层住下来,和他讨论他正在创作的新书《图腾与禁忌》,倾听他抱怨C. G. 荣格和苏黎世那帮叛变了的心理学家。不过最重要的是,这位已经五十二岁的露·安德烈亚斯-莎乐美,数本关于精神和性爱的书籍的作者,自己也在精神分析领域受到大师的指导——她将于3月在哥廷根开设自己的诊所。因此她坐在隆重的星期三晚间小组之中,旁边是博学的同事们,右边是那张在当时就已富有传奇色彩的长沙发,到处散落着小雕塑——痴迷于古代的弗洛伊德搜集它们来安慰当代的自己。此刻,在露进门的同时,一只猫也迅速溜进这个庄严的圈子。一开始,弗洛伊德被惹火了,不过当他看到这只猫何等好奇地观察那些希腊花瓶和罗马小雕塑时,他感动了,让人给它奉上一点牛奶。但是露·安德烈亚斯-莎乐美记录道:"尽管他的爱意和惊异升腾,猫却压根没理会他,有着狭长瞳孔的绿色眼珠转向他时,跟看任意一件物品没两样。哪怕他只是想得到比它的自私-自恋的呼噜声多一点的东西,也不得不把脚从舒服的躺椅上放下来,借助鞋尖自创的最迷人的动作来吸引它的注意。"接下来的每一周,这只猫都可以进入小组聚会,后来它生病了,还可以缠着裹布和绷带躺在弗洛伊德的长沙发上。它证明自己是可以被医治的。

❖

说到体弱多病,里尔克到底藏哪儿去了?

❖

当时的人心怀恐惧,害怕1913年会成为灾难之年。加布里埃尔·邓南遮把他的《圣塞巴斯蒂安的殉难》送给一位朋友,在题词中情愿预见性地把年份标记为"1912+1"。阿诺德·勋伯格面对这个不吉利的数字时不由凝神屏息。他不是凭空发明"十二音音乐"的，作为现代音乐的基础之一，它也是从其创造者对将要到来的事物的恐惧中诞生出来的。理性从迷信的头脑中诞生。在勋伯格的作品中，"13"这个数字从不出现，不会成为节拍数，甚至页码数也回避它。当他惊恐地意识到，他的歌剧《摩西与亚伦》(Moses und Aaron)的标题共有13个字母时，他就画掉了亚伦名字里的第二个a，这部剧自那以后就叫作《摩西与阿伦》(Moses und Aron)。整整一年都笼罩在不吉利的数字的阴影之下。勋伯格是在某一年的9月13日出生的——莫名的惶恐折磨着他：害怕死在某一个13日的星期五。但是一切努力均告徒劳。阿诺德·勋伯格还是死在一个13日的星期五（只不过是在1913+38这一年，即1951年）。1913年也给他准备了一个惊喜。他在公开场合被扇了耳光。且容稍后再谈。

※

现在先说说托马斯·曼的出场。1月3日一大早，曼在慕尼黑登上火车。他先读了一些报纸和信件，眺望窗外被白雪覆盖的图林根森林的山丘，不一会儿，在不无忧虑地想着他的卡蒂娅的时候，就在温暖过头的车厢里不停地打起瞌睡来。卡蒂娅已经再度启程去往山里的一个疗养地了。夏天时他曾去达沃斯探望过她,在医生的候诊室里他突然有了创作一部伟大小说的灵感,但是现在再想起来,他又觉得这灵感毫无意义。这个疗养院里的故事太脱离现实了。好吧,眼下他的《死于威尼斯》就要在几周之后出版了。

托马斯·曼坐在火车上,一面担心他的衣服,漫长的火车旅行总是会在衣服上留下这样的压痕,让他很是气恼,到旅馆后他得让人再熨一遍他的大衣。他站起身,把车厢之间的隔门推到旁边,决定来回走动一会儿。其他人的思想总是那么呆板,他们都以为是乘务员来了。窗外飞快地掠过多恩伯格的城堡、巴特克森、萨勒河畔的葡萄藤。一排排的葡萄藤从厚厚的白雪下面沿着架子爬上来,宛似斑马的条纹。原本是相当漂亮的,但托马斯·曼却感觉到内心的恐惧不断膨胀,越接近柏林越明显。

刚下火车,他就让人载去"菩提树下"旅馆,在前台东张西望,看看会不会被跟在他后面挤进电梯的别的客人认出来。然后,他在自己的房间里安顿下来,他一直住同一间房。他不嫌麻烦地换了一身衣服,又梳了梳小胡子。

同一时间在柏林城最西边的格鲁内瓦尔德,阿尔弗雷德·克尔正在他位于霍曼街 6 号的别墅更衣间里给自己打上领带，捻捻两撇小胡子，让它们的末端挑衅般地向上翘起来。

他们的决斗将在八点整开始。七点一刻，两人都坐上四轮机动出租车赶往德意志剧院的小型戏剧场。他们同时到达，互相视而不见。外面很冷，两人快步进门。他们曾经在波罗的海海滨的班辛交锋过，不过这事就别外传了。那一次，德国最有名的评论家和最虚荣的花花公子阿尔弗雷德·克尔追求有着猫一样眼睛的富有的女犹太人卡蒂娅·普林斯海姆。然而她拒绝了这个思想狂野的骄傲的布雷斯劳人，却向死板的汉萨同盟人托马斯·曼投怀送抱。确实令人费解。不过，或许今天晚上克尔能够一雪前耻。

托马斯·曼在第一排坐下，试图营造出静穆的气场。今晚他的《菲奥伦扎》在柏林首演，这本书是他在爱上卡蒂娅的时候写的。但是他预感今天可能会遭遇挫败，这部剧长久以来都是个令他担心的孩子。为了避免它成戏，本来就不应该把它写成一部戏的，他想。"我曾经尝试做出一些挽救，但不认为人们会听我的。"从慕尼黑毛厄基歇尔街13号的家中出发之前，他在给马克西米利安·哈登的信中如此写道。

他痛恨眼睁睁地看着自己陷入不幸，这不是他托马斯·曼该有的。然而他在12月的排演中所看到的一切都不是什么好兆头。他痛苦地关注着这部剧,它本应该生动地再现佛罗伦萨文艺复兴的全盛时期,但事情没有按照预想的发展,嘘声远多过赞美。

不知何时,曼越过左肩偷瞄了一眼。在那边的第三排,他发现了阿尔弗雷德·克尔,他的铅笔在笔记本上飞快地舞动。观众席间一片黑暗,曼却仿佛从克尔的脸部线条上捕捉到一丝微笑。这是虐待狂的微笑,他很高兴,这场演出给他提供了折磨人的最佳材料。而当他发觉到托马斯·曼不安的目光时,他甚至兴奋得浑身一阵颤抖。托马斯·曼和不幸的《菲奥伦扎》现在落在他手中了,他享受着这种快感。因为他知道:他将会死死握住拳头,一旦他松开手,此剧就会颓然倒地,断无生机。

这时,幕布放下来了,友好的掌声响起,友好到甚至让导演在他唯一一场真正成功的演出中能够两度邀请托马斯·曼走上舞台。在后来几周的无数次通信中,他都没有忘记提起这件事。两次!他尽可能郑重地鞠躬,两次!看起来一切都是自然发生的。阿尔弗雷德·克尔坐在第三排,他没有鼓掌。就在当夜,他回到格鲁内瓦尔德的别墅后,叫人送来一杯茶,开始狂书。他庄严地坐到打字机前,第一步,是在纸上打下一个罗马数字"Ⅰ"。克尔给他的段落单独编号,就好像它们是一部大部头的分卷一样。首先,他磨一下刀:"作家是一个精致的、略显单薄的小灵魂,它源自甘于寂寞的屁股。"然后,他就说开了:菲奥伦扎女士,她大约被看作佛罗伦萨的象征,却完全是一个无血无肉的人,整部剧好像是在图书馆里拼凑起来的一样,僵硬、枯燥、无力、庸俗、啰唆。以上都是他的原话。

待到克尔把他的第十节也标好序号写完,他心满意足地把最后一张纸从打字机里抽出来。毁灭来了。

第二天早晨,当托马斯·曼登上回慕尼黑的火车时,克尔已让人把稿子送去《白日》报编辑部。1月5日,文章发表了。托马斯·曼读到它就崩溃了。他"不够男人",克尔这么写道——这点经常在曼的身上得到印证。克尔说这话是影射托马斯·曼隐秘的同性恋倾向呢,抑或曼只是把它理解成一个暗示呢?都是一回事。克尔目光的精准只有克劳斯可以媲美,他用言辞刻下入骨的创伤。无论如何,托马斯·曼都感觉自己被深深地伤害了,正如他所形容的:"深入血"。1913年的整个春天,他都没有从这批评中恢复过来,没有哪封信里不流露出这个迹象,没有哪一天他不对这家伙生气,对这个克尔。曼在给胡戈·冯·霍夫曼斯塔尔的信里写道:"我那时已经大概知道将要来临的事态,但它仍超出了所有的预期。这样一种恶毒的闲话,再不知情的人也定能从中看出个人的杀意!"

他这么写,只因为他没有得到我,亲爱的托米。从疗养地归来的卡蒂娅安慰他,慈母般温柔地抚过他的头发。

❋

两个民族神话诞生了:在纽约,《名利场》的第一期出版;在埃森,卡尔和特奥·阿尔布莱希特的母亲打造出第一家阿尔迪超市的雏形。

❋

那么恩斯特·云格尔过得怎样?"良好"。至少,十七岁的云格尔在哈默尔恩的进步主义教育学校里写的一篇关于歌德《赫尔曼和窦绿苔》的作文得到了这样的评分。即便他写下了这样的话:"史诗把我们带回法国大革命的时代,大革命的熊熊火光甚至把在宁静的莱茵河谷和平生活的居民们从柴米油盐中,从怡然自得的瞌睡中吵醒。"但老师还是觉得不够好。他用红色水笔在空白处写道:"该表达过于冷静。"我们知道:在其他所有人还不拿他当回事儿的时候,恩斯特·云格尔已经是个冷静的人了。

❋

每天下午,恩斯特·路德维希·基尔希纳都坐上新建成的地铁,到波茨坦广场站下车。其他一些"桥社"的画家们也刚刚离开他们的建社地德累斯顿,那座被遗忘的美妙的巴洛克夏日之城。他们随同基尔希纳一道迁居柏林:埃里希·赫克尔、奥托·米勒、卡尔·施密特-罗特鲁夫。他们是一个宣誓过的团体,分享色彩和女人;他们的绘画相似,极易混淆——然而柏林,这个令人悸动的严苛之地,这个自称是首都的地方,使他们分裂成个体,不断锯开连接他们的桥梁。当他们在德累斯顿赞美纯粹的色彩、大自然和人类裸体时,所有人都在一起互相支持。在柏林,团体的衰落近在眼前。

但是恩斯特·路德维希·基尔希纳却是在柏林才回归自我的——那时他已三十出头。他的艺术是城市的,更粗暴,形象被过度拉伸,他的绘画风格如此忙乱且富有攻击性,正如城市本身。他的作品蒙着一层大都市的烟尘,如同额头上的一道清漆。刚一进入地铁车厢,他的目光就已经在贪婪地追踪人群。他在膝上做初步的快速研究,用铅笔涂上两三笔,一个男人、一顶帽子、一把伞。然后他下车,从熙熙攘攘的人群中挤出去,手里攥着速写本和颜料。阿辛格酒馆吸引了他的脚步,那里只要付上一碗汤的钱就可以坐上一整天。因此,基尔希纳窝在酒馆里,看看,画画,看看。冬日的黄昏很快降临,波茨坦广场上的噪声震耳欲聋,这是欧洲最繁忙的广场,在人们眼前纵横交错的不仅是城市的交通干道,还有传统和现代的千丝万缕:从地铁里走上来,踩在融雪的泥泞中,还能看到地面上运输木桶的马车,旁边紧挨着第一批高贵的汽车和四轮机动出租车,正努力绕过马粪。好几辆有轨电车同时穿越宽阔的广场,拐弯的时候,拖曳的金属声充填了广袤的空间。车辆中间:人,人,人,所有人都在奔跑,仿佛追赶不上飞跑的时间,他们头顶上是一幅幅兜售香肠、古龙水和啤酒的广告牌。拱廊下聚集着衣着华美的荡妇、妓女,这广场上唯一极少移动的群体,好似网边的蜘蛛。她们脸上蒙着寡妇的黑面纱以躲避警察的监管,不过人们第一眼看到的是她们硕大的帽子,古怪的塔状结构上镶嵌着羽毛。初冬的夜幕降临,路边的煤气灯亮起了绿色的光。

这映照在波茨坦广场妓女脸上的惨淡绿光和她们身后的大城市喧嚣的噪声,正是恩斯特·路德维希·基尔希纳想变成艺术的东西。变成画。但是他还不知道如何下手。所以暂且继续画下去吧——"我对我的素描称呼'你',"他说,"对我的绘画称呼'您'。"于是他抓起他以"你"相称的朋友们,他把最后几小时里在桌上画成的一堆密密麻麻的草图塞进画夹,匆匆赶回家,钻进工作室。在威尔姆斯多夫,杜拉赫大街14号的二楼,基尔希纳给自己搭了个洞:几乎到处都挂满了东方地毯，到处都塞满了非洲和大洋洲的雕像和面具、日本的伞，旁边是自己的雕刻品、自己的家具、自己的画。在基尔希纳这一时期的一些照片上，他要么赤身裸体，要么穿黑西装，打领带，雪白的高领衬衫，指间随意地夹着香烟，好像奥斯卡·王尔德一般。他身边总是有艾尔娜·谢林，他的情人，他在德累斯顿的无私女友朵朵的后继者，一个充满自由思想的现代短发女性，容貌和卡夫卡的菲丽丝·鲍尔惊人地相似。她用基尔希纳和自己设计的刺绣品装饰居室。

一年前，基尔希纳在一家柏林舞场结识了艾尔娜和她的妹妹格尔达·谢林，当时赫克尔的女友西蒂也站在舞台上。他用悲伤的眼神在第一个晚上就把美丽的女舞者吸引进自己的工作室，因为他在看到她们第一眼时就明白：她们富有构造艺术的身体"教育我的审美感受，教会我塑造我们时代身形美丽的女性"。基尔希纳先是和十九岁的格尔达在一起，后来又和二十八岁的艾尔娜，其间还和她们两人共同在一起。荡妇、缪斯、模特、姐妹、圣女、妓女、情人——在他笔下的人物身上很难界定。从几百张素描中，我们知晓这两个女人的每一个细节，格尔达给人感官的刺激，艾尔娜有着小巧坚挺的乳房和宽宽的臀部，聚精会神地陷于感伤的沉默。这一时期有一幅奇妙的画作，左边是三个抓人眼球的裸体女人，右边是画家在他的工作室里，嘴里叼着烟，用行家的目光审视女人们，自鸣得意。"帕里斯的评判，"他用黑色的颜料在画布背后写道，"1913年，恩斯特·路德维希·基尔希纳。"

只是，当"帕里斯·基尔希纳"在这天夜里从波茨坦广场返回家中时，灯已经灭了，帕里斯没来得及评判，艾尔娜和格尔达已经睡着，身体深深地埋在客厅巨大的软垫里，这客厅由于他们地狱般的三人行后来变成了柏林在全世界最知名的一间屋子。

❋

普鲁士公主维多利亚·路易丝和汉诺威国王恩斯特·奥古斯特二世在1月第一次亲吻。

❋

在维也纳，卡尔·克劳斯独立支撑的《火炬》在当时就已被视为传奇般的单人杂志。它的新年版上发出了一声呼救："埃尔泽·拉斯克-许勒为了她儿子的教育需要1 000马克。"签名者中有塞尔玛·拉格洛夫、卡尔·克劳斯、阿诺德·勋伯格。这位女作家在和赫尔瓦特·瓦尔登离婚后，再也无力支付她儿子保罗就读的奥登瓦尔德中学的费用。对于是否应该刊登求助启事，克劳斯思想斗争了半年,在此期间,保罗早已转入德累斯顿的寄宿学校。但是在圣诞节时分,即便是他克劳斯,这个刽子手和严格区分情感与理智的人,也被同情心压倒了。于是他真的把这则小小的启事登在《火炬》最后一点空白处。之前克劳斯写过:"我看到一个末日小鬼在为世界的衰败做准备,他是堕落的使者,把尘世的灵薄狱烧得滚烫。"

※

柏林格鲁内瓦尔德区洪堡大街13号,狭小的阁楼房间里寒冷刺骨,埃尔泽·拉斯克-许勒把自己裹在层层叠叠的毯子里,这时刺耳的门铃声响起,打破了她的白日梦。拉斯克-许勒,狂野的黑眼睛,深色毛发,逐爱,厌生,她披上东方晨袍,给邮递员开门,接过邮件:她远在维也纳的严苛朋友卡尔·克劳斯寄给她的鲜红的《火炬》杂志,此外,在它下面,是一个小小的蓝色奇迹:"蓝骑士"艺术家弗兰茨·马尔克的一张明信片。拉斯克-许勒,以及她五颜六色的衣服、咔嗒作响的戒指和手镯、狂野而神奇的幻想;她是当时那个急匆匆奔入现代社会内涵的东方的化身,是一个理想的形象,是克劳斯、瓦西里·康定斯基、奥斯卡·柯克西卡、鲁道夫·斯坦纳和阿尔弗雷德·克尔等各个不同类型的男人的欲望对象。但是靠偶像崇拜是没法生活的。埃尔泽·拉斯克-许勒日子过得极糟糕,如今她和大画廊老板兼《风暴》杂志的出版商赫尔瓦特·瓦尔登离婚了,而他又和那个可怕的内尔,他的新妇,出入于多个咖啡馆,致使她没法再走进去。不过,正是在这样一家艺术家咖啡馆,她在去年12月邂逅了弗兰茨和玛利亚·马尔克,他们成为她的保镖,她的守护天使。

埃尔泽·拉斯克-许勒把《火炬》拿在手里,对卡尔·克劳斯发布的感人启事还一无所知,然后她把弗兰茨·马尔克寄来的明信片翻过来。她在无声的欢呼中呆住了。她远方的朋友在狭小的空白处画了一座"蓝马之塔",那些浑身充满力量的动物们彼此堆积,直到天际,完全超越时代,却正好切中时代。她感觉她收到了一份独一无二的礼物:蓝骑士的第一群蓝马。或许这位总是感觉到一切的特别的女士甚至感觉到了更多的东西——从这张明信片的灵感出发,之后几周在遥远的辛德尔斯多夫将诞生一座更宏伟的"蓝马之塔",一幅画,一套纲领,一张世纪图景。不久之后,它将燃烧起来;而且独独是这张小小的明信片,上面直到今天仍然保留着弗兰茨·马尔克和埃尔泽·拉斯克-许勒的指纹,它将永恒地叙说蓝骑士开始驰骋的那个时刻。

女诗人感动地看到大画家如何把她的标志,即新月和金色的星星,纳入他小小的蓝马画作中。对话开始了,联想、话语、明信片你来我往。她叫他幻想的"迦南王子",她自己是"底比斯的优素福王子"。1月3日,埃尔泽就回信感谢她所收到的蓝色奇迹:"这张卡片多么美丽——我一直都期待我的白马能配上这类我最喜爱的颜色。我该如何感谢你!!!"

之后,当马尔克甚至通过明信片邀请她同去辛德尔斯多夫时,已被离婚和柏林折腾得筋疲力尽的她立刻答应下来,和马尔克夫妇一起登上火车。她穿得太过单薄,玛利亚·马尔克把她塞进随身携带的一条毛毯里。很有可能,她和托马斯·曼正坐在同一列火车上,后者刚从搞砸的《菲奥伦扎》首演式回来,匆匆赶往家族城堡。这真是个美妙的设想,德国文化的北极和南极于1913年在同一列火车上。

羸弱的女诗人到达阿尔卑斯山麓的辛德尔斯多夫之后的头一段时间,她确实和弗兰茨·马尔克及其妻子玛利亚住在一起,玛利亚是个长得五大三粗的女人,刮狂风的时候,马尔克会溜到她的翅膀下面去。"画家马尔克和他的母狮子",埃尔泽这么称呼他们。

她在这对没有孩子的夫妻家中的客房里只忍耐了几天,随后又搬进辛德尔斯多夫的旅店去了,那边的视野开阔,从沼泽地到群山的景色尽收眼底。可是即使在这里她也静不下心来，女店主忧心忡忡地建议她去做克奈普氏水疗，并借给她相应的书籍。但一切都是白忙活。埃尔泽·拉斯克-许勒急匆匆地离开辛德尔斯多夫，启程去慕尼黑，在慕尼黑特蕾莎大街的一家廉价小旅店里找到了一间房。

马尔克一家跟着赶过来，在小旅店的早餐室找到了她，她面前的桌子上摆着一整个锡兵军团，大概是给她的儿子保罗买的，人们看到她在蓝白色格子桌布上"浴血奋战——她的生活不断带给她的战斗"。那些天，她沉浸在战斗的情绪中，愤怒，颤抖，丧失理智。1月底，在汤豪泽画廊举办的弗兰茨·马尔克大型作品展的开幕式上，她认识了康定斯基，随后陷入和女画家加布里勒·明特的争执中。后者发表的一些言论被拉斯克-许勒理解为对马尔克的侮辱，紧接着她的喊声贯穿了整个画廊："我是个艺术家，我受不了这样一个白痴所做的事情。"

玛利亚·马尔克站在破口大骂的两个女人中间，束手无策，只能喊"孩子们，孩子们"。事后她抱怨，埃尔泽·拉斯克-许勒已经过多地以"悲世悯己的女文学家自居"，但是毕竟，"和柏林的那些悲世悯己的年轻人不同，她确实也经历了一些事"。这就是从辛德尔斯多夫的视角所看到的1913年的世界情形。

※

1月20日,在埃及中部的特勒埃尔-阿马尔纳,德国东方学会在柏林人詹姆斯·西蒙赞助下的最新一次文物发掘工作进入到出土物的分配环节:收获的一半被判给开罗博物馆,另一半归德国的博物馆所有,文物中包括"王室公主的彩绘石膏胸像"。在开罗的法国文物委员会主任批准挖掘工作负责人,德国考古学家路德维希·博尔夏特进行分配。当一个兴奋的埃及挖掘助理把这胸像递给博尔夏特时,他立刻就预感到一宗千年文物落在他手中。几天后,胸像就踏上了去柏林的旅程。那时候她还不叫娜芙蒂蒂。那时候她还不是全世界最著名的女士胸像。

※

这完全是兴奋过头的一年。难怪俄罗斯飞行员彼得·尼古拉耶维奇·涅斯捷罗夫在1913年驾驶他的战斗机完成了人类历史上第一次翻筋斗特技飞行。也难怪奥地利花样滑冰选手阿洛伊斯·卢茨在寒风刺骨的1月里,在一个冰封的湖面上尽情跳跃旋转,使得这一跳法至今仍以"卢茨"命名。完成这个动作必须先向后滑行,然后用左足后外刃起跳。手臂猛然勾回上身完成旋转。卢茨两周跳从逻辑上讲自然就是把该动作做两遍。

斯大林将在维也纳逗留四个星期。他再也不会离开俄国那么久,下一次在国外的长时间旅行是三十年后在德黑兰,那时候他的谈话对象叫丘吉尔和罗斯福(其中一人在1913年任英国海军部长,另一人作为参议员在华盛顿奋力反对美国的森林砍伐)。斯大林极少离开他位于美泉宫宫殿路30号的特罗扬诺夫斯基家的秘密藏身所,他一心一意地写他的文章《马克思主义与民族问题》——来自列宁的委托。只有几次,在午后的较早时段,他会涉足附近的美泉宫公园,在1月的白雪覆盖下,寒冷的公园里秩序井然。每一天,当皇帝弗兰茨·约瑟夫离开宫殿,坐着他的马车去霍夫堡执政时,会出现一阵短暂的骚动。真是难以置信,自1848年以来,弗兰茨·约瑟夫已经在位六十五年了。他一直未从心爱的茜茜公主的离世中走出来,她真人大小的画像直到今天仍然悬挂在他的办公桌上方。

白发的君主弓着身子走几步,登上深绿色的马车,他的呼气在寒冷的空气中留下一朵小小的云,随后一个穿制服的仆人关上车门,马在雪地上一溜小跑。之后,一切重归寂静。

斯大林穿过公园，一边沉思，暮色已经降临。对面走来另一个步行者，二十三岁，一个失败的画家，被学院拒绝接收，现在只好在梅尔德曼街的流浪汉之家里消磨时间。他和斯大林一样，在等待自己的时来运转。他的名字是阿道夫·希特勒。或许他们两人——据他们当时的熟人说，两人都喜欢在美泉宫公园里散步——在沿着自己的路线穿过无尽的公园时，还曾礼貌地打过招呼，脱帽致意。

这个极端的时代，可怕的、短短的20世纪，于1913年1月的一个下午在维也纳开始。余下的是沉默。尽管希特勒和斯大林在1939年达成了灾难性的"协定"，彼时他们却没有见面。因此，他们从来没有像在这个严寒的1月下午在美泉宫公园这样如此接近彼此。

❄

首次合成毒品亚甲二氧甲基苯丙胺[①]。专利申请跑了整个1913年。之后它被遗忘了几十年。

❄

现在赖纳·马利亚·里尔克终于出场了！里尔克

---
① 摇头丸的主要成分。（本书注释均为译者所加。）

正在逃离严冬和他的创作危机,他在西班牙南部城市隆达着陆。西班牙之旅是一个陌生女人在一次晚间集会上向他推荐的,因为里尔克一生都依赖成熟女性的生活指引,当现实中的女金主和情人不知该给他下达什么命令时,他显然必须采纳隐秘的女神仙们的建议。所以现在他下榻在隆达一家名叫雷纳·维多利亚的别致酒店里,那是一座最新的英式房子,不过在当前的淡季里,房子里空空荡荡。他在这酒店楼上每周都乖乖地给"亲爱的好妈妈"写信。给远方的其他女士写信,和她们一同备受思慕之苦,他写给玛丽·冯·图尔恩和塔克西斯,写给爱娃·卡西尔、西迪·纳德赫尔尼,写给露·安德烈亚斯–莎乐美。我们还将听到这些女士在这一年里的事情,别着急。

露,这个夺取他的童贞,并劝说他把名字里的勒内(René)更新成赖纳(Rainer)的女人,眼下突然又占据了他的心:"但愿我们能相见,亲爱的露("亲爱的"一词下面画了三道线),这是我现在最大的希望。"在纸的边缘他还潦草地加上一句:"我的支柱,我的一切,一如既往。"信被送上邮政火车,需要三个小时到达直布罗陀,再从那里辗转进入贝尔格巷19号,由西格蒙德·弗洛伊德教授转交给露·安德烈亚斯–莎乐美。露称呼他"亲爱的、亲爱的男孩",她觉得现在要和他在一起比以往更难。露还对他说:"我相信,你必须受苦,而且将永远受苦。"这是在虐恋,抑或已经是爱了呢?

在受苦和写信的同时,日子一天天过去。有时候里尔克继续忙他的《杜伊诺哀歌》,第六歌的前三十一诗行终究是写出来了,但他还是无法完成它,于是他宁愿穿上白西装、戴上浅色的帽子去散步,或者读读《古兰经》(以便之后能立即写出关于天使和圣母升天的令人狂喜的诗句)。在这里,远离灰暗的冬天,人们应该会感觉舒适,起初里尔克也很享受这里的阳光,即便在1月里,太阳也要到五点半才落山,在那之前,它会让骄傲地端坐在岩石高地上的小城隆达再一次闪烁温暖的光辉,"一场无与伦比的奇观",他写信给他的妈妈。杏树已经开花,紫罗兰也是,甚至酒店花园里亮蓝色的鸢尾也绽放了。里尔克抽出他小小的黑色笔记本,让人送一杯咖啡到露台上去,把本子的封面折到背后,又一次把目光投向太阳,记下:"啊,谁懂得如何绽放:他的心已经克服了/所有虚弱的危险,安详地居于伟大的危险中。"

❇

是的,知道如何绽放的人。在慕尼黑,三十三岁的愤世嫉俗者、反社会人士和退职的数学教师奥斯瓦尔德·斯宾格勒正在写他的不朽著作《西方的没落》的第一个主干部分。他以身作则地走在没落的前头。"我是，"他于1913年在他的自传笔记中写道，"我这类人中的最后一个。"一切行将结束，西方的痛苦在他的心里和他的身体上显现出来。负面的妄自尊大。正在枯萎的花朵。斯宾格勒的原始感觉：害怕。害怕进入商店。害怕亲戚。害怕别人说方言。当然还有："害怕女人——一旦她们脱掉衣服。"他只有在思想中才不会感到害怕。1912年泰坦尼克号沉没，他从中认识到了深刻的象征意义。在他同期写下的笔记中，我们看到他深受折磨，悲痛地抱怨艰难的童年和更艰难的当前。他每天都重新指出：一个伟大的时代要结束了，没有人注意到吗？"文化——消亡前最后的深呼吸。"在《西方的没落》中他这样表述："每种文化都有其新的表达可能，这些新的可能性出现，成熟，枯萎，永不再来。"不过这样一种文化的没落比一艘远洋渡轮来得慢，别担心。

❋

自年初以来，杜塞尔多夫的卡尔·西蒙出版社推出了一套全新的原版幻灯片系列，一个木制的盒子里有72张原版彩色玻璃片，7个卡纸小盒子，以及一本35

页的附加说明。主题:"泰坦尼克号的沉没"。全国各地都在举办展示幻灯片的讲座。人们先看到船长、船、舱房。然后是即将到来的冰山。灾难,援救艇。沉没的轮船。没错:一艘远洋渡轮的沉没比西方来得快。莱昂纳多·迪卡普里奥还没有出生。

❉

顺便说说弗兰茨·卡夫卡,也是极度害怕女人脱衣的人之一,眼下正有另一个完全不同的烦恼。一些滚热的想法抓住了他。在1月22日到23日的那个晚上,他给菲丽丝·鲍尔写大约第二百封信,问道:"你到底能不能看懂我的字?"

❉

你到底能不能看懂世界?巴勃罗·毕加索和乔治·布拉克问自己,不断发明出新的密码让观察者去破译。他们刚刚教会世界多重透视的画法——所谓的立体主义,而今,1913年1月,他们又走了更远的一步。人们后来将之称为综合立体主义,因为他们现在把木纤维箔片贴到画布上,还有其他各种东西,画布变成了冒险乐园。布拉克刚刚搬进位于巴黎科兰古大街的罗马酒店楼上的一间新工作室,在那里他突然拿起梳子梳过他的画《水果碗,梅花A》——线条看起来就像木纹一般。毕加索在当天就接受了这种做法。和往常一样,他很快就会超越发明者本人。艺术的革命家总是如此马不停蹄,他们被一种惊慌失措的恐惧驱动着:害怕被市民观众们理解透彻。要是毕加索知道阿图尔·施尼茨勒在他2月8日的日记中写了什么,或许就可以安心了:"毕加索:早期绘画不同凡响;激烈反抗他现在的立体主义。"

他活了下来,生活略见窘迫。现在洛维斯·科林特必须为他的毕生之作付出代价了。1月19日将在选帝侯大街208号,柏林"分离派"的基地举办一场壮观的展览,228幅作品,题目是《毕生之作》。今天,一年的第一天,他躺在克洛普施托克街48号寓所的沙发上,宿醉未醒,精疲力竭,对画展心生一丝畏惧。还没有到四点,天已经又黑了,天空下起了雨夹雪。

现在,先是来自德尔夫林格街28号的装裱商韦伯要求得到为《毕生之作》裱框的报酬——1 632.50马克之多。然后是餐饮备办方,选帝侯大街116号的"阿道夫·克拉夫特的继承人"饭店,要求他预付200马克用于开幕式的接待宴会。他们将相应地提供:"一碗牛舌。

一碗科堡坎伯兰酱火腿。一碗坎伯兰酱鹿肉。一碗蛋黄酱烤牛肉。"洛维斯·科林特在读菜单时就已经火大了。蘸坎伯兰酱的毕生之作。前一天晚上烹饪恶劣的波兰鲤鱼还在他胃里翻腾。当他心爱的夏洛特不在的时候,他总是吃得太多,这就是渴望,他已经明白。于是他给正在远方的群山中踏雪漫游的妻子夏洛特写了一封新年邮件:"谁知道这个新的一年将会怎样;旧的一年总归不美好。别提了。"的确如此。科林特,这位总是精力十足的画家,完成了从成熟的巴洛克到20世纪初的柏林的风格剧变,他得了严重的中风,受到妻子的悉心照料。当他规划《毕生之作》的展览时,所有人都担心它将是科林特的绝唱了。但是他又振作起来,重新回归生活。也回到画架前。城市里现在到处悬挂着这场伟大展览的海报,每天从九点到四点,入场券1马克,上面是科林特的像,他也对自己万分惊讶,而此时夏洛特在远离科林特的蒂罗尔州,稍微从照料科林特的重负下缓一缓气。接待会开始时,她及时赶回。您看起来气色不错,夫人,马克斯·利贝曼在1月19日于"分离派"基地里举行的开幕式上对她说,他右手拿着坎伯兰酱鹿肉。看起来不错,我的毕生之作,洛维斯·科林特心想,一边低语着蹒跚穿过展览厅。但现在就这么进行下去。而未来也请继续远离这立体主义。

再走进贝尔格巷19号来看一看弗洛伊德。他在1月的这些日子里坐在书房中，《图腾与禁忌》快要完工了。无意识全力挤进这本关于破除禁忌和物神崇拜的人种学原则的书，是完全可以理解的。但是他自己似乎还对此一无所知：至少在那一刻，当他的几个门徒，其中首推1875年出生的苏黎世人C. G. 荣格，向他发出挑战并强烈指责他的时刻，1856年出生的弗洛伊德发展出了他的"弑父"理论。1912年12月，荣格给弗洛伊德写信道："然而我想向您指出，您把学生像病人一样对待的方式是完全失败的。"他由此创造出"放肆的捣蛋鬼"和"盲从的儿子"的说法，以及："同时，作为父亲，您永远美丽，高高在上。出于纯粹的恭顺，没有人会去扯先知的胡子。"

在弗洛伊德的一生中，很少有什么像这次的弑父行为一样伤他至深。他的胡子在那几个月里肯定白了一片。他构思了第一封回信，却没有寄出，直到他去世之后，人们才在他的办公桌抽屉里发现它。不过在1913年1月3日，他凝聚起全部力量，给住在屈斯纳赫特小镇的C. G. 荣格写信："您设定的前提，即我把学生像病人一样对待，是明显不恰当的。"接着写道："此外，您的信无从回复。它造成了这样一种状况：口头交流必定困难重重，书面方式也完全无解。我们精神分析师之间已经达成共识，没有人需要为他的神经症感到羞耻。一个在反常行为中不停叫喊的人，他是正常的，却让人怀疑他缺乏对疾病的认识。因此我向您建议完全放弃我们之间的私人关系。我不会从中失去什么，因为我早就惬意地看到，连接您和我的只有一条细线，那是用过去曾经历的对您的诸多失望编成的。"这是一封什么样的信啊。一个父亲，受到儿子的挑战，愤怒地咬回去。弗洛伊德从来没有像在1月的这些日子里一般气急败坏，从来没有像在1913这一年里那样被怒气击倒，他心爱的女儿安娜后来讲述道。

C. G. 荣格在1月6日回复："我会顺从您和我断绝私交的愿望。另外您最好知道，这一刻对您来说意味着什么。"他用墨水写下这几句话。然后又用打字机补充："余下的是沉默"，看起来像是一段20世纪最伟大的睿智男人间关系的墓碑。这真是绝妙的讽刺，1913年被阐释最多、描写最多、议论最多的分裂之一是以一句对沉默的宣誓开始的。从这一刻起，荣格竭力研究弗洛伊德的方法，而弗洛伊德反过来竭力研究荣格那套。此前，他再次给原始民族中的弑父下了准确的定义：他们戴上被谋杀的父亲的面具——然后尊崇他们的受害者。这几乎就是启蒙辩证法了。

❋

我们还是先讲讲启蒙的方言。十岁的特奥多尔·W. 阿多诺，绰号"泰迪"，住在美因河畔法兰克福的美景街 12 号，他受到了启蒙，并学习黑森州方言。他的主要支持者除了妈妈之外，还有法兰克福动物园的黑猩猩巴索。弗兰克·韦德金德，《春之觉醒》和《露露》的作者，在当时和柏林动物园的黑猩猩米西交上了朋友。

❋

巴黎奥斯曼大道 102 号，马塞尔·普鲁斯特坐在书房里，给自己造笼子。无论是阳光、灰尘还是噪声都可能会干扰他的工作。一个非常特殊的工作与生活的平衡。他给书房罩上三层窗帘，给墙壁糊上软木纸板。在这间隔音室里，普鲁斯特坐在灯光下，写礼貌过头的新年邮件，和往年一样，迫切地恳求别人之后不要用礼物来打扰他。他虽然多次受到邀请，但是邀请他的人知道这是多么令他紧张的事，因为他之前会一再邮寄通知或便条，说明来或是不来，以及为什么很可能来不了等等。一个太过犹豫不决的人，在这方面实际上只有卡夫卡可以与之媲美。

马塞尔·普鲁斯特坐在这精神的隔音室里,试图着手他那部关于回忆和追寻逝去的时间的小说。它的第一部分应该叫作《斯万之恋》,他用优质的墨水在纸上写下最后一句话:"我曾经知道的事实,不再存在。对一个特定图像的记忆是对一个特定时刻的忧郁念想;房屋、街道、林荫路稍纵即逝,啊!年年岁岁。"

❋

记忆只能是忧郁的念想吗?格特鲁德·斯泰因,巴黎伟大的沙龙女主人和先锋派艺术家们的朋友,正在和普鲁斯特隔了几条街的地方受冻。她和哥哥利欧激烈争吵,他们数十年的共同生活面临分裂。一切都是稍纵即逝的吗?她梦想着春天。一个想法让她温暖。她看着墙上的毕加索、马蒂斯和塞尚的作品。但是一个想法就带来春天了吗?她写了一首小诗,其中有这么一句话:"一朵玫瑰是一朵玫瑰是一朵玫瑰。"和普鲁斯特一样,她也想抓住一些将要逝去的东西。诗的世界已是如此,1913年1月的想象力已是如此。

❋

马克斯·贝克曼完成了他的画《泰坦尼克号的沉没》。

2
月

开始了:纽约的"军械库展"引发了现代艺术的大爆炸,马塞尔·杜尚展示了"下楼梯的一幕"。之后他的境遇越来越好。其他地方也是如此:精彩处处有,尤其在维也纳,裸身的阿尔玛·马勒(和奥斯卡·柯克西卡在一起),还有古斯塔夫·克里姆特和埃贡·席勒处的所有其他维也纳女人。另一些女人在西格蒙德·弗洛伊德博士面前袒露自己的灵魂,每小时100克朗。与此同时,阿道夫·希特勒在维也纳流浪汉之家的休息室里给圣斯蒂芬大教堂绘制动人的水彩画。亨利希·曼在慕尼黑写《臣仆》,在弟弟家庆祝自己的四十二岁生日。厚厚的积雪还未消融。第二天托马斯·曼买地建房。里尔克继续受苦,卡夫卡仍然犹豫,但是可可·香奈儿小小的帽子店扩大了经营。奥地利的皇位继承人弗兰茨·斐迪南大公坐着他金色轮辐的汽车飞驰过维也纳,玩着他的铁路模型,担心着塞尔维亚的暗杀。斯大林第一次遇见托洛茨基——在同一个月,那个后来受斯大林委托刺杀托洛茨基的男人在巴塞罗那出生。1913真是不幸的一年吗?

《下楼梯的裸女》,马塞尔·杜尚

到底什么时候才开始？奥地利皇储弗兰茨·斐迪南等得要疯了。八十三岁的老皇帝弗兰茨·约瑟夫在宝座上不可思议地坐了六十五年，就是不肯让位给他侄子。在弗兰茨·约瑟夫心爱的妻子茜茜公主和他心爱的儿子鲁道夫死后，皇位就该轮到弗兰茨·斐迪南了。毕竟他的汽车有着和皇帝的马车一样的金色轮辐。但是那个头衔，自1848年以来就只属于他：皇帝弗兰茨·约瑟夫。或者说得更具体点儿："皇帝和圣徒国王陛下，神佑的奥地利皇帝，匈牙利和波希米亚、达尔马提亚、克罗地亚、斯洛文尼亚、加利西亚、洛多梅里亚和伊利里亚国王；耶路撒冷等地国王；奥地利大公；托斯卡纳和克拉科夫大公，洛林、萨尔茨堡、施蒂里亚、克恩滕、克雷恩和布科维纳公爵；特兰西瓦尼亚大公，摩拉维亚藩侯；上西里西亚、下西里西亚、摩德纳、帕尔马、皮亚琴察和瓜斯塔拉、奥斯威辛和扎托尔、特生、弗留利、拉古萨和扎拉公爵；哈布斯堡和蒂罗尔、基堡、戈里茨和格兰蒂斯卡封侯伯爵；特伦托和布里克森亲王；上、下劳西茨和伊斯特里亚藩侯；霍亨恩姆斯、费尔德基希、布雷根茨、松纳贝格等地伯爵；的里雅斯特、科托尔和温德兰领主；塞尔维亚总督区等地大总督；等等。"

必须背诵这一长串头衔的学童们老是笑这个"等地""等等"，听上去好像整个世界都是属于皇帝的，好像人们只不过列举了其中一小部分。但"等地"前面的词令皇位继承人弗兰茨·斐迪南激动起来:"塞尔维亚总督区"。对于巴尔干地区正在风起云涌的战事,他并无把握。他要求在美泉宫约见"塞尔维亚总督区的大总督"——那位白胡须和头衔一样长的皇帝。

美泉宫前,弗兰茨·斐迪南与其说是走下了他的格雷夫-施蒂夫特轿车,还不如说是从车里跳出来,穿着他那身将军制服,踉跄着冲上台阶,一头撞进弗兰茨·约瑟夫的书房。我们必须采取紧急措施阻止塞尔维亚人。该王国在帝国的东南翼表现得太叛逆、太挑衅、太不安稳了。不过,做事要讲究分寸。就像总参谋长1月20日在其备忘录里要求的,无论如何都不能引发预防性战争,因为那样将不可避免地把俄国牵扯进来。他抱怨、叫嚷,激动得浑身发抖。皇帝倾听着,不为所动:"我会考虑。"然后是冷静的告别。余下的是沉默。弗兰茨·斐迪南恼怒地跑回他庞大的汽车里。穿制服的司机启动发动机,在皇位继承人的命令之下不得不以极快的速度呼啸着冲下美泉宫宫殿路。如果弗兰茨·斐迪南不得不等待一生,那么至少在道路交通上可以不用等。

站在楼上窗户旁的是住在特罗扬诺夫斯基家的斯

大林,他正在工作的间隙稍事休息。他把窗帘推到一边,好奇又迷惑地看向皇位继承人的汽车,它以疯狂的速度从他眼皮底下一闪而过。列宁也这么做过,他在维也纳的时候,总是藏身在特罗扬诺夫斯基家中。1913年2月,在这个城市的某处,还有一个年轻的克罗地亚人正以行家的眼光观察这辆飞驰而过的轮辐金灿灿的汽车。他确切地知道皇位继承人的汽车的质量,因为他是一名汽车机械师,新近刚成为维也纳新城奔驰公司的试车手。他的名字是约瑟普·布罗兹,二十一岁,冒险家,花花公子,近来受到出身大资产阶级的情人丽莎·施普纳的供养。他让丽莎给他支付击剑课的学费,并用丽莎送给他的钱支付在家乡新出生的儿子莱奥帕德的抚养费,他不久前离弃了儿子的母亲。丽莎让他驾驶测试车跑遍奥地利给她买新裙子。在她怀孕之后,他也离弃了她。这种情形将一直持续下去。最终,他回到家乡,它后来叫南斯拉夫,他征服了它。然后约瑟普·布罗兹自称:铁托。

因此在1913年的头几个月,斯大林、希特勒和铁托,同一时间在维也纳短暂逗留。一人在客房里研究民族问题,第二人在流浪汉之家里画水彩画,第三人在环形路上无意义地兜圈子,测试汽车的转弯性能。可以把他们看成三个群众演员,在大型戏剧《维也纳1913》中都没有自己的台词。

※

这个 2 月天寒地冻,但是太阳依旧照耀,这在维也纳的冬天无论过去还是现在都很罕见,新的环形公路在雪地的反光中更加耀眼。维也纳精力十足,已成为一个世界大都会,全世界都看到、感觉到了这点,只有维也纳自己没有,那里的人们纯粹由于自我毁灭的乐趣而忽视自己无意中到达了被称为现代派的运动的顶峰。这正是由于自我反省和自我毁灭已成为新思想的一个核心组成部分,以及卡夫卡所说的"神经质的时代"已被打破。维也纳的神经——实践的、隐喻的、艺术的、心理的——比起其他任何地方都更直白纯粹。

柏林、巴黎、慕尼黑、维也纳,这是 1913 年现代派的四个前沿城市。芝加哥蓄势待发,纽约缓慢成长,直到 1948 年才终于从巴黎手中接过接力棒。但是在 1913 年,伍尔沃斯大厦,世界上第一座高度超过埃菲尔铁塔的建筑,已在此地建成;大中央车站,全世界最大的火车站,已开启运营;"军械库展"使先锋派的火花扩散到美国。然而巴黎在这一年仍自成一类,无论是伍尔沃斯大厦、"军械库展"还是大中央车站,在法国的报纸上都引不起轰动——这是为什么呢? 毕竟这里有罗丹、马蒂斯、毕加索、斯特拉文斯基、普鲁斯特、夏加尔以及"等等"、"等等"——而且每个人都在酝酿自己的下一部伟大作品。"俄派芭蕾"舞蹈实验和谢尔盖·佳吉列夫把这座城市的矫揉造作和颓废推向顶峰,巴黎奇迹般地吸引着每一个受过教育的欧洲人,尤其吸引了四位身着白色西装、受过太多教育的人:胡戈·冯·霍夫曼斯塔尔、朱利叶斯·迈耶-格雷夫、赖纳·马利亚·里尔克和哈利·格拉夫·凯斯勒。在1913年的巴黎,只有普鲁斯特想要回忆,其他所有人都想不断向前,和柏林的同期情形不同的只是他们最喜欢再手持一杯满满的香槟酒。

在德语区,柏林的人口爆炸,但其文化的巅峰时刻还未到来,一些事物仍在迅猛发展——不过,"柏林的夜生活是特产"这句话已口口相传到巴黎,传入聚集在马塞尔·杜尚周围的艺术家团体。与柏林相比,慕尼黑更显时尚,且略微有些停顿——其最明显之处是,慕尼黑人已开始自我歌颂(柏林人没空去做这事),例如有着奇妙狂想的弗兰齐丝卡·冯·雷文特洛在小城阿斯科纳写下《女先生案卷或一个奇特城区的事件》,回首那段波希米亚人住在施瓦本的时光。最明显之处当然还有波希米亚人的完全市民化。托马斯·曼为了孩子们在郊区寻找一座带大花园的安静房子,然后在1913年2月25日买下坡辛格街1号的地皮,在那之上盖起一座华丽的别墅。他的哥哥亨利希也选择了慕尼黑——因为从那儿可以很好地描写柏林,一座自行向前冲刺的城市,他在这几个月内完工的伟大小说《臣仆》就以此为背景。读一读慕尼黑的《西木》就可以看到,它已在尽情嘲讽慕尼黑的警察晚上八点过后就得操心如何不无聊到昏昏欲睡。这本世纪之交的伟大杂志可以不再与自己的城市发生冲突,显示出最令人愉快的疲累,好像一个人在躺椅上舒展身体,左手拿着香烟。维也纳的《火炬》、柏林的《风暴》《事实》《行动》,都从其屏息凝气的名称中透露出当地正在展开的现代斗争。

慕尼黑作为青春风格和世纪末风格的基地,其安静而温柔的结局自然也可以从此中看到:埃尔泽·拉斯克-许勒在1913年2月曾居住过的特蕾莎大街上的那家廉价小旅店叫作"现代旅馆"(相比之下,传说中德国艺术宣传家兼作家朱利叶斯·迈耶-格雷夫开设在巴黎的家居用品店"现代家居"却早在1904年就关门了)。因此,如果这个小旅店在店名中自豪地加入"现代"二字,说明"现代"早就蔓延开来了——蔓延到柏林的咖啡馆"狂妄",蔓延到维也纳赫伦巷14号的咖啡馆"中央"。名称竟可如此意味无穷。

现代的风潮涌向维也纳,公元1913年现代派的中心。主演者的名字是:西格蒙德·弗洛伊德、阿图尔·施尼茨勒、埃贡·席勒、古斯塔夫·克里姆特、阿道夫·洛斯、卡尔·克劳斯、奥托·瓦格纳、胡戈·冯·霍夫曼斯塔尔、路德维希·维特根斯坦、格奥尔格·特拉克尔、阿诺德·勋伯格、奥斯卡·柯克西卡等等。这里的战斗围绕着无意识、梦幻、新音乐、新视野、新建筑、新逻辑、新道德展开。

❋

2月25日,格特·弗勒贝出生。

❋

"害怕女人——一旦她们脱下衣服。"1913年的欧洲有两处地方没有扩散开奥斯瓦尔德·斯宾格勒的焦虑。其一是马焦雷湖畔阿斯科纳的真理之山,那儿聚集了一小撮由疯狂的自由思想家、自由精神者和自由身体崇拜者组成的奇妙人群,他们在进行某种介于韵律舞、瑜伽和医疗体操之间的练习。另一处是古斯塔夫·克里姆特和埃贡·席勒在维也纳的工作室。两人的绘画线条欢乐地游走在色情画和新写实主义的交界处,他们的画是露·安德烈亚斯-莎乐美眼中"世界第一色情城市"维也纳的体温曲线。克里姆特笔下的女性总是被包裹在金色的装饰物里,他描绘身体的笔触难以模仿,轻微的波浪形线条在纸上延伸,就像披落在肩上的卷发。埃贡·席勒在对身体的勘探上走得更远——他试图把握和扭曲备受折磨、神经过度紧张的痛苦躯体,没那么色情,但溢满色欲。克里姆特画出柔软皮肤的地方,在席勒这里全是神经和肌腱;克里姆特笔下流动的形象,在席勒这里是伸展、交叉、扭曲的身体。克里姆特的女人迷人,席勒的女人吓人(当然,席勒才是更伟大的艺术家)。

"我对自己没兴趣,"克里姆特说,"而是对别人,特别是对女人。"这些强迫每个观赏者都成为偷窥狂的画作闻名于世后,立刻就遭遇审查,同时也为它们的创造者增添了荣耀。当席勒想在慕尼黑展出他的作品《友谊》时,他接到了一封有趣的拒绝信。展厅的负责人给席勒写信说,由于该画太过直白,无论如何都不能被展出,它伤风败俗。句号。一段结束。而他自己却对此作兴趣十足,想要买下它。1913年公共道德和私人道德之间的断裂点皆如是。

❋

柏林变得太亮了。煤气灯、霓虹灯,城市的灯光盖过苍穹的繁星。1913年,拆迁车开到哈雷门附近,准备拆除那里的"新柏林天文台"。1835年,卡尔·弗里德里希·辛克尔在菩提树大街和弗里德里希大街之间建成了新普鲁士天文台,它和德国历史上最美的这十年里的任何事物一样,无论是实用性还是美观方面都难以被超越。建筑朴实得惊人,上方的球形屋顶像教堂的尖塔——一座世俗的教堂,却直窥天空。这里发现了几颗彗星,还有一些小行星。但最重要的是海王星。然而在1913年,没人再对它感兴趣。短短几个星期之后,原先是辛克尔最大胆的建筑之一的所在地又变回农田。天文台移址巴贝尔斯堡,因为那里更暗,能更清楚地认出海王星。普鲁士已经算好了账,卖出菩提树大街和弗里德里希大街之间的地皮,所得款项中的110万金马克用来建设新天文台,45万金马克用来购买新的仪器设备。地皮本身是由王室捐赠的——它位于巴贝尔斯堡的城堡公园中。前一年的同一时刻,巴贝尔斯堡电影制片厂落成,1913年,与明星和星星有关的一切都聚集在柏林,抵达巴贝尔斯堡。

❋

从1913年2月6日起,根据中国的农历,牛年开始了。中国的一句古语有云:牛爱新鲜草,胜过金食槽。

❋

弗兰茨·马尔克在辛德尔斯多夫着手他的大作,埃尔泽·拉斯克-许勒已返回柏林。他把工作室建在辛德尔斯多夫的一座老旧农舍楼上没有暖气的仓库里,在那儿基本听不到玛利亚·马尔克在楼下弹钢琴的声音。那儿太冷了,甚至他心爱的猫汉尼也退到壁炉边上去了。康定斯基从慕尼黑来访,说:"外面白茫茫一片——冰雪覆盖了田野、山峦、树林——霜冻住了鼻子。在楼上低矮的仓库(头不断地撞到横梁)里立着挂有《蓝马之塔》的画架,弗兰茨·马尔克站在那儿,身穿裘皮大衣,头戴大毛皮帽子,脚踩自己织的草编鞋。现在您老实告诉我,您觉得这景象如何!"这是个什么问题啊。

❈

2月13日,卢浮宫达·芬奇的《蒙娜丽莎》仍然无迹可循。卢浮宫出版了一份新的藏品目录,里面没有再列出这幅画。在柏林,2月13日鲁道夫·斯坦纳发表了他的著名演说之一——《莱昂纳多的伟大精神在新时代的转折点》。斯坦纳说了很久,差不多两个小时。听众全神贯注。他还和奥斯瓦尔德·斯宾格勒一样说了很多关于没落的事。但他认为没落是必要的,这样才能为新事物腾出位置:"因为在奄奄一息的力量中我们预感到,是的,最后会看到为未来做准备的力量;在夕阳的余晖中我们预见并期待曙光的降临。面对人类的发展,我们的灵魂必须永远有此感觉:我们对自己说,一切的变化轨迹都让我们看到,在已生成的事物化为废墟的地方,我们知道,那里永远会有新的生命从废墟中绽放。"

❋

2月17日,在纽约曾经的军械库所在地举办了世纪最重要的展览会之一。哪一个世纪?或许可以说,第一场"军械库展"才让19世纪的艺术走到头,现代派不仅在欧洲,还在全球范围内接手霸权。

三个满心好奇的美国内行,画家瓦尔特·帕克、阿瑟·戴维斯和瓦尔特·库恩,在1912年底来欧洲旅行,为了结识最有吸引力的艺术家,并把他们的主要作品带回纽约。展览会上陈列出克洛德·莫奈、奥迪隆·雷东、阿尔弗雷德·施蒂格利茨和其他伟大的画家及摄影师的大作——美国的公众立刻明白,这是在用老欧洲的立体主义、未来主义和印象主义来反对美国迟缓笨拙的"世纪末"绘画了。这是一场战争。在欧洲战场偃旗息鼓之后,也终于要在美国的土地上一决胜负了。总共能看到一千三百幅画,其中只有三分之一来自欧洲。但正是这三分之一,特别是毕加索的八幅和马蒂斯的十二幅,让美国人的画看起来像老古董一样。首先引发讨论的是布朗库西的雕塑、弗朗西斯·毕卡比亚与马塞尔·杜尚的画作。在施蒂格利茨主编的传奇杂志《摄影技法》上,人们读到:"来自欧洲的新艺术展览像一枚炸弹投入我们中间。"爆炸的冲击力同样猛烈——众人报以愤怒、不解和大笑,但他们朝圣般地拥入展览,一睹为快。报纸上几乎每天都能看到与之相关的漫画。在展览会第二站的芝加哥甚至引发了芝加哥艺术学院学生的抗议游行——据说他们烧毁了马蒂斯画作的三个副本。在美国观众眼中,马蒂斯是最原始、粗野的一位。这也最有力地证明了他的作品的恒久价值。

然而,最受关注的还属兄弟三人:雷蒙德·杜尚-维庸、雅克·维庸和马塞尔·杜尚。他们的作品展出了十七幅,除了一幅之外全部卖出。马塞尔·杜尚的《下楼梯的裸女》成为"军械库展"的标志,成为被讨论得最多、被当作漫画题材最多的艺术品。一位评论家称之为"瓦厂里的爆炸",这听起来不无嘲讽,却说明了这部作品产生的冲击波有多强大。一个女人,走过时间和空间——天才地结合起立体主义、未来主义和相对论的伟大时间现象。展出这幅画的大厅每天都人山人海,人们不惜排长队,等上四十分钟,只为了看一眼这幅引起丑闻的画作。显然,在传统意识浓厚的美国人看来,这幅画是古怪的、非理性的欧洲的缩影。来自旧金山的一个古董商买下了它——在从纽约坐火车返回的漫长旅途的某处,在新墨西哥州的某个地方火车站,他下了车,给纽约打电话:"买杜尚的裸体女人下楼梯,请帮我预订。"

杜尚兄弟在塞纳河畔讷伊的工作室里继续工作,并不知晓他们在美国的声誉——突然邮局送来了支票。马塞尔·杜尚的四幅画作卖了972美元——这价格在1913年不算高。展会中塞尚的《圣约瑟堡的风景》被以6 700美元的价格卖给了大都会艺术博物馆。不过杜尚已经很高兴了。

然而当美国和巴黎发现他的画家才能时,马塞尔·杜尚自己已经结束了立体主义和运动的主题——或者如他说的漂亮话:结束了"混合油彩的运动"。当他成为当时最伟大的画家之一的那一刻,他宣布,画画已经让他感到无聊了。他想找点别的事干,找点新鲜事。

❊

卡夫卡在布拉格受苦:在远方与他鸿雁寄相思的菲丽丝对他12月寄给她的小册子《沉思》不发一言;他的妹妹瓦利结婚了;房子里永远都是那么吵(因为门吱嘎作响,他的父母姐妹们大声说话);他从早到晚在保险公司上班,夜里写自己的东西。出差、干扰和感冒虎视眈眈。但是他痛苦的最大来源是害怕自己创造力枯竭。

他产生了过单身生活的可怕想法——也许这是能成为作家的唯一办法。因为他诚惶诚恐地纠结于这样一个问题:"婚姻会让我变成什么?"他应该如何对待所谓的"妻子的权利"?他眼中的两个末日场景如下:妻子的身体需求,以及更可怕的时间需求。于是他请求菲丽丝不要再写什么当他写作的时候,她想坐在他身边——因为如果她或者别的什么人坐在他身后的话,写作的秘密就被人打扰了。后来他还给菲丽丝写了这样一句话:"我大概永远不会承担做父亲的风险。"卡夫卡在这些信中如此警告别人提防自己,还有谁比他做得更过分吗?可是菲丽丝即使在办公室和家庭之间疲于奔命,仍以写信和对家庭的照顾来回应他,似乎作为卡夫卡和世界文学的女信友的存在是她神圣的使命。她心平气和且郑重其事地接受了这项任务。

1913年,各地的艺术都在向抽象化进军。慕尼黑的康定斯基,巴黎的罗伯特·德劳内和弗朗齐歇克·库普卡,俄国的卡济米尔·马列维奇以及荷兰的皮特·蒙德里安,所有人都在尝试以自己的方式摆脱一切与现实的关联。再有就是巴黎这位教育良好、沉默审慎的年轻男子马塞尔·杜尚,但他突然不想再画画了。

❋

在慕尼黑，为了帮助埃尔泽·拉斯克-许勒举办的一场慈善拍卖会完全失败。弗兰茨·马尔克以颇为感人的方式请求艺术家朋友们提供画作，以便为卡尔·克劳斯在《火炬》中发起的救助工作提供更多的资金支持：事实上，2月17日，恩斯特·路德维希·基尔希纳、埃米尔·诺尔德、埃里希·赫克尔、卡尔·施密特-罗特鲁夫、奥斯卡·柯克西卡、保罗·克利、奥古斯特·马克、阿列克谢·冯·亚夫伦斯基、瓦西里·康定斯基和弗兰茨·马尔克本人的画都被拿出来拍卖。只有柏林的路德维希·迈德纳拒绝合作（他自己也没有钱，正在忍饥挨饿）。拍卖会在新艺术沙龙开起来了，却没有人表现出兴趣。因此艺术家们只好互相出价来避免受辱。会上总共筹集到1 600马克。

那些在1913年2月17日没能卖出去的作品的总价值在今天约为1亿欧元，哦，不，约2亿欧元。

❋

西格蒙德·弗洛伊德继续研究弑父理论。同一时刻，波茨坦-巴贝尔斯堡新落成的电影制片厂在2月28日那天庆祝阿斯塔·妮尔森主演的电影《父亲的罪》的首映。与片名呼应的是,阿斯塔·妮尔森后来感到自己"对早期电影的媚俗"同样负有罪责。电影海报上,她身穿紧身裙,袒胸露乳。阿斯塔·妮尔森身形纤瘦,这在当时是不多见的,一些漫画家在其作品中喜闻乐见的皮包骨的形象却让大多数男人感到不安。不过,阿斯塔·妮尔森在1913年终究是一个性的象征,单是她签约的合同之一就包括1912年到1914年间的八部电影,它们被一部接一部地拍摄完成、搬上银幕。新杂志《图片和电影》上记录道:"人们就像饥民拥进面包房一般争先恐后,为了一张票几乎打破头。有不少人短时间里把电影看了两三遍,却仍然沉迷其中。"就连当时最著名的出版商萨穆埃尔·菲舍尔也不无钦佩地看到阿斯塔·妮尔森如何打动群众。他意识到电影是未来的媒体,决定劝说他旗下最著名的作家也开始写剧本。

现在是1913年,不过阿诺德·勋伯格的灾难尚未来临。上个星期天,即2月23日晚上七点半,他的《古雷之歌》在维也纳金色大厅首演——观众们热切地期待一个新的丑闻。他最近的演出和作曲已经让维也纳烦扰不堪,昔日的浪漫主义者坚持走上"新音乐人"的道路。去年,他的《月迷彼埃罗,作品第21号》曾引起恐慌。然而现在,人们突然从勋伯格那儿听不到现代的激进主义,而是纯粹的后期浪漫主义了。五名歌手,三个四声部的男声合唱团,一个包括各种形式的笛子、鼓和弦乐器的大型交响乐团。单是弦乐方面就有八十人参加首演,这是本世纪的音乐壮举,巨人从这里起步。该清唱剧的成功离不开乐团里的一百五十名音乐家,勋伯格解释说。该剧本身就是一部庞大、夸张、低语着、摇摆着的自然剧,有雷雨,有夏风。一望无边的合唱团歌唱阳光的美丽——在某个豪饮之夜后,勋伯格登上维也纳豪斯博格群山之一的阿宁格尔山,作为自然印象的太阳带着它压倒性的力量出现在他眼前。

"千百只眼睛里已经潜伏着幸灾乐祸:今天人们会再次告诉他,他是不是真的可以随心所欲地创作,而不是按照人们示范给他的样子去做。"理查德·施佩希特在供给柏林的《三月》杂志的报告中写道。但是丑闻没有发生,胜利来临了。"在第一部分结束后爆发的欢呼声,在第三部分完成后发展成兴奋的喧闹,……而当合唱团热情激昂地迎接日出之后,……欢呼声此起彼伏,无边无际;人们泪流满面地向作曲家致谢,这一声感谢比寻常的'成功演出'所得到的更温暖、更迫切:它听起来像一声道歉。几个我不认识的年轻人脸颊红红地向我承认:他们本来都带来了家门钥匙,以便给勋伯格的音乐捣个适当的乱;现在他们却完全被他征服了,任何东西都不再能把他们带离他的音乐。"

《古雷之歌》以其华丽的赞美旋律给勋伯格带来前所未有的巨大成功。但勋伯格也从来没有如此接近他的听众——显然也是出于对1913年将要到来的灾难的极度恐慌。《古雷之歌》是一部放纵而奢华的后期浪漫主义作品,旋律优美,虽然他的创作人早已逾越了音调的界限。诱人的美感靠近媚俗的边缘。勋伯格花了十年时间才写出正确的管弦配乐,但本曲还得追溯到世纪之交——十三年之后的今天,它正好完全契合维也纳听众的品位之巅。姗姗来迟者得到了生活的回报。听众们本想用来制造噪声盖过勋伯格音乐的钥匙,这次乖乖地躺在了他们的口袋里。但它们不会一直留在那儿。

※

1913年,维也纳的好戏接二连三。

在同一天晚上,阿图尔·施尼茨勒的新剧《伯恩哈迪教授》的演出禁令被打破了:在紧邻8路电车车站的科夫勒公园旁的人民之家协会,该剧本以"演讲"的形式"在晚上七点准时"上演。维也纳皇家最高警局曾经断言:"从维护人民的宗教感情的立场出发应该禁止该作上演。尽管通过删除和改变一些文字有可能消除这种顾虑,但是剧作中的各个片段相辅相成地曝光了我们的公共生活,把奥地利的政府机构表现成各种扭曲的状态,整个结构极尽诋毁之能事。出于保护公共利益的考虑,该剧不能在国内舞台上演。"

※

《古雷之歌》之夜过去后,星期一下午五点三刻,一个声名显赫的艺术家团体在阿图尔·施尼茨勒家的沙龙聚会。胡戈·冯·霍夫曼斯塔尔在2月21日就答应出席——"因为聆听您用自己的声音朗读您的一部新作,对我来说是最大且最纯粹的乐趣之一——也因为我经常为和您疏于见面而悲伤。您真诚的胡戈"。施尼茨勒自己却为了朗诵会备受折磨,他咳嗽,盗汗,发高烧。一直到《古雷之歌》的前一天晚上,他还没法出门。但是一个医生是不适合当病人的,因此星期一晚上他勇敢地朗读了《贝亚特夫人和她的儿子》,这是他最新写就的一篇小说,讲了一个俄狄浦斯式的故事,正投弗洛伊德所好。文章很长,但施尼茨勒坚持读了下来。一个女人和她年轻的儿子的朋友上床。朋友到处吹嘘,儿子羞愧欲死,母亲羞愧欲死,母子俩划船驶向湖心,两人相爱,然后真的羞愧致死了。在肉欲方面,施尼茨勒被所有人,包括他的批评者,都尊为行家。今天,在他的日记公诸于世后,更是如此。

1913年,他和妻子奥尔加的婚姻已陷入分裂的消耗战。奥尔加还在和客人们吃吃喝喝,他已经退回自己房间,记录道:"下午流感严重,读了《贝亚特》的第六到第九页。理查德、胡戈、阿图尔·考夫曼、莱奥、萨尔滕、瓦塞尔曼、古斯塔夫、奥尔加。"顺便一提,萨尔滕指的是费利克斯·萨尔滕,那位20世纪早期维也纳闪耀的双重天赋之星,据说《小鹿斑比》的故事就是出自他之手,他以笔名发表的《约瑟菲娜·穆岑巴赫尔的回忆》用维也纳方言写就,即便在性爱方面相当前卫的维也纳也算得上是一部极具挑衅性的色情小说。在色情和小鹿斑比之间——正是这两面性赋予那些年的维也纳以特殊的魔力和特殊的颠覆力量。阿道夫·路斯从西格蒙德·弗洛伊德的分析、阿图尔·施尼茨勒的故事和古斯塔夫·克里姆特绘画的所有形象中找到了一条独一无二的公式:"装饰 + 罪恶"。

※

施尼茨勒家的朗诵会之后的一天,2月25日星期二,托马斯·曼在慕尼黑买下坡辛格街1号的地皮。同一天，他正式委托建筑师路德维希建一座与他相称的别墅：安静、优越，稍显死板。他和建筑师一道在工地旁边等候30路电车去市中心。托马斯·曼像往常一样把圆头拐杖挂在左臂上，他发现外套上有一粒灰尘，就用手掸掉。然后他听到电车从高处的博根豪森纳开下来。

❉

毕加索有三只暹罗猫。马塞尔·杜尚只有两只。直到今天，两位伟大的革命家之间仍然是三比二。

❉

卡夫卡在1913年写出的最重要作品是他给菲丽丝的信件。它们充满严肃，充满绝望，充满滑稽。他在2月1日写道："我的胃和我整个人一样，这几天来一直不对劲，我试图通过挨饿来对付它。"接着他用精彩的语言向菲丽丝报告前一天弗兰茨·韦费尔的朗诵会。"这样一首诗，它唯一的结尾在开头业已昭显，它是如何不断地从内部汹涌上升、发展的——人们蜷缩在沙发上，突然睁开眼睛！"他甚至把韦费尔的新诗集的一个副本献给菲丽丝，献给一个"陌生女人"；但是，"唉"："我终究会寄给你这本书，但愿包装、交寄等等事情不会一直让我那么烦恼。"弗兰茨·卡夫卡就那么坐在他布拉格的家里,为了该如何包装一本书几至绝望。幸好,《判决》的长条校样也在这一刻送达了。

但是当菲丽丝从她的卡夫卡的信中读到这样的句子:"亲爱的,告诉我你为什么正好爱上这样一个不幸的,且他的不幸还有着长久的传染性的男孩? 我的生活不得不笼罩着不幸的迷雾。但是不要害怕,亲爱的,留在我身边! 靠近我!"像菲丽丝这样一个无拘无束、现代、跳探戈舞的年轻女职员,一个处于最美好年华的女人,她的脑中会想到什么呢?

接下来,卡夫卡又抱怨起肩膀的疼痛,抱怨感冒和肠道问题。2月17日那天,他给远在柏林的心爱的仙女写下了至今为止也许是最诚实且肯定是最漂亮的话:"有时候我想,菲丽丝,你有一种掌控我的力量,使我变成一个人,一个能够驾驭理所当然的事情的人。"当然,她最后没有成功。

❄

1913年2月16日,斯大林在维也纳火车北站登上回俄罗斯的列车。

❄

他每天的口粮是一具尸体。从1912年10月25日到1913年11月9日,医学博士戈特弗里德·贝恩正好解剖了297具尸体,其中有运啤酒的工人、妓女、不知名的溺水者。在这个寒冷的、该死的2月里,他每天都穿着白大褂下到位于柏林夏洛滕堡的韦斯滕德医院的地下室,抽出他的刀。翻检尸体,找出死亡原因,但找不到灵魂。对这个才满二十六岁,来自诺伊马克的敏感的牧师之子来说,无休止的切割、填塞、缝合、切割简直是地狱。照片告诉我们,在这许多地下的孤独日子里,贝恩面对死亡稍稍合拢上下眼皮。他再也不愿意完全睁开眼睛。"眼皮之间他看到细长的一条。"贝恩写道,刚从地下室爬出来,他就试图在"伦内"的形象上触摸灵魂的痛苦。在透过薄薄的眼皮观察的时候,贝恩怀疑地直眨眼,他在凄凉的太平间里预知了20世纪的模型:紧闭双眼。因此他在晚上喝了第二杯、第三杯啤酒之后随便拿张纸写下"万物之冠,猪,人"。他明白,第二天破晓之时,地下室里已有下一具尸体在等着了,他/她此时或许还活着,正围着房子转悠。第二年春天,他精疲力竭地申请辞职,教授凯勒博士在他的毕业成绩单上撒了谎:"在任职期间,贝恩博士在各个方面均显示出他能胜任工作。"但贝恩在1912年3月出版的从太平间取材的处女诗集《太平间》就提供了反证:那是些关于躯体、肿瘤和血液的无情、冷酷却又大胆的后期浪漫主义诗歌,泄露出巨大的、根本性的震撼力,直到今天,人们若空着肚子仍是读不下去的。

它们的愤怒和它们的冲击力却使得其创作者,那位只有167厘米高、发际线后移、挺着肚腩的不起眼的病理学家一夜之间变成柏林先锋派的一个神秘人物。身穿三件套西服的离经叛道者。"这第一部诗集已让我臭名昭著,"贝恩回忆,"我被看成可恶的势利小人、典型的咖啡馆文学家,而我正在乌克马克县的土豆田参加军团拉练,或在德贝里茨和师长的下属一道用英式碎步跑翻越长满松树的小山。"我们不知道,是不是这位贝恩军医,某天晚上在选帝侯大街/埃克·约阿希姆斯塔勒尔街的"西部咖啡馆"里走向埃尔泽·拉斯克-许勒的桌子,或者是反过来。但是,没有更好的地方能让这两位为诗意的冲击震撼不已的局外人找到彼此了。艺术家酒馆是一个高贵的堕落之地,当时常见的维也纳美食和如今柏林各家艺术家酒馆里提供的差不多,这些注重名声的酒馆里烟雾缭绕,街上震耳欲聋的噪声直灌进来,报纸上印着"被盗于西部咖啡馆"的图章,一群波希米亚人赊账喝酒。一杯咖啡或啤酒花费25芬尼,点上一杯就可以在那儿一直坐到早上五点。

贝恩和拉斯克-许勒经常来这儿,一开始,他们像两只猛兽一样互相打量,绕着对方转圈;几个星期以来,在夜里穿过西部新建的街道回家的路上,他们高声朗诵对方的诗来缓解自己的饥饿。对于贝恩,她在这些天里写道:"他的每一行诗都宛如豹子的撕咬、野兽的扑跃。"比贝恩年长十七岁,刚刚与她的第二任丈夫离婚,和柏林波希米亚圈子里的所有核心人物都传出绯闻,狂野地穿戴着首饰、脚链和东方长袍的女诗人埃尔泽·拉斯克-许勒,对死板的医学博士一见钟情,他目光慵懒,用和他的诗歌中同样羞涩乃至冷漠的语调谈论死亡、尸体、女人的身体这类了不得的东西,好像只是在点一杯咖啡。戈特弗里德·贝恩尽管还有点骄傲,有点不确定,但也迷上了这个性感、成熟的女人,她的眼珠像黑色钻石一般闪耀。

两个人,在这个寒冷的冬季在柏林相遇,彼此靠近,都是失败者,他们一个四十四岁,一个即将二十六岁。出生于埃尔伯费尔德的埃尔泽·拉斯克-许勒曾经是备受呵护的银行家的女儿,而今一贫如洗,几周以来仅以坚果和水果充饥,被发烧折磨,夜里带着儿子在街上游荡,蜗居在桥底下或廉价小旅馆里,每一杯咖啡都是讨来的。裹着破烂的东方长袍,看起来就像一个从《一千零一夜》里走出来的流浪汉。她在从邮政总局顺来的电报表格上写诗。另一边,迷失的、受庇护的乡下牧师之子贝恩,正绝望地寻找属于他的职业,他刚遭遇了第二次失败,他先在夏里特医院当了一阵子精神病学医生,然后又做了军医,却被人送去强制休假。鉴定报告证明他存在人际交往方面的问题。人们建议他还是去和尸体打交道吧。他在病理学科上任不久,亲爱的母亲就去世了。贝恩在此期间已成为缝合的好手,他写道:"我带着你,像我额上的一道伤口,永不闭合。"在这个有传记可循的时刻,贝恩和拉斯克-许勒感知到了彼此,像两个行将溺亡的落水者一样紧密联系在一起。《哦,你的手》是拉斯克-许勒1912年10月所作的一首诗——人们可以在那上面认出戈特弗里德·贝恩医生在她心中留下的第一笔。她甚至可以用希伯来语给他写信,多么幸福。这位牧师的儿子从理论上知道《旧约》。现在正好可以实践一番。

会顺利吗?

❋

西格蒙德·弗洛伊德博士坐在贝尔格巷19号里,它当时已是维也纳最有名的地址。他的分析使他变得富有,最忙的时候一天能完成十一次治疗,每次赚100克朗,相当于他的家仆一整个月的收入。但是,他在古斯塔夫·马勒去世后给他的遗嘱执行人写信,试图索回和这位作曲家一次共同散步的花销,这件事让阿尔玛·马勒厌恶他一辈子。他在1913年是一个传奇,他对梦和性的研究是全人类的知识财富,当施尼茨勒或卡夫卡记录他们的造梦者时,很乐意想想弗洛伊德博士会如何评说。他研究别人压抑的性——根据今天的研究成果,他在1913年的时候自己也在压抑。在妻子给他生了六个孩子之后,他显然更愿意节欲了。听不到什么绯闻,只有和住在一起的妻妹明娜·贝尔奈斯的暧昧关系让人浮想联翩,但也没有确切的证据。

让弗洛伊德觉得有意思的是,维也纳人从他被任命为教授的那一刻起,才把他对被压抑的东西和无意识的研究当回事。"现在祝贺和鲜花如潮,似乎性的作用突然得到了陛下的官方认可,梦的意义被部长证实了。"

✤

弗洛伊德博士和施尼茨勒博士在他们同时代的人看来就好似一对连体婴儿:这边是《梦的解析》,那边是《梦的故事》;这边是俄狄浦斯情结,那边是《贝亚特夫人和她的儿子》。但是正因为他们显然如此接近,他们礼貌地各行其道。有一次,弗洛伊德踟蹰再三还是提笔给施尼茨勒写了封信,说他羞于见面,这是"一种双影人的害羞"。因为他在阅读施尼茨勒写的故事和戏剧时产生一种印象:"您凭借直觉——但实际上是通过细致的自我认知——已经知晓了我在辛苦的工作中在别人身上揭露的一切。"不过这段表白也没有改变什么。就像两块磁力相当的磁铁,他们不能靠得太近。但他们都幽默处之。1913 年的某天,施尼茨勒医生的诊所里送来了一位浑身鲜血的实业家的儿子,他被小马咬伤了阴茎,医生下令:"病人立刻送急诊医院——小马最好送去弗洛伊德教授那。"

❄

柏林的大烟草公司"问题"在柏林到处打广告,公共汽车和出租车上贴满他们的香烟商标,牌子叫"穆斯林"。人们穿过波茨坦广场或选帝侯大街时,就会看见这些硕大的字母:"穆斯林。问题香烟"。

❄

亨利希·曼眼下和米米·卡诺瓦一起住在慕尼黑,他是在 1912 年于柏林试演他的剧本《伟大的爱》时——作品如此应景——与她相识的。她微胖。他叫她"帕米"。但她给他写信说,如果他能为她在剧院搞到更多的事做,那么她将"像照顾婴儿一样照顾他"。这显然对他很有吸引力。其他所有人都对正妻嗤之以鼻,轻视"低水平的恋爱关系"(他弟弟托马斯当然也是其中之一,当亨利希又扮演起被迫的异性恋者时,他总是噘起嘴巴)。亨利希的山羊胡子和微微下垂的眼皮让他看起来像一个西班牙贵族,他心满意足地和米米一道坐在慕尼黑利奥波德街49号的家里写作。

亨利希四十二岁时,他和妻子受邀去弟弟托马斯家共进晚餐。除此之外,他一直笔耕不辍地写他的巨作《臣仆》。他一丝不苟地用优美的字体在他剪裁成小四开的笔记本上一页一页地书写,即将完成他对德皇威廉二世统治下的德国社会的毫不留情的分析。只有在偶尔的工作间歇,他会画一些裸体肖像,大多是丰满的女性,摆出大胆的姿势,很容易让人想到乔治·格罗茨画的妓院场景。后来,在他去世后,人们在他办公桌底层的抽屉里发现了这些画。

亨利希·曼与几家杂志进行了关于《臣仆》预印本的谈判,现在他和慕尼黑的杂志《画中时代》达成了合作意向。预印本将于1913年11月付梓。面对10 000帝国马克的稿酬,亨利希·曼同意,如有需要可"删除太过色情的段落"。好吧,亨利希·曼很可能想的是,这种情况下,我觉得更多针对的是太过社会批判的段落……几年前,在柏林菩提树下大街的一家咖啡馆里,他看到一大群市民拼命挤向窗户,因为外面有皇帝骑马经过,他突然有了写作的灵感。"在蔑视人的普鲁士古老的臣仆思想之上,这里又增加了世界都会机械行为的大众频发,"曼写道,"其结果是人类尊严堕落到任何已知的限度之下。"早先,曼就有写一家造纸厂的故事的想法,它只生产印有皇帝肖像的歌功颂德的明信片。他进行了大量的调查,参观造纸厂和复印车间,做详细的笔记,和工人交谈,像记者一样工作。另一方面,理查德·瓦格纳,尤其是他的作品对矛盾思想产生的迷惑性的麻醉作用,对曼来说是个谜,他出于调研的需要第一次听了一场《罗恩格林》。此时他的弟弟托马斯在写作《国王陛下》和《大骗子菲利克斯·克鲁尔》,而亨利希·曼在寻找德国人身上的奴性——他惊恐地确认:奴性无处不在。他让一位法学家给他详细解释叛君罪是怎么一回事。因为这正是他的书《臣仆》所要做的事情:侮辱他的皇帝陛下,痛斥德国的小市民思想。

❋

赫尔曼·黑塞和他的妻子玛利亚住在伯尔尼,生活十分不幸。他和特奥多尔·豪斯(没错,就是那个特奥多尔·豪斯)一道忙着办杂志《三月》,然而家庭问题让他和他的写作不堪重负。一家人之前定居博登湖,在那里尝试过一种素食的革新生活,但即使从博登湖搬到妻子的家乡,这座宁静的瑞士首都,也没让两人的关系得到改善。他们有三个孩子,最小的马丁才两岁,但父母之间的纽带已经变得脆弱。黑塞拿起作家专属的心脏和循环系统良药:虚构。他在房间里和妻子吵完架,然后走进工作室,给心爱的打字机装上一卷新的色带,把争吵写进对话。《罗斯哈尔德》就是这样在1913年诞生的,并于同一年发表在《费尔哈根斯 & 克拉辛斯月刊》上。主人公约翰内斯·韦拉居特重演了黑塞的痛苦,他的沉醉自然要以幻灭来结束。阿黛勒是小说中的妻子角色——她和黑塞之妻玛利亚一样无奈而愤懑。显然,他讲述的不仅仅是婚姻的失败——更为根本的是作为一个艺术家无法在婚姻和社会中保持自我。时年二十三岁的法学学生库尔特·图霍尔斯基从1913年1月起给《剧院》写稿,该杂志后来改名叫《世界舞台》,关于《罗斯哈尔德》他写下了极具洞察力的句子:"要不是封面上署有黑塞的名字,我们不可能知道这是他写的。这不是我们熟悉的亲爱的好人黑塞:这是别的什么人。"最重要的是,图霍尔斯基一眼就看穿了虚构和现实之间脆弱的界限:"黑塞就像这个韦拉居特;他背井离乡,然后——去哪里?"问得好。

❉

　　1913年当然不是诸事顺利。人们已准备好做一场从法兰克福开始的巡回画展,展览的本意是让柏林的表现主义和分离主义与"蓝骑士"的艺术团结起来。但出人意料的是,上巴伐利亚的蓝骑士们的画稿被从柏林退回来了。2月28日,弗兰茨·马尔克愤怒地从辛德尔斯多夫给柏林"新分离派"的主席格奥尔格·塔珀特写信,信头上盖着蓝骑士的徽记:"打开画箱的时候我发现,《鹿》竟然也在里面,这是最令我懊恼的。我曾明确要求把它送去巡展(应在4月的法兰克福首次露面)。今天康定斯基给我写信,说他有四张送去柏林的画被退回慕尼黑了,对此他毫不掩饰自己的震惊。现在我们应该怎样做呢?从逻辑上看,巡展似乎不会有什么好结果。然而您怎么可能做到问都不问我们一声,就直接把画给退回去了呢?"但是一切还没有定论。这年秋天,德国表现主义的两极的一场独一无二的峰会仍然成功了。

❀

2月初,赖纳·马利亚·里尔克就觉得太热了。他为了看到太阳,已逃往南方。但现在,在隆达的雷纳·维多利亚酒店的花园里,他穿着白色的夏装躺在长椅上,又思念起凉爽的北方。若不是这样,他就不是里尔克了。他是一个如此伟大的妇女之友、大自然的同情者与感受者,当夏末的城市"被无情的夏天带走"时,他自己也感同身受。因此大概也只有像里尔克这样的人才会在一年里第一缕温暖的阳光中感觉到它未来灼人的破坏力。他在2月初给妈妈和远方的精神女友们写信抱怨春天没有来:"阳光太强烈了,早上七点的时候还明显是2月天,四个小时之后,将近十一点,人们完全能相信已经到了8月。"你肯定会理解,他对西多妮·纳德赫尔尼说,阳光如此刺人,令人"难以忍受"。2月19日,他逃一般地启程离去。月底他搬进位于巴黎香槟第一街的新公寓。一年半的时间里,他为了逃离自己,游历了半个欧洲,最后抵达闪烁着早春微光的大都市。他害怕到达。但是他想再试一次,在这里,在这个巴黎,在这个地方。但他完全不知道接下来怎么办。安坐,工作,保持冷静。生活。

1913年春,查尔斯·法布里成功完成了发现臭氧层的关键实验。它那会儿还是完整无缺的。

坐一天火车就能到达奥地利的皇家属地加利西亚,因此维也纳在这些年成为最受俄国革命者青睐的政治流亡地。在多布林的罗德勒巷,作家兼记者的莱奥·布龙施泰因,更为人熟知的名字是列夫·托洛茨基,和妻子娜塔利娅以及孩子们生活在贫穷的小市民氛围中。圣诞节的时候,托洛茨基一家买了一棵圣诞树,好显得他们属于这里,而且再也不想离开。托洛茨基收入微薄,他给各种宣传自由和社会民主的报纸写通讯稿,他经常坐在中央咖啡馆一整天,下棋。"布龙施泰因先生"被公认为1913年维也纳咖啡馆的最佳棋手,而这是有意义的。每当他需要钱的时候,他就把自己的几本书送去典当行,他没有别的选择。

2月初,斯大林继续专注于《马克思主义与民族问题》,这将成为他最著名的作品——奥地利和匈牙利的民族混杂为他提供了直观的教学实例。斯大林在维也纳研究出在民族自治的表象背后建立中央帝国的思想——也就是最终的苏联方案。斯大林,朋友们叫他"索索",和特罗扬诺夫斯基的孩子们的交谈也三句不离本行。他试图和孩子们的保姆调会儿情,但没什么结果,因此他又一头扎回工作中去。好,现在他有一点时间来实际应用一下资本主义的罪恶。当他和这家人再次相聚在美泉宫公园时,他和母亲打赌,如果他俩同时呼唤加琳娜,这个热情的女儿会跑向他,只因为她希望他又给她买了糖果。这件事也证明他是正确的。

这段时间里,有两名男子来特罗扬诺夫斯基家中拜访他。尼古拉·布哈林帮助他翻译，让他很高兴，但与斯大林不同的是，布哈林赢得了保姆的欢心，这让斯大林一辈子都不原谅他（后来的某一天，一颗子弹射入布哈林的脑袋，最终让他为此付出代价）。托洛茨基也有一次偶然到访："我坐在斯科别列夫家茶炊旁的桌子边，……在古老的哈布斯堡家族的首都，"托洛茨基写道，"这时门被敲了一声之后突然打开了，走进来一个陌生男人。他个子矮小，……瘦弱，……灰棕色的皮肤上缀满麻子。……我在他的眼睛里看不到一丁点儿友好。"这就是斯大林。他从茶壶里倒了一杯茶，又和进来时一样轻手轻脚地出去了。他没认出托洛茨基——何其幸运，因为托洛茨基在文章里已经把他称作一个"肌肉畸形的招摇撞骗的运动员"了。

※

也在那一个1913年的2月，当斯大林和托洛茨基初次相遇之时，在遥远的巴塞罗那有一个男人出生了，他未来将奉斯大林之命刺杀托洛茨基。他的全名是海梅·拉蒙·麦卡德·德尔里奥·埃尔南德斯。

※

2月23日，约瑟夫·斯大林在圣彼得堡的大街上被捕。他为了逃命,穿上女人的衣服,戴上假发狂奔。这既无关狂欢节,也不是什么特殊的爱好。不是的,这位革命家非法逗留俄国,事先从一场为《真理报》募捐的音乐义演的更衣室里偷走了那些衣物,该报曾被警方突袭炸毁。警察截住了这个一瘸一拐的逃亡者,从他身上撕下彩色的夏装和假发,斯大林的身形暴露在光天化日之下。他被人认出来,流放到西伯利亚的杜鲁钱斯克。

※

在动荡的维也纳,有一场桃色恋情让维也纳人也不禁屏息。阿尔玛·马勒,有着传说中的腰肢和坚挺乳房的维也纳最美丽的姑娘,在那位伟大的作曲家去世之后,成为新寡妇,素缟未脱,就爱上了奥斯卡·柯克西卡,维也纳最丑陋的画家,狂暴的挑衅者,拖着总是松松垮垮的裤子,敞着衬衫四处乱跑。他最著名的作品是《杀人犯,女人的希望》——他自己也是这么认为的。他才刚狂风暴雨般地占有了年轻的美丽寡妇,就害怕起来。但不是怕她——而是怕潜在的情敌:"阿尔米,我不希望随便哪只眼睛都能看见你裸露的胸部,无论你是穿着睡衣还是长裙。保护好你亲爱的身体上我的秘密。"像柯克西卡和阿尔玛的通信与桃色事件中这样赤裸裸的性关系在1913年的维也纳也是很罕见的——白天，阿尔玛可以作为维也纳的第一寡妇追求她的社交生活，在自己的房子里接待客人，组织沙龙。但到了晚上，柯克西卡就要行使他的权利。只有在保证每天晚上都能和她睡觉的前提下他才能工作，他告诉她，而她也为他的迷恋深深动心。当他在她继父母莫尔家的房子里为她画像时，她把他拉进隔壁房间，心碎地唱起伊索尔德的殉情之歌。她义无反顾地投入这段恋情。柯克西卡再也画不了阿尔玛以外的东西。画上的她大多是赤裸的，披散着头发，敞开衬衫，他狂野而急躁地作画，正如他爱人的方式。他不耐烦地扔掉笔刷，因为用笔画得太慢，他用手指画画，把左手掌当作调色盘，然后用指甲在凸起的色块上刮擦出一道道线条。生命、爱情、艺术：一切都是一场伟大的战斗。

如果柯克西卡画的不是阿尔玛，那他就是在画阿尔玛和他自己，比如《奥斯卡·柯克西卡和阿尔玛的双人像》这样的。他称之为"订婚照"。因为他想和她结婚，希望借此永远抓住她。但阿尔玛是一条蛇。她向他宣布，只有在他创作出一幅绝对的杰作后，她才会嫁给他。柯克西卡希望这张订婚照就是他的杰作——2月底，它几近完成，阿尔玛变得焦躁不安。他恳求她："请给我写信，许给我很多爱，好使我不再旧病复发，也不再浪费作画的时间。"但是阿尔玛刚刚把他们共同的孩子打掉,并为柯克西卡画出她怀孕的大肚子气恼不已。画上的两人以奇怪的姿势纠缠在一起——柯克西卡眼神痛苦,紧抓着阿尔玛。她和母亲一道驱车前往塞默灵镇,古斯塔夫·马勒在那儿为他们买下过一块地,现在她要选一个地方规划和下一个人的爱巢。"订婚照"完成后,柯克西卡把它寄给柏林的分离派。这当然是他所希望的:公开的订婚告示。此时大建筑师瓦尔特·格罗皮乌斯的法古斯工厂刚刚竣工,希望迎娶阿尔玛,他在柏林看到了这幅画,不负所望地崩溃了。(不过,我偷偷告诉你们,最后是他娶回了阿尔玛,而不是柯克西卡。)

❄

阿尔贝特·史怀哲在斯特拉斯堡写他的第三篇博士论文。他早就取得了哲学博士学位,这要归功于他的哲学博士论文《论康德的宗教哲学——从纯粹理性批判到纯粹理性范围内的宗教》。神学博士他也已经够格:《对最后的晚餐的各种新历史观点的批判考证》。之后他成为斯特拉斯堡的神学讲师,甚至还担任圣尼古拉斯教堂的代理牧师,这时他又决定再读一个医学博士。1912年他获得了行医执照。医生兼代理牧师兼讲师兼哲学博士兼神学学士仍然没有让他停下脚步。他必须完成博士论文《耶稣的精神病学研究》。二次文献压垮他,三重负担让他劳累不堪。为了不在读书的时候睡着,他习惯了在办公桌下放一桶冷水。当他不能再真正读进去书时,就脱下袜子,把脚放进冷水,然后继续读。他现在即将大功告成。他眼中已经有了下一个伟大目标:非洲。

3月

3月，卡夫卡真的去柏林找菲丽丝·鲍尔了，他们试图一起散步，但没有成功。罗伯特·穆齐尔去看神经科，却没有被留下住院；卡米耶·克洛岱尔被送进精神病院，将在那儿度过三十余年。在维也纳，3月31日举办了隆重的"耳光音乐会"：阿诺德·勋伯格在公众场合吃了一记耳光，因为他演奏出太过刺耳的音调。阿尔贝特·史怀哲和恩斯特·云格尔做着非洲梦。维特根斯坦在剑桥开始他的郊游和他的新逻辑，弗吉尼亚·伍尔夫写完了她的第一本书，赖纳·马利亚·里尔克感冒了。大家都在思索一个大问题：我们去往何方？

《伊莉莎白·巴克霍芬女男爵》，古斯塔夫·克里姆特

在柏林尼古拉斯湖区,城门前方令人陶醉的鹿草甸边缘,在基尔希路27号和28号有两栋特别的别墅几乎同时竣工:赫尔曼·穆特修斯为银行总裁尤利乌斯·施特恩修建的"施特恩之家",紧邻由建筑师瓦尔特·爱泼斯坦给尤利乌斯·迈尔-格雷费建的别墅,后者也许是德国最重要的艺术评论家,他通过继承、写书和艺术品交易获得了一定的财富。在建造别墅的时候,迈尔-格雷费总是从工地坐车进城,让洛维斯·科林特给他画像,一坐就是好几个小时。这是一幅特殊的画,它把德国"世纪末"艺术生活最重要的人物中的两个永远地结合在了一起。

迈尔-格雷费在尼古拉斯湖的房子洋溢着法国气息,高雅中融合着一点笨拙,恰是为刚满五十岁的迈尔-格雷费及其妻子完美地量身定做的(顺便说一下,几年之后,已故的建筑师爱泼斯坦成了他的岳父,因为迈尔-格雷费的第三次婚姻娶了爱泼斯坦的女儿安妮玛丽为妻,不过现在说这个只会更乱)。在这里,基尔希路28号,或者如迈尔-格雷费在给画家爱德华·蒙克的信中给他的房子定位的"在户外乡村",1913年诞生了艺术史上的一部核心著作:《现代艺术发展史》,1914年起出版。

迈尔-格雷费的办公桌上方悬挂着一幅硕大的德拉

克洛瓦的画《撕咬马的母狮》——走廊上立着莱姆布鲁克的半身雕像《回头的女人》,家具和整个内部装饰均由迈尔-格雷费的好友鲁道夫·亚历山大·施罗德从美学上把关。这座别墅是一部有着强烈亲法痕迹的、装饰精美的整体艺术品,一座梦幻城堡。但恰恰不是"现代家居"。

无论如何,现在必须结束这一年的"现代"话题了——这是一个如此灵活的概念,同时代和后世的人总是对它有不同的解释,每一代人又对它有短暂的新定位,压根不能用它来恰当地描述1913年那些非凡的、并非同时发生的同步事件。

尤利乌斯·迈尔-格雷费在柏林的房子就是这样一座汇聚着令人困惑的同步事件的庙宇:餐厅的画出自埃里希·克洛索夫斯基之手,他是迈尔-格雷费的朋友,来自蒙马特的会画画的艺术史学家,他的画可归入正统而友好的后期印象派(在他给迈尔-格雷费画画的时候,他四岁的儿子巴尔塔扎总是聚精会神地在一旁观看,但是他儿子后来以巴尔蒂斯之名成为法国最离经叛道的大画家之一,父子之间就是这样)。迈尔-格雷费在当时就已经是一个极具争议性的传奇人物,皆因他毫无保留地为宿敌法国的艺术辩护。在《发展史》的第一版中,他就把德加、塞尚、马奈和雷诺阿评为现代艺术的四大支柱。因此"迈尔-格雷费论"这个关键词就用来指代一种倾向法国印象主义的强烈偏好和对德国艺术的批判态度。现在,在写下第一稿之后十五年,诞生了一个全新的版本——因为正如他所写的,艺术家们变得更成熟了,而且首先是作者自己变得更成熟了。

但是小心!"成熟"在品位方面经常是个尴尬的范畴。人们一再惊讶且惊愕地体验到,先锋派最狂热的宣传者们只注意到这一场艺术革命。等到下一代登场,准备让前一代先锋派变得过时,鉴赏力、判断力、正直廉洁的"眼睛"往往就跟不上了。这里的情况也一样。这个迈尔-格雷费率先介绍德国人认识了德拉克洛瓦、柯罗、塞尚、马奈、德加以及诸多人等;这个迈尔-格雷费于1913年坐在他位于柏林尼古拉斯湖的乡间别墅里,淡然地写下这样的句子:"在写到毕加索的名字的时候,未来的历史学家会停下笔,确认:到此结束。"结束了。难以想象,在立体主义破坏了形式之后,还能有什么进一步的发展。这位伟大的作者,也许是本世纪最热情的艺术文体学家和讲述艺术"发展"的大师,相当清醒地看到这发展现在走到了尽头。而我们今天在那里看到的是开始。

与此相应,他在《新评论报》上发表文章《我们去往何方？》——它引起了极大的轰动和震惊。这位民族之间的调停人把法国艺术和手工艺引入德意志帝国的审美意识长达近三十年,他的做法不断激化,最终爆发为对德国以及法国当代艺术的愤怒。矛头首先指向年轻的表现主义者们,也就是刚刚迁居柏林的"桥社"画家和慕尼黑的"蓝骑士"团体,他称他们是"壁纸画家"。他对"当今许多艺术家仅仅追求结构性和装饰性的趋势"感到震惊。这无疑是没落的标志,尤利乌斯·迈尔-格雷费写道(此时慕尼黑的奥斯瓦尔德·斯宾格勒面对过度增衍的艺术和文化同样看到了"西方的没落")。年轻的表现主义者们不理会传统,他们没受过教育,迈尔-格雷费抱怨说,"他们在各个方面都是肤浅的艺术家,作为人也很肤浅"。

惊恐——没错!——柏林的表现主义者们以及像卡尔·舍夫勒这样的宣传者们令人惊恐。令人惊恐的还有,面对当前现实所蕴含的恐怖,这位语言大师竟被思想舍弃。但是,这也同样是一个标志,由此可见法德关系在1913年是如何白热化的,无论如何,《我们去往何方?》在法国也没有受到欢迎。尽管在本书里迈尔-格雷费对法国印象主义的赞歌清楚地直传到塞纳河,《新法兰西评论》仍然以一种极为扭曲的方式嗅到了危险。它认为,现在迈尔-格雷费也逐渐发展成一个民族主义者了,正因为他如此批评了德国表现主义者。他"之所以如此严厉对待帝国文化,是因为他选择它来接替我们的遗产,并把欧洲其他国家置于其控制之下"。这些都是1913年弥漫在巴黎的恐惧。

※

德意志帝国的联邦参议会批准普鲁士在1913年印制价值1 200万马克的纪念币,用以铭记1813年普鲁士反抗法国外来统治的斗争,以及纪念6月15日德皇威廉二世在位二十五周年。

※

"奥地利和俄国之间的一场战争,"列宁在1913年给马克西姆·高尔基的信中写道,"势必对在西欧进行革命十分有用,然而,很难想象,弗兰茨·约瑟夫和尼古拉会帮我们这个忙。"

※

伟大的相对论理论家阿尔伯特·爱因斯坦证明他也是现实的实践家。当他1913年住在布拉格的时候,和妻子米列娃越来越疏远。他不再和她谈论他的研究、他的发现、他的忧虑。而她保持沉默,顺其自然。他俩的境况至少不比伯尔尼的赫尔曼·黑塞夫妇和维也纳的阿图尔·施尼茨勒夫妇更差,仅举两例以作安慰。不管怎样,爱因斯坦晚上独自一人去咖啡馆或小酒店喝上一杯啤酒——也许旁边正坐着马克斯·布洛德、弗兰茨·韦费尔和卡夫卡,但他们互不相识。然后阿尔伯特·爱因斯坦在这个1913年3月——和卡夫卡一样——给柏林写长信。他在一次做客时爱上了刚刚离婚的表妹艾尔莎。他给她写信倾诉自己婚姻的可怕:他们不再睡在一个房间里,他不惜一切代价避免与米列娃独处,因为她是一个"不友好的、毫无幽默感的生物",他把她当成一个雇员,只可惜不能开除她。然后他把信塞进信封,送去邮局——很可能爱因斯坦和卡夫卡的书信体哀歌被装在同一个邮政袋里踏上从布拉格去往柏林的漫漫旅途,到达他们远方的梦中情人菲丽丝和艾尔莎手中。

※

《凉亭》的副刊《女性天地》的第5期里报道:"本季晚礼服的特点是豪华的印花和梦幻般的褶皱,这些对最熟练的裁缝来说也是块难啃的骨头。"人们可以为最美的衣裙直接定制剪裁纸样。引人注意的还有可供选择的臀围:116,112,108,104,100和96,那下面什么都塞不了。一直到第9期,编辑部才大发慈悲地宣布:"苗条淑女的时尚!"接下来是极富同情心的漂亮话:"纤瘦的、过分苗条的夏娃的女儿们,你们并不总能轻易穿得漂漂亮亮、合乎潮流。这就意味着要妥协,用时尚的、层层叠叠的设计来掩盖天生的不足。"天生的不足——1913年,苗条仍被视为某种厄运。

❄

在纽约,美联储,全称美国联邦储备系统,于1913年成立。主要股东有罗斯柴尔德家族、瑞德集团、华宝、雷曼兄弟、洛克菲勒的大通曼哈顿银行和高盛集团。启用美联储使得美国政府不能印制新钱。在那之后,1913年还引入了所得税制度。

❄

瓦尔特·拉特瑙颇有先见之明地认识到美国发起的经济挑战。在双方认真备战的1913年,他勾勒出一幅和平的、经济上紧密相连的欧洲联盟的草图:"还有最后一个选择:创建一个中欧关税同盟。为我们欧洲地区各国创造经济自由是一项艰难的任务,但不是无解的。"

1913年3月6日出版的《剑桥评论》第34卷第853期的第351页上首次发表了大学生路德维希·维

特根斯坦的文章。这是一篇针对彼得·科菲的《逻辑科学》的批判性书评,但实际上已是他自己的新逻辑的第一声宣言。他认为科菲所说的东西是不合逻辑的。即使面对他的老师,剑桥大学三一学院的传奇人物伯特兰·罗素,这位即将二十四岁的维也纳实业家的儿子也不无叛逆。假期里,他和爱人、数学系学生戴维·平森特一起去挪威,在肖伦买下一座小木屋,潜心研究他的理论基础,后来写出的《逻辑哲学论》是本世纪最重要的著作之一(顺便一提,此书太过复杂,即便是当罗素本人收到请求他阅读校样的信件时,也不得不再次寄出他自己的问题以征求维特根斯坦的答复)。只有男友平森特能完全理解维特根斯坦。年长两岁的维特根斯坦曾在校园里挂出海报寻找他关于语言和音乐的节奏的心理学实验被试,平森特报名了。他也很快成为他的同性恋情和逻辑学的被试。维特根斯坦后来也顺理成章地把他的《逻辑哲学论》献给平森特。

❖

春之觉醒:3 月 8 日,弗兰克·韦德金德、阿道夫·洛斯、弗兰茨·韦费尔和卡尔·克劳斯起床之后,在维也纳帝国咖啡馆齐聚一堂,共饮加了少许牛奶的大杯咖啡。

※

卡夫卡像条狗一样忍受着父亲,在布拉格公寓里,他无法忍受父亲在隔壁房间咳嗽或是关门声太响。不过他还没有开始写《给父亲的一封信》。可是在1913年,二十二岁的维也纳画家埃贡·席勒写了"给母亲的一封信"。大概是写于3月31日:"我会变成果实,在腐败之后仍然留下永恒的生物,因此生下我让你多么快乐?"母亲的看法却不一样。她很生气,因为她的丈夫、席勒的父亲,在图尔纳公墓的坟墓荒芜了,她给儿子写信道:"最破败、最寒酸的坟墓掩埋了你父亲的遗体,他本会为你呕心沥血。你毫无益处地挥霍掉了多少钱。你有时间做一切事、陪所有人,只是没有一点给你可怜的母亲!愿上帝宽恕你,我却不能原谅。"

席勒的父亲阿道夫早年就已精神错乱,小埃贡一直都不得不为一个陌生人铺餐桌。父亲临去世前烧掉了所有的钱和股票,从那以后家庭陷入困境。埃贡与他的姐妹梅兰妮和格尔蒂的关系异常密切,他一再给她们画裸体肖像,以妇科医生的精确眼光研究她们在青春期觉醒的身体。他在年轻时代和格尔蒂一起旅行,不带母亲。从他们的这段关系中诞生的画作给人的感觉类似同时期的格奥尔格·特拉克尔及其妹妹的致命爱情。

后来,格尔蒂和埃贡的朋友安东·佩施卡走到了一起,这让席勒疯狂地嫉妒了好长一段时间,但最终他祝福了他俩,那时候他自己认识了沃利,他的画让这个女人成为20世纪最著名的身体之一。他精细地画出赤条条的自己和家人,好似不是用笔作画,而是用的解剖刀——和古斯塔夫·克里姆特不一样的是,席勒显然不总是和他的模特上床,他首先是从安静的观察入手,获得对肉体深处的印象。当时还鲜有人能理解他的做法。就连他的画廊老板,来自慕尼黑的豁达的汉斯·戈尔茨也不例外,当某次展览之后再度没有卖出去一幅画时,他在1913年3月给席勒写信道:"可是席勒先生,尽管我一直为您的画欣喜无比,也颇乐意追随您最怪诞的情绪,但谁会买画呢?我觉得希望渺茫。"这封信是席勒乔迁新居后收到的第一样东西,在这里一切都将好转。不再是第9区,不再是施拉格巷5号底层4号门,而终于是第13区,希岑格主干大街101号4楼。

席勒母亲的看法和画廊老板完全一致——"怪诞的情绪"也应该是她会说出来的话。她不仅指责她的儿子伦理败坏,还怪他不重视父亲的遗物,不资助他的坟墓,把她给忘了。她又给埃贡写信。然后是第二封"给母亲的一封信",它的开头大概可以被收进任何一本精神分析的教材："亲爱的席勒母亲，为什么总是这样的一些来信，它们反正会被扔进火炉。要是你最近需要什么，就到我这儿来，我是再也不会回去了。埃贡。"

1913，弑父的一年，对母亲们来说也是一个挑战。或者，正如格奥尔格·特拉克尔给他的朋友艾哈德·布施贝克的信中所写："告诉我，亲爱的朋友，我的母亲是否因为我而有诸多愁苦。"（特拉克尔，干得不错，他刚刚抵押掉了父亲的手表带，用这笔钱出入妓院。）

❋

与他们相反的是，古斯塔夫·克里姆特1913年已经五十一岁了，却仍然和母亲住在一起。早餐后他坐车去第13区的费尔德穆尔巷11号（距席勒的工作室仅四个街区之遥）。他在那里画画，在那里生活，他用粉笔在门上写下"G. K."，以及"大声敲门"。地板上到处散落着草稿，画架上挂着好几块画布。他早上刚过来，门口就等候着好些个女人，她们渴望为他脱衣。当他沉默地站在画布前时，足有半打裸体的女人或少女四处走动，她们舒展身体，无所事事，等待他使个简短的眼色点到她们。他宽大的工作服下面什么都没穿，这样当他欲望来袭，而且模特的某个姿态对于画家体内的男人本性太过诱惑的时候，他就可以迅速脱掉衣服。但是他会准时回家和妈妈一起吃晚饭,或者和埃米莉·弗勒格一起去剧院。克里姆特死后,有十四位曾经的模特提出亲子鉴定的要求。

※

1913年春天的格奥尔格·特拉克尔,他的生活是一出独特的戏剧。他梦游一般游历世界,他向一个朋友承认,他总是魂不守舍。他挥霍钱财,服用巴比妥等片剂和毒品,豪饮,到处乱跑,像孩子一样叫喊,迷恋他的妹妹,为此痛恨自己,连同世界一起恨。他试图成为药剂师。没有成功。他试图过正常的生活。这当然也没有成功。但是在此期间,他写下了最美、最可怕的诗。还有像这样的书信:"我渴望那一天的来临,到那时,灵魂再也不想,也不能居住在这个可怜的、被悲伤污染的躯体里;到那时,灵魂将离开这个由粪土和腐物组成的荒谬形体,它只是一个不信神的、该诅咒的世纪的一幅太过忠实的镜像。"这封信是写给他的资助者兼代理父亲路德维希·冯·菲克尔的,也可称为他的朋友,在特拉克尔身上可以使用这个词。菲克尔也是他的出版商,因为他的杂志《燃烧器》是特拉克尔发表他无望的连祷的第一个地方。这一年,他漫无目的、担惊受怕地游荡在三地之间;萨尔茨堡是"腐烂之城",因斯布鲁克是"最残酷、最卑鄙的城市",最后,维也纳是"污秽之都"。奥地利,是汇聚憎恨的百慕大三角。在火车上,他不能坐下来,因为那样的话就会有一个人坐在他的正对面,面对面,让他无法忍受。因此他总是站在过道边上,目光羞怯,像在被人追赶。要是有人打量他,他就会大汗淋漓,到不得不换身衬衫的程度。

不过,1913年3月,他突然得到了一个在莱比锡的职位,由库尔特·沃尔夫出版社提供。人们很乐意在新系列《末日》中印一本他的诗集。一切都还是不错的吧?

❋

赖纳·马利亚·里尔克感冒了。

❋

3月9日,严重抑郁的三十二岁的弗吉尼亚·伍尔夫把她的第一部小说《远航》的手稿寄给了出版社。此书耗去了她六年时间。1913年3月9日恰好是她未来的情人维塔·萨克维尔-韦斯特成年的日子,即她二十一岁的生日。但是现在弗吉尼亚·伍尔夫还有诸多其他旧事缠身。因为收到她手稿的出版商是她同母异父的哥哥杰拉尔德·达克沃斯。根据我们今天发现的秘密日记,他显然和他的兄弟乔治一起威胁并性虐过孩提时代的伍尔夫。

《远航》是一篇关于未婚无子女的女子雷切尔·温雷斯的小说,它已经包含了弗吉尼亚·伍尔夫后期主要作品的许多核心要素。例如已经出现了一位"达洛维夫人",以后她将成为独立的女主人公;雷切尔也有一间"一个人的房间",伍尔夫后来的一篇重要散文就以此为题。在《远航》中,她让男主角做出以下骇人的回顾:"我们站在20世纪的开端,直到最近几年之前,还没有一个女人独立地站出来,或是仅仅张开自己的嘴。因为在幕后,千百年来,这种奇怪的沉默的生活一直在继续,从未展现在前台。我们当然一直在写女人——诽谤她们或是嘲笑她们或是美化她们;可是这些从来不是出自女人之口。"

然而,这"沉默的、未曾展现的生活"还在继续。到1929年为止,该书只卖出了479册;《远航》对弗吉尼亚·伍尔夫来说是一段异常艰难的旅程。

❋

弗兰茨·马尔克想要和交好的艺术家们一起图解《圣经》。他在1913年3月给瓦西里·康定斯基、保罗·克利、埃里希·赫克尔和奥斯卡·柯克西卡写信。他为自己挑选了创世故事这段,这一点不奇怪。他每天都创造出新的动物,蓝马,它们并不需要蓝色的骑士。

在布拉格发生了了不得的事。弗兰茨·卡夫卡真的在3月16日给菲丽丝写信了:"大概问一下,菲丽丝:你在复活节的时候,即星期天或星期一,有没有任意某个小时可以给我,如果你有的话,如果我过来的话,你是否觉得合适?我重复一遍,这可以是任意的一小时,我在柏林将什么都不会做,除了等你。"菲丽丝立刻给了肯定的回复。由于1913年的邮政比2013年更快,如我们所料,卡夫卡在3月17日又写道:"我不知道,我是否能够成行。"然后在3月18日写道:"我此行的障碍就其本身而言仍然存在,而且我担心它将继续存在下去,但是它已经失去了作为障碍的意义,就对它的考虑而言,我或许会来。"然后在3月19日写道:"关于我此行是否还会受阻,我最迟会在星期六给你发电报。"3月21日不确定性加重:"菲丽丝!在此完全不能确定我是否会来;明天上午才能下决定,磨坊主的集会还一直是个威胁。"如这个美妙的借口所说,他可能不得不受他的保险公司之命在复活节的时候去参加捷克的磨坊主公会的集会。接着又有了新的忧虑——和穆齐尔的情况一样,出现了神经衰弱的征兆:"在我来到你面前之前,我必须踏实地睡饱。这个星期我又睡得那么少,我的神经衰弱的许多症状和我的许多白头发都缘于睡眠不足。但愿我在与你相会的时候已经好好地睡够了!"然后在 3 月 22 日,也就是他应该出发的日子(也确实出发了的日子),他仍然在给菲丽丝的信封上写下大大的字:"尚未确定。弗兰茨。"两个词,一本自传。

人们几乎难以相信,但弗兰茨·卡夫卡下一封给菲丽丝·鲍尔的信的信头上真的署上了酒店"阿斯坎尼亚宫廷,柏林"的地址,他在那里,于复活节星期天的一大早惶恐不安地写道:"发生了什么事,菲丽丝? 你在星期五的时候必定已收到了我的特快信,告知你我会在星期六晚上到。不可能正好是这封信弄丢了。现在我在柏林了,下午四点或五点就必须离开,时间在流逝,我没有你的一点消息。请让这个送信男孩带给我你的答复。如果不是太引人注目的话,你能不能为了保险起见再给我打个电话,我坐在阿斯坎尼亚宫廷酒店里等你。弗兰茨。"在复活节前夜,他已到达安哈尔特火车站,可能希望在月台上看到她,然后一同庆祝他们的再生。但是她没有来。他不安地跑遍站台找她。然后坐进候车室,以便不会错过她。在分秒煎熬的等待之后还是起身去往酒店。无法入睡。天刚蒙蒙亮,他就跳起来,刮胡子。但仍然没有菲丽丝的消息。

这里是柏林,复活节的星期天。弗兰茨·卡夫卡坐在他的酒店房间里,外面天色阴沉,他搓着手,盯着门口,看信差是否会来,或者盯着窗外,看是否有一个天使到来。

然后,在某个时候,她出现了。她心平气和。他们坐车去格鲁内瓦尔德,并排坐在一根树干上。这就是我们所知道的一切。在这段双重生活中出现了一段古怪的空白——几个月来,我们看到他们的每一次呼吸和每一天都反映在两到四封信中,此时突然间什么都没有了。3月26日,她的卡夫卡从布拉格写来了信:"你知道吗,在我返回之后,你现在对我来说是比以往任何时候都更难以捉摸的一个奇迹。"这就是我们所知道的关于在柏林的那个星期天的一切。一个复活节的奇迹,无论如何都是。

这就是卡夫卡在那个1913年3月的生活。不过"作品"还是有的。库尔特·沃尔夫在那年春天处于整个德语文学的中心,他从莱比锡写来了信:"弗兰茨·韦费尔先生跟我讲了很多关于你的新中篇小说——是叫《臭虫》吗?——的事情,我很想认识它一下。您愿意把它寄给我吗?" 20世纪最著名的德语中篇小说叫《臭虫》?当格里高尔·萨姆沙一天早晨从烦躁不安的梦中醒来时,发现自己变成了一只臭虫?当然不是。因此卡夫卡给沃尔夫回信说:"不要相信韦费尔!他一点儿都不知道这个故事。待我把它写完美了,我当然很高兴寄给您。"然后又说:"我拥有的另一个故事《变形记》还没有完全写下来。"《变形记》就这样诞生了。

※

罗伯特·穆齐尔与他的妻子住在维也纳的第3区,下韦斯格伯大街61号。他是一个有多重性格的人。衣饰整洁,训练有素,他的鞋子是所有维也纳咖啡馆里最铮亮的,每天做一小时的举哑铃和下蹲运动。他极爱虚荣。但是他的身体也散发出自律的安静力量。在一本自己的小册子里他记下每一根抽过的烟,每次他和妻子上床,就会在日记里写下一个"C",代表性交(Coitus)。必须守秩序。

然而在1913年3月,他的秩序走到头了。他再也忍受不了他在维也纳工业大学做二级图书管理员的愚蠢工作了。他觉得自己太渺小、太微弱,同时又被更高的使命召唤,召唤他去写一本世纪小说。但是他也不太确定,这是否只是他长期以来晕头转向的一个迹象。或者,他是否应该辞去工作。

3月30日,他终于在神经科医生奥托·波策尔博士那儿预约到一个号。他等候了两小时。然后他先送给医生他的第一本书《学生特尔莱斯的困惑》,他在书里题词:"致波策尔医生,以咨友好的纪念。"那些日子里,他的痛苦不断增长,他靠回忆但丁的时代来安慰自己。他在日记中记录道:"在1913年变成精神疾病的东西,在13××年可能只是自我中心主义。"但是医生会说什么?我们今天称之为"倦怠症",当时的人说的是:"此人被严重的心脏神经官能症的症状折磨:脉搏过快,心跳加速,入睡时心悸,消化不良,并产生相应的心理症状:抑郁,身体和精神严重疲劳。"在1913年这些病症被归结到"神经衰弱症"的概念下。幸灾乐祸的人唱道:"永不休息,永不匆忙,否则神经衰弱很快把你伤。"但在这个君主国的官方机构里,这个关键词是一个可以立刻免职的理由。因此应图书馆的要求,一位姓布兰卡的医生开具了"官方健康证明":"哲学博士、工程师、图书管理员罗伯特·穆齐尔先生,居住于维也纳第3区下韦斯格伯大街61号,显示了严重的神经衰弱症状,故丧失工作能力。"

在穆齐尔停职的同一时间,弗兰茨·布莱给莱比锡的库尔特·沃尔夫出版社写信介绍罗伯特·穆齐尔正在写的这部"著名的"长篇小说。他说,如果穆齐尔能有一个"不用去图书馆工作的夏天",预计小说很快就可以结尾。

※

我是谁?我有多少个?奥托·迪克斯在1913年画

了《小小的自画像》《自画像》《头颅（自画群像）》，接着是《有剑兰的自画像》，当然还有《吸烟者我的自画像》。伟大的自画像画家马克斯·贝克曼1913年在他的日记中写道："不得不一直和自己打交道是多么令人悲伤和不适。有时候你会很高兴能摆脱自己。"

❋

在毕加索这里，和每出现一个新的恋人时一样，他的生活和艺术又完全改变了。这一次是一个特别美好的故事：大宫女、性感美女费尔南德·奥利维尔的主要工作就是淫乱，她和年轻的意大利画家乌巴尔多·奥皮一起欺骗了毕加索，并把朋友玛塞勒·安贝尔介绍给毕加索，她是画家马尔库西的矜持的恋人，也是蒙马特最不待见的女人之一。玛塞勒很乐意在与毕加索约会的时候把他的注意力从费尔南德身上引开，因为她自己早就深深地爱上了毕加索。在选择她做自己的新欢之前，毕加索给她起了个新名字：埃娃。他主要是不想让他的女友和他的朋友布拉克的女友重名，布拉克也是他日益强力的竞争者。于是埃娃成为毕加索从立体主义的第一阶段转型的象征，从此他进入综合立体主义阶段。他似乎在埃娃身上看到了一个在三十出头的年纪市民化的机会，稍微摆脱一点阻碍他工作的波希米亚风格。所以两人做的头一件事就是从蒙马特搬去蒙帕纳斯,巴黎地铁新开的十二号线也通往那里。蒙马特是穷困潦倒的艺术家、吸食鸦片者、娼妓和邋遢的杂耍艺人的聚集地,蒙帕纳斯则成为巴黎创意产业的成功人士的新址。用伟大的新艺术经理人阿波利奈尔的话说:"人们在蒙帕纳斯看到真正的艺术家,穿着美国风格的服装。他们中的有些人喜欢把鼻子埋进可卡因,可是这无关紧要。"

1912年,三十一岁的毕加索和埃娃搬进位于拉斯帕耶大道242号的公寓和工作室,街区历史尚不足十年。1913年1月,毕加索甚至向他在巴塞罗那的父亲介绍了他的新女友。曾经专横的一家之长唐何塞显然既不讨厌埃娃也不反对巴勃罗的综合立体主义——很可能跟他已几乎完全失明有关。在毕加索和埃娃相识之初,他们就逃进过比利牛斯山里的塞雷镇。现在,1913年3月10日,他们又这么干了。毕加索想要逃离大城市和他的艺术家环境,以便终于能投入工作。到达山区后,他们深呼吸,在街头咖啡馆坐下来,享受一杯咖啡与和煦的阳光。他们很快租下德尔克罗之家,做好住到秋天的准备。两天之后,他给两位最重要的主顾寄去活泼的明信片:他的艺术交易商坎魏勒,他在1912年12月与他签署了一份利润丰厚的独家合同,由此第一次真正赚到了钱(并可以给他的埃娃买很多漂亮的衬衫);还有沙龙女主人和大收藏家格特鲁德·施泰因,她的幕后工作让毕加索的多件作品被列进2月份的军械库展。格特鲁德·施泰因正想把她的哥哥莱奥赶出他们共同居住的公寓,和她的女朋友爱丽丝·托克拉斯一起生活。寄给她的明信片上画了三个加泰罗尼亚的农民——毕加索在其中一个长胡子的农民旁边手写了"马蒂斯的肖像"。

然而毕加索的好心情很快就消失了,因为他父亲的健康状况越来越恶化;他匆忙赶去巴塞罗那,为的是之后能重新埋在塞雷的工作室里。他吊儿郎当的朋友马克斯·雅各布从巴黎来访,让他十分欣喜。雅各布给巴黎写信:"我要改变我的生活,我去塞雷和毕加索一起过几个月。"可是,画家通常都坐在工作室里,坚忍不拔地研究拼贴画的各种新可能,研究综合立体主义的拼贴,马克斯·雅各布的大部分时间是和埃娃一起度过的。因为雨一直下个不停,他俩只好坐在屋子里,啜饮可可,一边等待大师完成他一天的工作。晚上他们一起喝葡萄酒,夜里,青蛙、蟾蜍和夜莺的叫声在潮湿的空气里响成一片。

但是毕加索的脑子里只想着他生病的父亲,他的超越父亲的存在,教他画画的人,他的所爱和所恨。在他十六岁时,他说:"在艺术上我们必须弑父。"现在是时候了。唐何塞死了，毕加索痛苦到麻木。但这还没完：在这年春天，在塞雷，埃娃病重，她罹患癌症。不久，他最大的安慰也生病了，毕加索失去了一切：弗利卡，他心爱的母狗，他多年来为它的命运所操的心毫不逊色于对他的妻子们的（有时甚至更周到），它现在奄奄一息了。从毕加索初到巴黎开始，弗利卡，这只德国牧羊犬和布列塔尼猎犬的奇怪混血狗，就一直在他身边，陪他经历了许多女人、蓝色、玫瑰和立体主义时期。5月14日，埃娃致格特鲁德·施泰因："弗利卡没救了。"兽医帮不上忙了，毕加索只好请求塞雷当地的猎区管理员给了弗利卡一颗安乐的子弹。毕加索直到他生命的尽头都没有忘记射手的名字："厄尔·鲁科维托"——也没有忘记他那些天哭得有多厉害。爹死了，狗死了，恋人快死了，外面的雨下个不停。1913年春天，毕加索在塞雷陷入了他最大的精神危机。

❋

3月22日，医学博士戈特弗里德·贝恩收到了他的救赎信息："应普鲁士王子弗里德里希·卡尔元帅64号步兵团助理医师贝恩博士本人的离职申请，将其转送至国防军Ⅰ队的医护军官处。"这一年里，他从韦斯滕德医院的病理-解剖研究所换到了市立夏洛滕堡医院。

❇

3月29日,卡尔·克劳斯在慕尼黑的四季报告厅里做了一场演讲。来宾中有亨利希·曼。他获得了友好的掌声。

❇

3月4日,伦敦的德国大使馆里举办了一场盛大的宴会。哈里·凯斯勒伯爵当然也到场了,那位穿三件套白色西装的德国假绅士的地址簿上有上万个条目,他是亨利·范德费尔德、爱德华·蒙克和马约尔的朋友,在魏玛创立了克拉纳赫出版社,由于罗丹的太过自由的水彩画不得不退出他在那里的博物馆馆长的职位。那位在柏林、巴黎、魏玛、布鲁塞尔、伦敦和慕尼黑之间穿梭的凯斯勒伯爵是现代艺术和青春风格的主要催化剂之一。通过他,我们稍微更好地认识了英国女王。他刚刚在这场接待会上为德国大使卡尔·马克斯·冯·利赫诺夫斯基侯爵(其懂艺术的、收集毕加索作品的妻子喜欢他)介绍了萧伯纳。现在他在宴会上得到了回报:凯斯勒被介绍给英国女王。"银色锦缎、缀满钻石和大颗绿松石的皇冠装点下的她看起来还比较不错。"除此之外的事情都是相当紧张的:"我不能让她干站着,而她也找不到结束谈话的方法。和她的谈话分分钟让人睡着,对待这位可怜的夫人就像是必须给已经停转的时钟重新拧紧发条,但也只走了三十秒就又要人帮忙了。"顺便一提,他在日记中吐露,战争的威胁是不存在的,正如他所听到的:"一年半以来,欧洲的局势已经完全反转了。俄国人和法国人被迫保持和平,因为他们再也不能指望英国的支持。"那么,然后呢?

※

托马斯·曼在1913年3月给雅各布·瓦塞尔曼写了一封信:"忘记职责者和恪守职责者在战争中的相遇是一个极富诗意的发明。让人感到战争作为道德的净化危机,作为生命的严肃性骤然跨越一切感伤的混乱的过程,是多么严厉而恢宏。"托马斯·曼在此处谈论的战争是1870/1871年的那场。

※

现在我们转向阿诺德·勋伯格,这个魅力非凡的人,他沿着晚期浪漫主义和十二音音乐之间的边界线作曲。

他搬去了柏林,因为他觉得自己在维也纳不被人理解。电话簿上写的是:"阿诺德·勋伯格,作曲家兼作曲教师,来访时间:一点到两点。"他在策伦多夫的莱佩克别墅里有一间公寓,他给一位在维也纳的朋友写信:"您压根儿难以相信我在这儿是多么出名。"

但是接下来,他在3月末的时候去了维也纳。在那里也变得跟在柏林一样出名。只不过和他所设想的情形有所不同。3月31日晚,他要在金色大厅指挥自己的一支室内交响乐,马勒和他的学生阿尔班·贝尔格、安东·冯·韦伯恩的作品(顺便一说,两名学生在家里都自豪地挂着一幅勋伯格给他们画的肖像)。引发丑闻的是阿尔班·贝尔格的音乐。《根据彼得·阿尔滕贝格的明信片文字创作的乐团歌曲,作品第4号》,他用最流行的艺术风格称呼自己的曲子——由一支庞大的乐队极其严肃地搬上舞台。这让听众们的情绪白热化起来,嘘声、笑声、钥匙的撞击声不绝于耳,人们曾把钥匙带去2月份勋伯格的最后一次演出,但那会儿没有用上。这时安东·冯·韦伯恩跳出来,叫喊,所有的无赖都滚回家去,无赖们紧接着喊,谁要是喜欢这音乐,就该去施泰因霍夫。施泰因霍夫正好是彼得·阿尔滕贝格入住的精神病院。听众们的诊断:疯狂的音乐配上一个疯子的歌词。(不得不说,有一张阿尔滕贝格和他在施泰因霍夫的护工施帕采克在这些日子里拍的照片,阿尔滕贝格非常冷漠、镇静地看向镜头,让人产生一种强烈的印象,仿佛疯的是施帕采克,他的护工。阿尔滕贝格题词:"疯子和疯子监护人",谁是谁,仍然不清楚。)

勋伯格拍手叫停,向听众喊道,他将让人用暴力驱逐任何破坏安静的人,于是骚乱爆发了,有人向指挥家叫嚣出决斗的要求,一个人从最后排跨过一排排座位跑过来。等到了面前,奥斯卡·施特劳斯,轻歌剧《圆舞曲之梦》的作者,扇了"文学和音乐学术协会"主席阿诺德·勋伯格一巴掌。

第二天,在《新自由报》上刊登了如下报道:"勋伯格的狂热追随者和他往往极其怪异的声音实验的坚决反对者已多次产生激烈冲突。但是像当日在学术协会的音乐会上发生的场景,据我们的记忆,还几乎未在维也纳的音乐厅里出现过。要分开激动的冲突人群,除了灭灯之外没有别的办法。"警察逮捕了四个人,一名哲学学生、一名诊所医生、一位工程师和一位律师。这一晚以"耳光音乐会"的名称被载入史册。

但是同时代的人,尤其是和妻子奥尔加一起出席音乐会的阿图尔·施尼茨勒对这桩事件的看法相当简明:"勋伯格交响弦乐团。巨大的丑闻。阿尔班·贝尔格的愚蠢歌曲。多次中断。笑声。主席的讲话。'你们至少安静地听一下马勒!'好像会有什么不同似的!不要脸——一个观众席里的'捣蛋鬼'。那位先生从指挥台下到正厅,屏息凝气;一个人把他打下来。到处在斗殴。"生活在继续。施尼茨勒结束了一个段落,然后"和维基、弗里茨·楚克康德及其母亲在'帝国'饭店共进晚餐"。

阿诺德·勋伯格在第二天返回柏林,最终确定了他的信念:1913年是不幸之年,维也纳人是令人难以置信的文盲。一回到柏林,他就接待了《时代》报的记者,以极为狭隘和固执的方式向他做出解释:

"一张音乐会门票只是给人以倾听音乐会的权利,可他无权干扰演出。买票的顾客是购买倾听权利的受邀者:别的什么都不是。进入沙龙和音乐会的邀请之间存在着一个巨大的差别。支付一场活动的费用不可能让人有权利做出不正当的行为。"勋伯格先生以如下的几句话结束这次会谈,并说明他将来的行动:"我决定以后只在这样的情况下参与音乐会:在门票上明确指出不允许干扰演出。不用说,一场音乐会的组织者不仅是道义上,也是物质上的合法权益的持有人,在一个人人坚守私有财产的国家体制中,有权利要求得到保护。"这份采访稿是一份令人不安的文件。新音乐的倡导者希望得到其先锋行为不受干扰的权利。然而这对可怕的1913年来说本身就太过奢求了。

卡米耶·克洛岱尔在19世纪末征服了伟大的奥古斯特·罗丹，创造出雕塑的独特之美。她给罗丹口授了一份合同，禁止他再找她以外的模特，他有义务给她搞到订单并资助她一次意大利旅行——这样他才可以每月去她工作室拜访四次。他很听她的话。但是她1893年离开了他。

从这一刻起，她的状况直线下降。二十年后，1913年，她仍然仅仅只想着他。在此期间她变得又胖又臃肿，没洗过的头发蓬蓬乱，目光迷离。再也没有什么能让人想起那位曾经先后让罗丹和克洛德·德彪西陷入情网的年轻女雕塑家。她蜗居在波旁堤19号一间狭小的底层公寓里，在疯狂中用锤子打碎所有她之前创造的作品，她感觉自己受到家人、罗丹和世界的其余部分的追踪。她确信，十六年前她见过最后一面的罗丹无耻地剽窃了自己的作品。

她坚信所有人都想毒死自己，因此她只吃土豆，只喝白开水，门窗紧闭，不让任何人窥探她。她的弟弟保罗·克洛岱尔去看望她，回来后在日记本上简洁地记录道："巴黎。卡米耶疯了，壁纸一长条一长条地从墙上撕下来，唯一一张坏的单人沙发，脏得不像样。她自己又肥又脏，用单调且金属般的声音喋喋不休。"

3月5日，米肖医生开具了一张医疗证书，授权保罗·克洛岱尔把他的姐姐送进一家封闭的精神病院。星期一，3月10日，两名孔武有力的护工用力撞开卡米耶工作室上了重重锁的大门，把尖叫的女人扛了出去。这年她四十八岁。就在同一天，她被送进维尔-埃夫拉尔精神病院，主治医生特吕埃勒博士确诊她患有严重的妄想症。她每天都在说罗丹。她每天都害怕他要毒死她，护士们都是他的帮凶。这样的状况还将持续三十年。至今还没有一篇关于"卡米耶·克洛岱尔的精神病学研究"的博士论文。

❉

阿尔贝特·史怀哲1913年3月晋升医学博士。他的论文《耶稣的精神病学研究》令人恼火，但写得不错。第二天，他卖掉了全部家产，然后带上妻子海伦妮于1913年3月21日踏上了去非洲的旅途。他在奥果韦河附近的法属赤道非洲创办了兰巴雷丛林医院。

❉

恩斯特·云格尔也在做非洲梦。在实科中学的课桌底下，他读了无数篇非洲游记。"无聊这剂致命毒药步步侵入我的身体"——所以他确信他必须去探索非洲的秘密,去寻找"失落的花园",它隐藏在尼罗河或刚果河上游的复杂水域的某处。非洲,于他是野性和原始的缩影。他必须去那里。只不过该怎么去呢?让我们拭目以待。

❖

现在是3月底。马塞尔·普鲁斯特在睡衣外罩上皮衣,午夜时分再次来到街上。虔诚地瞻仰圣母院的圣安娜大门整整两个小时。第二天早晨,他给施特劳斯夫人写信道:在这座大门前,"八百年来聚集了一批魅力无穷的人类,远远超越我们与之交往的那群人"。因此从那以后我们顺其自然地称其为追忆似水年华。

❖

卡尔·瓦伦丁在拍摄他最初的三部无声电影。《滑稽的流浪汉》《新写字台》和《卡尔·瓦伦丁的婚礼》。1913年也是他第一次和一位新的女伴一同登台:莉斯尔·卡尔施塔特。

4月

4月20日,希特勒在维也纳梅尔德曼街的流浪汉之家庆祝他的二十四岁生日。托马斯·曼在构思《魔山》,他的妻子又去疗养了。莱昂内尔·法宁格发现了格尔梅罗达的一座山村小教堂,把它变成了表现主义的大教堂。弗兰茨·卡夫卡自告奋勇地去菜农那儿做志愿工作,靠每天下午的除草来治疗他的"倦怠症"。伯恩哈德·凯勒曼写出年度畅销书《隧道》,一部关于美国和欧洲之间的地下连接的科幻小说。弗兰克·韦德金德的《露露》被查禁。奥斯卡·柯克西卡买了块和他的情人阿尔玛·马勒的床一般大小的画布,在上面开始画他的情侣肖像。要是它成为一幅杰作,阿尔玛就会嫁给他。但是也只有那样才会嫁给他。

阿道夫·希特勒的水彩画

"桥社"存在了多久？自从艺术家恩斯特·路德维希·基尔希纳、卡尔·施密特-罗特鲁夫、埃里希·赫克尔、奥托·米勒和埃米尔·诺尔德从德累斯顿迁到柏林，争执越来越多，发生了诸多如基尔希纳所说的"桃色故事和阴谋"，1912年马克斯·佩希施泰因就离开了团体。每个人都试图以自己的方式成就自己的艺术和经济，所有人都住在柏林的阁楼屋里，他们的风格分歧越来越大，艺术家之间的分歧也越来越大。他们的工作室里堆放着未售出的作品，但他们勇敢地继续画下去。

就像患难中的夫妻一样，桥社的画家们也试图回忆起在他们共同开创事业时那段天堂般的纯真和古朴的力量。他们计划出版一份"桥社"的编年史。它应该包含原版版画，还有绘画作品的照片，并由基尔希纳这位机智的、自大的代言人配上文字。1913年4月，基尔希纳狂热地写作着，这篇文稿应该成为一份宣言，他的不安、他的药、他的女人们、他的速写本以及这个该诅咒的柏林，终于给他腾出了几分钟时间。

❄

"旧的倒下，时代在变化。"席勒的《威廉·退尔》里的这句引言被用大号字体印在《1913年药剂师袖珍年历》上。革命将要到来吗？德国的药剂师们预感到了即将来临的灾难？

不。只是出现了一些新的、漂亮的药膏和止咳糖浆的标牌。或者，正如广告里接下来说的："我社发行的新标签及其他商品，始终是由指定艺术家设计的，品位方面无与伦比，堪称典范。它们超越了一切前作。"

这广告不含任何虚伪的谦虚。可惜公司的名字不那么上口，没有超越一切前作："化学制药、药材商、药剂师和相关行业的标签印刷厂暨出版社，巴门。"

❈

英国"皇家航空公司"的负责人默文·奥戈尔曼上校1913年推动了两项技术发展，它们同样超越了一切前作：工作日里，这位传奇的航空工程师开发出了适应战争需求的强力战斗机；而到了周日，阳光普照，他就带着照相机和奥托克罗姆微粒彩屏干板外出工作：给他美丽而严肃的女儿克里斯蒂娜拍出异常清晰的照片。他的飞机被载入世界史册。他在多塞特郡拉尔沃思湾附近的沙滩上拍下的照片被收进艺术史。一个彩色的无辜年轻女孩沿着海滩奔跑，或倚靠在一只小船边。天空中没有飞机，只有各种红色调、蓝色调、棕色调，海浪温柔地拍打沙滩。这些有魔力的照片1913年即已诞生，却好像拍于不久前。

八点钟,托马斯·曼醒了。不是因为有人叫醒他或是他定过闹钟。不,他只是固定在八点醒来。有一次他七点半就醒了,就在床上躺了半小时,满心疑惑为什么会发生这种事。下不为例。他的身体听他的话。我们对托马斯·曼和卡蒂娅·普林斯海姆的婚姻冷淡期仍然所知甚少。但引人注意的是,卡蒂娅在她的丈夫1912年完成《死于威尼斯》后,将近一年半的时间都留在瑞士为她的肺病开展各种疗养。导致她呼吸不畅的是她的丈夫对同性恋倾向的隐晦自白。她当然比任何人都清楚,那个古斯塔夫·冯·阿申巴赫是她丈夫的自画像——1911年他们也一同在威尼斯度假,住在德班大酒店,他的目光无法从漂亮的男孩塔齐奥身上移开,他在书里写他"美得无可挑剔","脸色苍白,优雅地矜持着"。卡蒂娅惊愕地看到她的丈夫一直紧盯着那个男孩,现在她读到了这部关于那位老去的艺术家的小说,他肆无忌惮地跟着爱恋的感觉走,在海滩上,在吃饭时,都不停地观察他那"未成年的妩媚和矜持"。托马斯·曼让那位古斯塔夫·冯·阿申巴赫代替自己随心所欲地生活和死去。在长久居留疗养院的日子里,卡蒂娅和托马斯必定痛苦地放弃了"严肃的婚姻幸福"。但是他们还在一起,装模作样,并盖了一座房子。

他们在一起的每一天,无论是住在毛厄基歇尔街,还是巴特特尔茨的乡间别墅,抑或后来的坡辛格街,卡蒂娅和托马斯·曼总是八点半碰头,一起去吃早餐。九点整,大作家要开始工作了。他的四个孩子一生都记得他们的父亲在九点整的时候如何锁上房门——无论是住在毛厄基歇尔街的公寓,还是巴特特尔茨的乡间别墅,抑或后来的坡辛格街。

这是一种极其确定、极其决绝的锁门方式。世界被挡在门外。

然后,他拿过手稿册,开始干起来,就像一台机器。"我们每天的稿子,今日请赐给我们,"他曾经对他的朋友贝尔特拉姆说,"我需要非常光滑的白纸、流畅的墨水和一支易于书写的新钢笔。为了不写得乱七八糟,我在稿纸底下衬上一张带线条的纸。我可以在任何地方工作,但我头上必须有一个屋顶。自由的天空适合无拘束的梦想和设计,细致的工作需要天花板的保护。"

精确的三小时过后,钟敲响了十二点,他放下笔,仔细地刮胡子。他已经试过,如果他早上刮胡子,那么到晚餐时分,新一轮的胡茬儿就又冒出来了。自从他在十二点之后才刮胡子后,脸颊在吃晚饭时仍然是光滑的。剃完须,喷上几滴须后水,托马斯·曼散了会儿步。

然后就是和孩子们共进午餐,接着靠在沙发上,犒劳自己一支烟,读些东西,说些话,有时候甚至还和孩子们玩一会儿。埃里卡七岁,克劳斯六岁,戈洛四岁,莫妮卡三岁。但是很快他们又都被托付给保姆,因为托马斯·曼想躺一会儿。他总是从四点睡到五点。此时他当然也不需要闹钟。五点钟喝茶,之后投入到他所谓的"兼职"中去,人们可以给他打电话,也可以拜访他("请在将近五点半的时候来。"他给贝尔特拉姆的信里写道),就是说,那会儿能碰上他。七点吃晚饭。世界文学只是一个精确规划的问题。在这一年春天,他第一次给孩子们说起他想写的新书,书名计划叫作《魔山》。它应该很有趣。埃里卡就此给她的父亲起了个名字:"魔术师"。他一生都用这个名字。他给孩子们的信就只用它来落款,有时候亲昵地只写一个"Z"[①]。

看起来,他手持魔杖,即他的钢笔,一切尽在掌握中。从阿申巴赫的"A"到魔术师的"Z"[②]。

❄

下楼梯的图书管理员:1913年4月,马塞尔·杜尚在成功学完图书馆学的课程后,接受了巴黎圣女日南斐

---
① Z是"魔术师"(Zauberer)的首字母。
② 从A到Z:谚语,指从头到尾。

法图书馆的助理馆员一职。尽管他在纽约的军械库展上取得了巨大成功,但实际上他已经和艺术断绝关系了。他开始沉默,但马塞尔·杜尚的沉默尚未得到过高的评价。没有一个人理解他。他不停地下棋。也许不仅仅是他的艺术,而是全部的艺术都走到了尽头?极其睿智、极其敏感的公证员之子杜尚,在阿波利奈尔3月出版的《立体主义画家》一书中被冠以伟大的立体主义者之名,这让他自己都感到惊讶,现在他走进了死胡同。前一年,他待在慕尼黑,远离巴黎,他沉默、阅读和思考。他还在老绘画陈列馆里看到了克拉纳赫的作品。他把棱角分明的裸体玛利亚和他的《下楼梯的裸女》中未来主义风格的女士像联系到一起。他曾依靠油画颜料这种迟钝的媒介创造出一幅运动的图像。可是现在他和他的艺术、他的思想卡壳了。他是否更情愿下个棋就够了呢?后来他成为法国国家国际象棋队的一员,参加了四次奥运会。

❆

奥匈帝国在1913年的军费开支占国内生产总值的2%,德意志帝国的占3.9%,法国的占4.8%。

❆

柏林,乔治·格罗茨坐在那儿画一些难以理解的东西。贫穷的爆炸和财富的爆炸。噪声。交通。建筑工地。街上的寒冷和妓院里的火热。臣仆。戴帽子的矮胖男人,臃肿的妇女,一身肥肉像要掉下来。扭打的身体,瑟瑟发抖的身体,目瞪口呆的身体。一条锯齿形的黑色细线概括了一切。他画得挠心挠肺,像是在皮肤上刻文身。"像章鱼一样卷起来的城市的周边强烈地吸引着我们。我们描绘尚未干透的新建筑,怪异的城市风景,火车在地铁上方的铁路上轰鸣,在园囿区旁边划出垃圾倾倒场,新铺的道路旁边已经支起沥青锅炉。"格罗茨画个不停。等到画册用完,他就去小饭店,喝一杯淡啤酒,吃块醋渍鲱鱼。饭后一杯"别致的炭烧"。这是一种用土豆酿造的烧酒,加一小块糖,在朗姆酒中浸泡过一会儿的,几乎不需要什么成本。要是他完全没钱了,就和基尔希纳及其他所有上千个波希米亚人一样去阿辛格。因为那儿只要花 30 芬尼就可以喝到一大碗豌豆汤——面包和面包卷不限量。一旦面包篮子空了,服务生就会拿一篮新的过来,格罗茨把面包藏进口袋,以应付接下来几个饥饿的日子。然后他走上街头,去咖啡馆,去妓院,去小酒馆,画下万物之灵,猪,人。

※

维也纳被西格蒙德·弗洛伊德抢尽风头。人人在梦中都会想到来自贝尔格巷19号的超我。至少阿图尔·施尼茨勒在4月9日的日记中记道:"愚蠢的梦——某次排练后回家,我还想去埃普利那儿刮个胡子;突然在我的浴室里,阿斯科纳斯先生(大概在疗疮手术前)要给我刮腿毛……(根据弗洛伊德学说,这个梦或许可以解释为隐藏的自杀愿望。)"

❋

画廊大老板阿尔弗雷德·弗莱希特海姆开始他的自杀计划。这个时候他还只是一个小小的粮贩子,却对艺术怀有致命的兴趣。他下了很大一盘棋:他把妻子贝蒂·戈尔德施密特的几乎全部嫁妆都在巴黎的蜜月旅行中投资给了当代艺术。毕加索,布拉克,弗里斯。他在日记中写道:"艺术难免疯狂。它紧紧攥住了我,艺术。"因此,他计划靠炒作粮价和西班牙的铜矿致富,然后作为艺术交易商来度过余生。但是他在粮食贸易领域完全是个门外汉。而且可惜的是,这似乎是他们家族的通病。他的父亲和叔叔就因为高风险的操作让他们的家族产业弗莱希特海姆磨坊濒临绝境。此外,在西班牙挖掘铜矿的行动也都陷入僵局,钱倒是全花光了。他现在有五幅塞尚、一幅梵高、两幅高更、十幅毕加索和蒙克与修拉的画——以及30 000马克的债务。他拜访了老丈人戈尔德施密特,"亲爱的岳父",他如此开头,问他是否愿意把他的收藏当作"抵押品"接受下来。但是戈尔德施密特,多特蒙德最大的房地产商,他的回答是"不"。谁能保证毕加索、塞尚和高更在一百年后还值钱呢,戈尔德施密特说。弗莱希特海姆无语,起身离开了。他走了,到年轻的尼尔斯·德·达代尔那儿号啕大哭。达代尔是一位瑞典艺术家,外表光鲜,画画却很差。弗莱希特海姆爱上了他。贝蒂因此威胁要离开他。离婚的威胁和损失、出柜的同性恋倾向以及高额债务逼迫弗莱希特海姆做出自杀的决定,因为他没法向任何人提出决斗,只有这样才能挽救他的荣誉:"我深陷泥沼。"他给妻子贝蒂写了一封信:"我希望,你能再找到一个配得上你的男人。"但是他没有寄出信,而是买了一份高额人寿保险——受益人是他的父母和妻子,然后策划在1914年造成一场"致命的事故"。1913年就用来做准备。从他的日记中可见,他的全部思想都纠结于破产的威胁。"要是破产了,我就逃往巴黎,带上我能带走的画,在巴黎还能活八个月。"然而不久后,一切都逆转了:突然间,他可以以40 000马克的价格把他梵高的画转让给杜塞尔多夫博物馆,他的朋友们把他从荒唐的矿业业务中拯救出来,粮食公司也勉强逃过破产厄运。因此1913年秋天,阿尔弗雷德·弗莱希特海姆就在保罗·卡西勒的帮助下于杜塞尔多夫林荫路 7 号开设了一家画廊。他的妻子原谅了他。他也放过了自己。精心布局的自杀计划被搁置了。他甚至可以轻松支付人寿保险的金额。他成为现代艺术最大的画廊老板之一——尽管在 1913 年,他甚至还把昨日恋人尼尔斯·德·达代尔的丑陋的画放在塞尚和毕加索的作品旁边展出。后来,他创办的《横截面》也许是德国迄今为止最自由的一份杂志。因为它敢于突破时代的横截面。也因此它变得像弗莱希特海姆所热爱的艺术一样永恒。

❋

4 月 24 日晚七点半,美国总统伍德罗·威尔逊在他白宫的办公桌上按下一个按钮,向纽约发送了一个电报信号。根据此信号,刚刚竣工的全球最高建筑物伍尔沃斯大厦里的 80 000 只灯泡被同时点亮。成千上万的游客在纽约的黑暗里等待这闪亮的一刻。远在乡村的人们和千百里外的船只也能看见这座全球最大的灯塔。美国光芒四射。

❋

4 月 20 日,阿道夫·希特勒二十四岁了。他坐在维也纳布里吉腾瑙工人区梅尔德曼街 27 号的流浪汉之家里，在休息室里画水彩画。他的房间里太挤了。五百个人都只有很小的单人卧室、一张床、一个衣架、一面镜子，每天早上希特勒都在镜子前护理他的小胡子。一夜的住宿费是50海勒①。像希特勒这样的长期住客每星期六还可以领到新的换洗内衣。白天，大部分住客都在城里闲逛，寻找工作或消遣，晚上再如潮一般涌回来。只有很少的几个人白天也待在收容所里，阿道夫·希特勒是其中之一。在一间放着最新报纸的所谓工作室里，他日复一日地蹲在窗龛下做速写，画维也纳景点的水彩画。他坐在那儿，身形瘦削，穿着过时、破旧的西装，收容所里的每个人都知道他被美术学院拒收的不光彩故事。一绺黑色的头发一再落到他脸上，他用力地晃脑袋，把它甩到后面去。上午他用铅笔打稿，下午上色。晚上他把画交给另一个住客，让他去城里卖掉。他的大多数作品是经由第1区霍夫采勒街的艺术经销商屈勒或美泉街86号的旧货商施利佛出手的。他画得最多的是卡尔教堂，有时候画纳旭集市。要是觉得哪个题材好，他就会画上十几次，每张画卖3到5克朗。但是希特勒把钱存起来，不像他的室友们那般挥霍。他节衣缩食，几乎过着苦行生活。工作室旁边有一家下奥地利

---

① 海勒（Heller）：奥地利旧货币单位，100海勒=1奥匈克朗。

牛奶场的分店,希特勒从那里得到优质的瓶装奶和伊赫拉瓦的裸麦面包。他想放松的时候,就去美泉宫公园或者下下棋。他常常和他的颜料在一起安静地坐上一整天。但是当屋子里开始一场政治讨论时,他脑子里灵光闪现。某一天,他扔掉了画笔,两眼发光,做出煽动人心的演讲,一般地讲讲全世界的堕落状态,着重论述维也纳的类似情况。叫人难以忍受,他喊道,生活在维也纳的捷克人比在布拉格的还多,犹太人比在耶路撒冷的还多,克罗地亚人比在萨格勒布的还多。他把那绺黑色的头发往后甩。大汗淋漓。突然,他中断了讲话,坐下来,继续画水彩画。

❋

在《国家地理》的4月号上,人类第一次看到了世界奇观之一。耶鲁大学和美国国家地理学会的联合探险队重新发现了神奇的印加城市马丘比丘。那座魔力之城突然在秘鲁海拔极高的高植被区出现,探险队的领头人海勒姆·宾汉姆给它的废墟拍摄了第一组照片。《国家地理》把整个4月号都敬献给此次发掘:杂志上登出了250张照片,如文章前言所说,因这个"奇迹"而困惑的、激动的、兴奋的照片。然后惊呼:"在山顶上建造出这样一座城市的是何等杰出的人才啊,他们只有双手和石头。"15世纪,当佛罗伦萨正经历它的黄金时期,达·芬奇正在画《蒙娜丽莎》的时候,在安第斯山脉2 360米高的山顶上诞生了马丘比丘。直到今天,梯田状布设的城市的排水结构仍能完美运作。

※

柏林杂志《行动》的4月号上响起了"弑父"的呼声,作者奥托·格罗斯不可能知道,同一时间,维也纳的弗洛伊德也在研究他关于这个主题的理论。格罗斯写了一篇文章,提出"克服文化危机"的建议。其中最重要的是:"今天的革命者借助于无意识的心理学看到在一个自由、幸福可待的未来中的两性关系,以最原始的形式反抗暴力强迫,反抗父亲和父权制。"(在这年年底,可不是闹着玩的,格罗斯被他的父亲送去接受精神病治疗。)与此同时,阿斯塔·妮尔森的电影《父亲的罪》在影院上线。弗兰茨·卡夫卡给他在莱比锡的新出版商库尔特·沃尔夫写信,说他为自己的第一部短篇小说集想出了一个标题:《儿子们》。因为库尔特·沃尔夫不喜欢戈特弗里德·贝恩的诗,所以今年出版贝恩的第二本诗集的不是他,而是维尔默斯多夫的小出版商迈尔,该诗集的标题真的就叫《儿子们》。难怪汉堡的博隆福斯造船厂在4月3日试水的一艘总登记吨位达54 282吨、长276米的全球最大的客轮被命名为"祖国"①号。

❋

就在4月3日那一天,卡夫卡宣称自己病得无药可医——他写信给朋友马克斯·布罗德:"我伸展四肢趴在地板上,像一块切碎的烤肉,被用手一块块地慢慢喂给墙角的狗——诸如此类的想象是我的头脑每天的口粮。"日记:"不断有这样的想象:一把宽大的切肉刀,极其迅速且机械一样规律地从我的边缘向里头切进去,削下一片片薄薄的横截面,麻利的动作几乎让这些切片打着卷儿滚出去。"不能这样下去。朋友们提醒卡夫卡要认真扭转一下自己的恐惧。他几乎无眠,头痛,消化问题严重。他完全不能再写作了——最多给柏林的菲丽丝写写信。但是连这个也变得困难起来,因为信中的理想形象变成了一个有血有肉的女人,他在柏林与她见面的时候,在她身边沮丧得颤抖。他彻底穷途末路了。还表现在:倦怠症及"神经衰弱"。但卡夫卡和穆齐尔不一样,他不去看医生。他采取自我疗法。于是他在4月3日造访了工人聚集的郊区努斯莱的德沃尔斯基苗圃,并帮忙除草。他很少做出如此明白世故的决定:在脚下的

---

① 德语中称"祖国"为"父亲国"(Vaterland)。

土地摇晃起来时,让自己接接地气。

他可以在花卉和蔬菜之中选择一项。卡夫卡当然选择了蔬菜畦。4月7日下午晚些时分,他做完保险公司的工作后,就开始干农活了。天空下着小雨。卡夫卡脚蹬雨鞋。

我们不知道他去了苗圃多少次。我们只知道4月底他为什么又匆忙逃离。园丁的女儿向他吐露了秘密。"我,这样的我想要用工作来治好我的神经衰弱,却不得不听说,这位小姐的哥哥,他叫扬,曾是真正的园丁,被预定为老德沃尔斯基的接班人,甚至已经是苗圃的主人了,他才二十八岁,在两个月前因为忧郁而服毒自尽了。"所以说,即便在那里,在他想从内心痛苦中得到舒缓的地方,致命的忧郁也步步紧逼。卡夫卡心烦意乱地离开了那座努斯莱斜坡上的苗圃。没有一个宁静的地方,哪儿都没有。

❋

莱昂内尔·法宁格也在4月3日走进乡村。父辈的基因、本性和命运赋予他更快乐的心理倾向。从他妻子尤莉亚上大学的魏玛出发,他蹬上自行车,顺着山丘向上骑,穿过早春的图林根。"下午我带上雨伞和速写本去格尔梅罗达;我在那儿随便画了一个半小时,一直在那座美妙的教堂附近。"更多的情况我们也不知道了。他的语言是他的画。不过,1913年4月3日的这次发现对他一生的工作都意义重大。之后的几十年,他为格尔梅罗达的这座不起眼的乡村小教堂画了数百张素描和二十来幅油画。即便他早已离开德国和国立包豪斯学校,他还是凭记忆不断创作出格尔梅罗达的新形象。他在教堂尖塔前画完第一张草图后,给妻子尤莉亚写信:"近些天来,当我外出工作时,我简直欣喜若狂。这远不止是观察和确认的工作,这是有磁性的混合,从一切束缚中获得解放。"很快,从约四十多张草稿中诞生了第一幅成画《格尔梅罗达Ⅰ》,似乎他一开始就知道接下来还会有更多的版本跟进,光1913年就出现了两幅。这是一幅极富表现力的图像,把马尔克式的和未来主义的线条狂野地混合起来。或者,如法宁格自己的看法:"十天来,一幅打好底稿的画、画布上的炭笔印一直在朝我咧嘴微笑,为此我的目光越来越渴望地投向那边——格尔梅罗达教堂。"这座小教堂成为莱昂内尔·法宁格的艺术生涯中决定性的转折点。或许甚至成为表现主义的大教堂之一(这也没有阻止人们在百年之后把它变成一座"高速公路教堂"[①])。

---

① (高速)公路教堂:德国公路的特殊景观,可供旅客休息之用。

❈

4月30日,弗兰克·韦德金德的剧本《露露》被审查机构查禁。刚刚当选慕尼黑审查咨询委员会成员的托马斯·曼对此剧做出积极的评价。但他的呼声被淹没了。二十三名咨询委员会成员中的十五人基于道德方面的理由给禁令投了赞同票。托马斯·曼以退会做出抗议。

❈

4月初,卡夫卡还在菜农那儿的岗位上卖力工作,斯特凡·格奥尔格按响了托马斯·曼的朋友恩斯特·贝尔特拉姆家的门铃。格奥尔格在这时候已经成了慕尼黑和帝国其他地方的神秘人物。一位奇妙的诗人,创作出美丽惊人的诗行,同时也是由一群青春期信徒组成的离奇圈子的中心。他早期给自己塑造出具有独特氛围的形象,头发上扑粉,手指上套着钻戒,头颅总是以侧面出现——他授权的照片尽皆如此。他觉得自己的正面太土气。自本世纪初以来,格奥尔格经常到访慕尼黑,下榻在卡尔和汉娜·沃尔夫斯科尔家的客房里。先是在利奥波德街51号,后来在利奥波德街87号,最后,也是在1913年,搬到罗马大街16号,在那里格奥尔格被允许随意布置自己的两个房间。沃尔夫斯科尔夫妇为格奥尔格拦下不受欢迎的仰慕者,并引导人员的来访。他们懂得如何设计神秘房客的出场。不过在这个4月3日,格奥尔格想见见他年轻的崇拜者恩斯特·贝尔特拉姆。可惜贝尔特拉姆身在罗马。代替他开门的是恩斯特·格洛克纳,出生于1885年。格洛克纳满心困惑和震惊地给他远在罗马的朋友贝尔特拉姆写信:"如今我倒想,但愿我从未认识此人。那天晚上,我的行动不受自己控制,我好像在梦游,屈服于他的意志,我是他手中的一个玩具,我爱,我也恨。"很少见到像二十八岁的格洛克纳的此篇自我控诉这样的文字,如此诚实地再现诗人和自封先知的斯特凡·格奥尔格的直接的、恶魔般的诱惑力。从此以后,格洛克纳、狂热的格奥尔格崇拜者贝尔特拉姆和四十五岁的斯特凡·格奥尔格在三角的同性恋情中纠缠不休。格奥尔格这几天在写他的诗集《同盟之星》,试图把少年爱和将年轻男子领向那个"秘密"的行为美化成一种神圣不可亵渎的祭礼。《同盟之星》成为格奥尔格圈的宪法。

未来主义巡回俄国行省:马雅可夫斯基和未来主义艺术家大卫·布尔柳克、瓦西里·康定斯基举办旅行演说。在乡村,首先是未来主义者的着装风格给人留下深刻印象。未来主义既好且美,似乎成了1913年的口号,但是请至少穿着合理。在辛菲罗波尔,当马雅可夫斯基穿着黄黑相间的条纹衬衫登台时,被激怒的观众直喊:"下来,下来。"因此,马雅可夫斯基这天晚上放弃了他曾在哈尔科夫穿过的粉色晚礼服。可是他没有放弃在辛菲罗波尔宣读他的马鞭诗歌。地方报纸吓坏了。但这是未来主义者有意识的筹谋。要是不被媒体阻碍,他们会觉得自己做法有误。当卡济米尔·马列维奇在莫斯科市中心的一个颇受欢迎的聚会场所库茨内斯基莫斯特进行游行散步之前,他给该市的各家地方报纸都发送了警告,好让它们去愤怒地报道他的挑衅行为。挑衅性表现在他把一把木头勺子插在西装的纽扣孔里。事实上,未来主义者们希望以此反对在他们眼中病态的美学家们的可笑时尚,后者仍然在纽扣孔中插着菊花来纪念奥斯卡·王尔德,却走错了路。最佳的道路,按花里胡哨的未来主义者们所说,是无拘无束地庆祝未来。

❋

在艾米勒街举办了一场小型峰会。保罗·克利拜访了在艾米勒街36号共同努力提升绘画水平的加布里勒·明特和瓦西里·康定斯基。在他们的热恋期,1906

年,明特和康定斯基周游意大利和法国,画出以大海为主题的闪闪发亮的油画,这些画稿太过相似,直到今天人们都难以判断到底是两人中的谁画了哪张画。如今,七年之后,他们的手松开了,各走各的路,床也快分了。康定斯基向着他燃烧的彩色抽象画方向腾飞,加布里勒·明特固守朴实的画风,用黑色的线条包围色彩,像古老教堂窗画里的铅条。当保罗·克利拜访这对艺术家时,也被入了画。一张锯齿状的剪影,僵硬的衣领,翘直的小胡子,背景的墙壁上挂满康定斯基和明特的作品。画像上的克利趿拉着拖鞋,一副宾至如归的感觉。这年4月,慕尼黑还积着雪,克利大概因此在访友途中弄湿了双脚。他把脚伸进女主人的拖鞋,里面温暖而舒适。在加布里勒·明特再次问他是否终于可以给他画像时,也许正是那个小小的友好表示使他今天终于让步了。鞋子总归还需要一个小时才能干透,他可能这么想,淡然地顺应了命运的安排。他在这张画上就传达给我们这样的信息,也让我们到今天还能看到蓝骑士内部生活中的这个私密时刻。

奥匈帝国面对法国的攻击毫无胜算:在4月14日马德里网球联赛的决赛中,法国人马克斯·德库吉斯以

6∶4、6∶3和6∶2战胜了奥地利选手路德维希·扎尔姆伯爵。

※

从美国如何最快到达欧洲？1913年4月出版的《德律风根杂志》的第11期上报道了"德国和美国之间第一次成功的无线电电报"。其中说："自从发明无线电报以来,第一次在纽约——柏林线路上穿越大洋发送出电报讯息,就此而言,测试取得了成功。跨越的距离长达6500公里。"

※

4月,菲舍尔出版社推出年度畅销书:菲尔特的伯恩哈德·凯勒曼的《隧道》。四个月后就卖出10 000册,半年后销量达100 000册。(不妨和托马斯·曼的《死于威尼斯》做一比较:1913年2月出版,1913年整年售出近18 000册,直到进入30年代,印量才满100 000册。)

《隧道》讲述了一个建造从纽约到欧洲的地下通道的故事。在大西洋底部,一大群人努力开凿通向对方的隧道。这真是一本混乱不堪的书:科幻混合现实主义,社会批判混合工程浪漫主义,资本主义的进步信仰混合消极的末日之说。海底下,隧道倒塌,导致罢工、愤怒、痛苦；陆地上，招股计划、婚姻的梦想、醒悟。然后，过了二十四年，来自欧洲和美国的建筑工人们在大西洋海面下方数千米的地方握手。大功告成。两年后，两块大陆之间通行了第一列地下火车。火车只需要二十四小时，却没有人愿意坐。因为发展的势头后浪推前浪，当初还是技术的乌托邦的"隧道"，现在只是感人的过去——人们早就坐飞机从美国飞往欧洲了，只需要一半的时间。

凯勒曼就这样造就了一部伟大的作品——他明白他所处时代对进步的偏爱、对技术可行性的信仰，同时又加以微妙的讽刺和对可能事物的实际意义，让那偏爱与信仰走进虚无。一项巨大的乌托邦工程，它确实实现了——然后就已经成了历史，世人无不笑话，人们不会在大西洋下方几千米，而是在其上空几千米处问空姐要一杯番茄汁。让我们保护乌托邦——顺应凯勒曼智慧的授意——不要试图让它们付诸实践。

陷于非凡的爱之狂想的奥斯卡·柯克西卡显然没有那么聪明。他试图用蛮力把阿尔玛，他的肉体化的女性乌托邦，付诸实践，他的实践就叫作"婚姻"。阿尔玛可理智多了。她才不信他那一套。但是她也不想挥霍掉柯克西卡从这个驱动力中生成的所有能量。所以她对他说：当你创造出一幅真正的杰作时，我就嫁给你。从这天起，她的情人眼中就没有别的目标了。他买了一张画布，其尺寸是他精确地按照他们共同的床的大小剪裁的，180厘米×220厘米，为了在那上面画出他的巅峰之作。

他加热胶水，调和颜料，阿尔玛必须站在那儿给他做模特，不，是躺在那儿。因为这张画应该画出他最喜爱的她的姿态。赤身裸体，水平横躺。阿尔玛·马勒——或称1913年前后的女士卧像。他也想把自己画在旁边，却还不知从何下手。他给她写信："画的进展缓慢，但越来越好，越来越趋于完美。我们两人的表现都强烈而安静，手与手交叠，边缘是个半圆，蓝光闪烁的大海，水塔，群山，闪电和月亮。"这必然算得上柯克西卡的"杰作"。完全意想不到的事情发生了：它成为柯克西卡的杰作，但是阿尔玛会因此嫁给他吗？

❋

瓦尔特·格罗皮乌斯1913年在德国制造联盟的年鉴上发表了他的文章《现代工业建筑艺术的发展》。其中包含十四张来自美国的仓库和粮仓的照片，体现了格罗皮乌斯倡导的一套新的建筑语言：形式服从功能。工程师的设计完全遵循功能原则，简单的立方体，没有装饰,没有浮华无用的东西。这样的建筑才算回归"纯粹",格罗皮乌斯说。以及:"在工业之祖美国出现的大型工业建筑,其不为人知的宏伟甚至超过了我们同类型的最好的德国建筑。它们的建筑面貌如此清晰,能够以极令人信服的力量让瞻仰者确切了解建筑物的作用。"

5
月

维也纳,一个温暖的春夜:阿图尔·施尼茨勒与妻子激烈争吵,在5月25日甚至想要饮弹自尽。什么都没有发生。但是同一天夜里也在维也纳,雷德尔上校开枪自杀了,因为他被定罪从事间谍活动。还是在维也纳的同一天夜里,希特勒收拾行装,登上去往慕尼黑的第一班火车。艺术家团体"桥社"解散了。斯特拉文斯基的《春之祭》在巴黎首演——他和未来的情人可可·香奈儿初次相遇。布莱希特在学校里闲极无聊,罹患心悸。因此他开始写诗。阿尔玛·马勒第一次逃离奥斯卡·柯克西卡。里尔克和罗丹争吵,笔下枯竭。

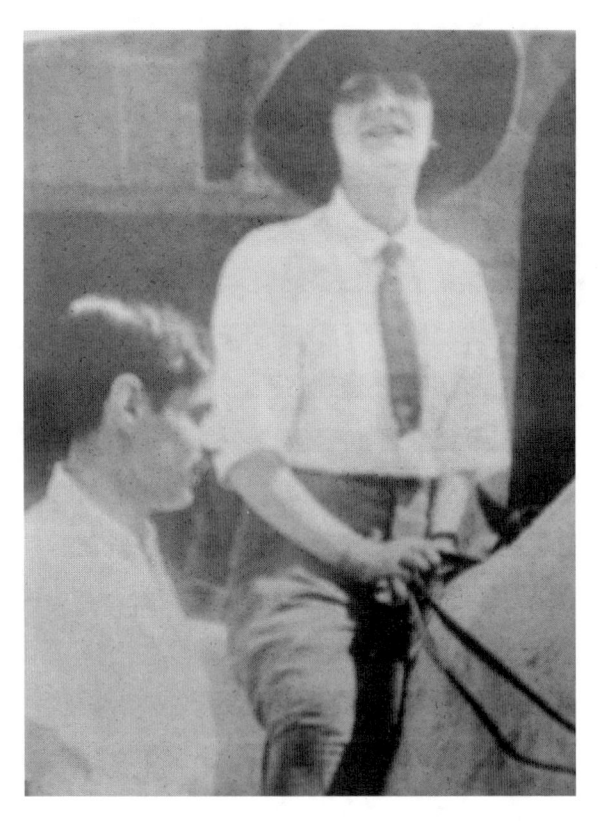

可可·香奈儿与亚瑟·卡佩尔

已经到这一步了：马克斯·韦伯发明了伟大的"世界的祛魅"一词。他在一篇关于社会学基本概念的随笔中论述，什么是对社会的资本主义结构重要的东西——其中包括对以前被当作奇迹的事物的不断技术化、科学化，也就是合理化。"世界的祛魅"指的是，用韦伯自己的话说，人类相信可以通过计算来掌控一切。不管怎么说，韦伯自己的身体企图反抗饮食计划表的计算。为了治疗自己的药物成瘾和酒癖，四十九岁的他在1913年春天去阿斯科纳旅行，没有带上妻子玛丽安妮。他希望此次祛魅之后，重新塑造他外在的"美"。可惜没有机会了。虽然就像他给"亲爱的雪纳瑞"，即他的妻子的信中所写，他在阿斯科纳斋戒，靠吃"素食主义者的粗劣食物"来维持节食计划，可是一切均告徒劳："我克制不了往嘴里塞东西，臃肿的资产阶级形象一点没变。创造的计划希望我如此。"所以他还是那么胖，因为预先的计算就是那样。在他身上，计划也明显比创造来得多。也许正是自身体重的问题促成了20世纪最重要的关键词之一的基础。

奥斯卡·柯克西卡开月不顺。5月1日他给阿尔玛·马勒写信："今日于我着实难熬，因为我没有收到你的信。"

戈特弗里德·贝恩的《太平间》里的死亡在翩翩起舞的同时,埃尔泽·拉斯克-许勒也唱出热情的《希伯来叙事谣曲》,牧师之子和犹太女诗人之间的爱情故事贯穿了1913年的整个春天。5月3日,埃尔泽给辛德尔斯多夫的弗兰茨·马尔克写信:"我确实再次恋爱了。"而且爱上的是贝恩博士。

马尔克在1912年12月认识拉斯克-许勒,之后不久就邀她去他在辛德尔斯多夫的乡村田园,在很短的时间内,他就成为她的知己。她不仅管他叫她的"蓝骑士",而且更是她的"同父异母的哥哥流便"。在她的东方幻想王国中,没有人是比他更亲近的亲属。卡尔·克劳斯是她的"达赖喇嘛",原名格奥尔格·莱文的前夫被她改叫赫尔瓦特·瓦尔登(他离开她后,至少保留了这个名字),奥斯卡·柯克西卡是宫廷里的"吟游诗人",康定斯基是"教授",蒂拉·迪里厄是"黑豹"——而贝恩成为"吉泽尔赫",成为尼伯龙人,成为异教徒,成为野蛮人。

兴奋若狂的欣快症患者、激动失常的拉斯克-许勒紧紧攥住那些血管里流淌着雄性激素的男人们的诗意之心——把他们推上意想不到的巅峰。但是被过多女性气质占据的易受惊吓的男人们,例如赖纳·马利亚·里尔克和弗兰茨·卡夫卡,则被她沸腾的女人味吓得落荒而逃。同时代的其他女人们整天鄙视这个不修边幅的红颜祸水,鄙视她的马虎、她的不负责任、她的放荡不羁——可是晚上,当她们的丈夫外出喝酒,留下自己孤独地坐在靠背椅里翻杂志时,她们又默默地羡慕起她来。只有罗莎·卢森堡毫无保留地表示了她的钦佩,在1913年的炎热夏日里和她一同示威般地穿行在大街小巷。

5月的一个晚上,拉斯克-许勒在给弗兰茨·马尔克的一封信中宣告了对贝恩的爱恋:"即使我爱过千百回,如果另一个人也在爱,那总是一个新的奇迹,是万物的古老本性。你知道吗,昨天是他的生日。我送给他满满一盒礼物。他叫吉泽尔赫。他自尼伯龙人中来。"而马尔克,可能是受到妻子的阻挠,也可能是自己已被这位柏林的麻烦女友的胡闹行为搞得筋疲力尽,他过了好几个月才给她答复。埃尔泽立即回信:"你为我的'新爱'而欢喜——你说得如此轻巧,却不知晓,你现在更应与我同悲——因为——爱已在他心中熄灭,仿佛微弱的蓝焰、燃烧的车轮——刚刚从我身上碾过。"请记住:若你想祝贺埃尔泽·拉斯克-许勒的新爱情,动作要快,否则它就已成过去时。

戈特弗里德·贝恩和埃尔泽·拉斯克-许勒的开始就像一列德国快车和一列东方快车相向疾驶,撞进对方的躯体,钢与血嵌成蒸汽腾腾的华丽结构。最后,到了秋天,只剩下废墟和冷烟。在其中的九个月里,诞生了一些20世纪德国最美丽的爱情诗。我们知道这份爱的一切,我们也什么都不知道。因为资料尚不明晰,颇具争议,在柏林的开始和秋天可能在希登塞岛上的结束一样模糊不清——但我们知道他们的所有感情,因为他们把他们的爱演绎成一个公开的爱情故事,给对方写诗,为了对方写诗,写关于对方的诗。他们的诗发表在《风暴》《火炬》和《行动》等一系列当时的权威杂志上。贝恩在诗中是"猴子亚当",被"褐色皮肤的女人"吸引,被他的史前女子"路得"吸引。这是一种独一无二的吸引力,缠住两人,战斗、划界之争、火热的誓言、伤害、利爪的攻击接踵而来。当它消失时,她写道:"高贵的国王吉泽尔赫 / 用他的长矛 / 戳进我心窝。"

她凭借直击本质的独特眼光,迅速而清晰地给贝恩画像,其中一幅墨线画不到一分钟就呈现在纸面上:鹰钩鼻、爬行动物似的大脑袋、眼皮上似乎负担了数个世纪。往下,这位尼伯龙人的胸口上装饰着一颗东方之星。这张画发表在1913年6月25日出版的《行动》杂志上——下方是拉斯克-许勒关于"贝恩博士"的文字:"他下到医院的拱顶地下室里,切开死者。贪婪地挖掘秘密。他说:'死了就是死了。'他是一个信基督的异教徒,一个顶着邪神脑袋的基督徒,鹰钩鼻,豹子心。"紧邻其旁是贝恩的一首诗,他的《阿拉斯加》组诗的第八部分,其标题就已说明本诗的主题是寒冷的行动规则。为了简洁起见,他给神圣化的女诗人写的第一首情诗叫作《威胁》。

> 我驱动动物之爱
> 第一夜,一切已决定
> 渴望的东西,用牙齿去抓住
> 土狼、老虎、秃鹰是我的纹章。

埃尔泽·拉斯克-许勒的回答发表在下一期的《风暴》上,标题是《老虎吉泽尔赫》:"我一直随身携带你/在我的牙齿之间。"整个柏林艺术圈都在围观这两个怪人如何公开庆祝。一位是系窄款领带结的医生先生,举止得当,探入尸体的双手总是精心洗过,散发出消毒剂的味道。另一位是离了两次婚的单身母亲,一身破烂的长袍,脖子和手臂上挂满假珠宝、项链和耳环。她不停地把一绺不服帖的头发从额前捋开,浑身丁零当啷响个不休。"不管在当时还是以后,和她一起上街时都不可能不被全世界驻足凝视。"贝恩后来写道。要是他俩不在一起招摇过市,他们就让炽热的表白印刷出来,还有他们的追求和他们的厌恶。埃尔泽·拉斯克-许勒最大的胜利就是让贝恩落户在她的王国。他成为优素福王子的宫廷里的国王吉泽尔赫——他在1912年夏天的军事记录中就已臆想一种"移动的肾脏",它导致他没法骑在马背上穿越田野。不管在他的时代还是在今天,都不存在那样的肾,贝恩也从未受过那种病苦,但是这个发明却帮助他把内心的不安转变成充满诗意的诊断。贝恩从他的军事世界中逃脱,和恋人一道穿越黑夜,爬上阁楼,钻进地窖,学会爱,学会生活。随着冬夜在咖啡馆、在阁楼、在门道里逝去,春天像高烧病毒一样在柏林爆发,我们可以想象得到,他们两个如何坐在哈维尔河畔,在芦苇丛中,在月光下,她玩他的手,他玩她的发丝,然后他们吟诗:"哦,在你甜美的唇边,我认识了太多幸福。"

可是最后,当一切偃旗息鼓,她写道:"我是一名用心战斗的战士,他用的是头脑。"他们曾把他们的爱比作基督徒和犹太人的伟大和解,一边是如她自称的优素福或底比斯的王子,一边是尼伯龙人。和解失败了。"尼伯龙人的忠诚"在她看来是对错误事情的无意义效忠。因此她从一开始就知道,她与这位目光灼人、额角头发秃落的医生在一起做的是什么事情。可是,当一切发生时,她偏离了常轨,在他之前和在他之后,都没有其他任何一个男人能使她如此。她明白,她是犹太民族的女先知——而她需要贝恩博士,连同他头发上的发油和脚上的绑腿,作为日耳曼的化身来和她的东方世界构成完美的对比。可惜年轻的尼伯龙人继续前进,年迈的犹太女人绝望地留在原地。她深受频繁的发烧、盆腔炎、疼痛的折磨,阿尔弗雷德·德布林医生在1913年秋天给她开了吗啡,以安抚戈特弗里德·贝恩医生遗留给她的精神痛苦。

❋

弗兰茨·卡夫卡在给远方的菲丽丝的信中提到埃尔泽·拉斯克-许勒:"我受不了她的诗,在那上面我只感觉到她无聊的空虚,我厌恶她人为的宣泄。出于同样的原因,我也讨厌她的散文,它们出自一个过度焦虑的大城市女人盲目抽搐的大脑。是的,她过得不好,她的第二任丈夫离她而去,据我所知,在我们这里也有人为她集会;我不得不掏出5克朗,不含一丝同情;我不知道真正的原因,但是我总把她想象成一个酒鬼,在夜里蹒蹒经过各家咖啡馆。"

❄

《蒙娜丽莎》仍然消失得无影无踪。美国的亿万富翁 J. P. 摩根接到一封署名为"莱昂纳多"的疯子的邮件,他说他知道画在哪儿。摩根的前厅女秘书把信给扔了。

❄

"生命太短,普鲁斯特太长。"1913 年,《追忆似水年华》第一卷出版之际,阿纳托尔·法朗士写下了精确的评语。剩下的六卷还完全没有公布,他已经觉得普鲁斯特"太长"了。没有人,包括普鲁斯特自己也不能预见到他对记忆深处的细致搜索还将导向何方。本书是用语言捕捉过去的尝试——对抗飞逝的时间。

❄

在维也纳,西格蒙德·弗洛伊德被他自己的书打动了:"我在写《图腾与禁忌》时,感觉它会是我最宏伟的、最好的,也许也是我最后的好书。"他的计划相当强势。最后一句话是:"太初有为。"以此,他终于要对抗《圣经》所说的"太初有道"了,并要建立他的新文明理论。进化史的起点,1913年春天在弗洛伊德看来,是俄狄浦斯的弑父。5月里他给密友写信:"在大会召开之前,我的文章将发表在《意象》杂志的8月号上,并促成人们干净地斩断一切雅利安-宗教的东西。"在他与C.G.荣格和苏黎世精神分析学家的团体决裂之后,弗洛伊德一直焦虑地等待9月,那时会召开前面提到的精神分析学圈子的"大会",敌对的团体将被迫再次坐到同一张台前。而且弗洛伊德知道,他在《图腾与禁忌》里狂热钻研的反基督教理论将使他和荣格及其他弟子的分裂变得无可挽回。

❋

鲁道夫·亚历山大·施罗德在1913年初夏去意大利旅行,他在那儿和鲁道夫·博尔夏特一起住在阿普安阿尔卑斯山间的一座古旧农舍里,俯瞰树木繁茂的塞尔基奥河谷。博尔夏特在与施罗德聊天的当儿,即兴在一张明信片上用多利安方言写了一首希腊双行体诗,当作戏谑的问候寄给了胡戈·冯·霍夫曼斯塔尔。"我,"鲁道夫·亚历山大·施罗德写道,"很高兴对这诗一知半解,他用起死气沉沉的偏僻习语来就和自己的语言一样轻松。"而霍夫曼斯塔尔,可以补充一下,立刻就看懂了明信片,就好像他是和一个维也纳运啤酒的马车夫交谈一般(当然他肯定没有和马车夫说过话)。

5月初,鲁道夫·斯坦纳给母亲写信:"战争的威胁日益逼近。"但是他没有时间去担心这个。他想要建立一个人智学的中心,即所谓的约翰内斯大楼。

他计划在慕尼黑建造这座建筑,却在建筑委托上遭遇决定性的失败。5月18日他在斯图加特对他的信徒们讲话,向他们解释说,现在一定要避免所有与新慕尼黑有关的东西,因为这座城市正在渐渐死去(要是正在写《西方的没落》的奥斯瓦尔德·斯宾格勒在他慕尼黑的工作室里也能听到这番话,一定会高兴地欢呼)。

斯坦纳说:"新文化从来不可能扎根在濒死的地方。"他早就感觉,巴塞尔附近的多尔纳赫将是兴盛的所在。但现在说这个还太早。

到目前为止,人智学的柏林总部还设在莫茨街17号的后院房屋。鲁道夫·斯坦纳和他的妻子安娜生活在那里,但他坚持认为,他的忠实的和心爱的玛丽·冯·西维尔斯应该一起搬进来,这当然没法长久。在整个后院房屋里笼罩着某种创业的气氛:几乎没什么设施,除了几张桌子、书籍和一张床。人们总是能听到某处有一位女秘书在雷明顿打字机上打字的声音。鲁道夫·斯坦纳在这里承受着高压写下了一份又一份演讲稿,一连数小时地斟酌论题,思考关于灵魂和世界的状态、基督教和19世纪的精神等问题,同时他的"办公室人员"也忙着组织在欧洲各地的巡回演讲。一年里几乎有三分之二的时间,斯坦纳和玛丽·冯·西维尔斯都在路上——等他回到柏林,就会有一大群人拥进莫茨街朝圣,希望从大师那里得到帮助和启示。他连续数日接待来访,气氛从不冷场,访客们坐在软垫椅子上等候,然后进入一个小房间,斯坦纳坐在那里,身边经常是上次出行回来还未来得及拆装的手提箱。他以移情和关心赢得所有访客的心。是的,他们只是想要有人理解他们伪装成神经衰弱的悲世悯己。我们知道,赫尔曼·黑塞也是那群渴求救赎的人群中的一员,他曾晋见过斯坦纳,弗兰茨·卡夫卡也是。多亏罗伯特·格恩哈特,我们甚至相当确切地知道这类短暂的会面是如何进行的:"卡夫卡对鲁道夫·斯坦纳说:/ '你们这些小子没一个懂我。'/ 斯坦纳接道:'弗兰茨,/ 我完全理解你。'"

❋

春天终于到了。参议教师弗里德里希·布劳恩和妻子弗兰齐斯卡骄傲地推着童车穿过慕尼黑宫廷花园,去年12月起他们当上了小埃娃的父母。埃娃·布劳恩如今六个月大了。二十四岁的阿道夫·希特勒也在星期天,即 5 月 25 日,抵达慕尼黑。

※

希特勒离开维也纳的那个星期天早上,整个城市震惊了:奥匈帝国的最高军事和情报人员之一阿尔弗雷德·雷德尔上校在前一夜被判定为间谍罪,然后于一点四十五分在他的酒店房间里开枪自杀。人们细心地给他把枪放进他固定投宿的克洛姆泽酒店一号房,作为交换,他在认罪书上签字。丧失了名誉的雷德尔让帝国的情报官员从容地离开房间,之后,他扣动了扳机。皇帝弗兰茨·约瑟夫在早上四点起床时获悉了雷德尔的间谍活动的规模和当夜的事件,他深深地叹了口气:"这就是新时代吗?这些就是新时代产生的新造物吗?在我们过去的日子里,这种事情简直不可想象。"报纸上的报道铺天盖地,试图把假象变成真实:"布拉格军团总参谋长阿尔弗雷德·雷德尔上校在一次感官幻觉发作时自杀身亡。这位天赋异禀的军官近来饱受失眠之苦,他本来拥有辉煌的前程。"就这样,人们把一个骇人听闻的消息——奥匈帝国最有影响力的指挥官之一把所有军事计划都抖露给了敌人,伪造成一桩因失眠而引起的自杀案。但是维也纳忽视了埃贡·埃尔温·基施,《波希米亚》报的年轻记者。这个周日,基施所属足球队"风暴"客场对抗"霍勒绍维茨联盟",最危险的射手锁匠汉斯·瓦格纳没有来。从瓦格纳周一给队长的一番闪烁其词的解释中,基施得知他在星期天早上被军方召去破开军团总部的一处私人住宅。据他说,他在那儿看到了一些古怪的东西:女士的纱裙、芳香的窗帘、粉红色的丝毛毯。多亏了这位足球队友,基施搜集信息,在柏林的一家报纸上发表文章,巧妙地推断出雷德尔上校死亡的真正背景,导致在星期四,即5月29日,军部的《军事评论报》上不得不披露了全部真相:"本月24日(周六)到25日(周日)夜间,前上校雷德尔自杀。雷德尔采取行动前夕,我们正要给他如下严重且证据确凿的过错定罪:1. 使他陷入经济困难的同性性行为;2. 向国外特工出售关于我国保密的官方应急措施的情报。"具有讽刺意味的是,雷德尔上校曾因为其反间谍的贡献被授予"三级铁冕勋章",是军队的希望之星,可以觐见皇帝本人提交报告,与德意志帝国的总参谋长冯·毛奇将军保持着密切联系。这样的雷德尔上校摇身一变成了一个歌剧形象。这位身材矮小、保养良好的红发男子把他的全部财富给了他的情人们,送他们汽车和房屋,每天给自己买新的香水和染发剂,负债累累。十年来,他把奥匈帝国所有的行军计划、军事密码、扩张计划都卖给俄国。这是一桩高危事故。现在"雷德尔"的名字已经用来指代一套中空的系统和过时、腐朽的君主制，成为该隐的印记。他的兄弟奥斯卡和海因里希获得国家仁慈的许可，立刻改名叫奥斯卡和海因里希·罗登。和名字一道，事件本身也要从这个城市和这个国家的记忆中剔除出去，不过这些都没有用——斯特凡·茨威格只要一想起雷德尔上校的丑事，他就感到"恐惧堵在喉头"。只有发现者埃贡·埃尔温·基施被雷德尔上校的丑事打造成新闻传奇。他因此获得维也纳颁发的最高公民荣誉之一：中央咖啡馆里永远为他预留最好的桌子。

❈

让我们再做一个脚注，一个离奇的脚注。5月24日夜，也就是雷德尔上校自杀前夕，阿图尔·施尼茨勒在幻想自杀："一条疯狗咬我，咬在左手，去看医生；他不当一回事儿；我走了，心灰意冷——我想开枪自杀——报纸上将会报道：'像他之前一位更伟大的人一样……'这可气死我了！"

❈

希特勒和他在维也纳的流浪汉之家一起住过的朋友鲁道夫·霍伊斯勒，在5月25日一大早坐火车逃离了奥地利,可能是为了逃避即将到来的兵役。他们那时还不知道军方正在为其他事操心。

抵达慕尼黑的第一天,他们就在初夏的阳光下跑遍大街小巷寻找一个落脚的房间。他们喜欢这座城市的一目了然,维也纳有210万人口,而这里只有60万,一切都安逸而知足。在施莱斯海姆街34号裁缝约瑟夫·波普那儿,他们突然看到一块不显眼的牌子:"出租小房间"。希特勒敲门,安娜·波普开门,她带他看了四楼左侧的那间房,希特勒立刻接受了。他用歪歪扭扭的笔迹填写登记表:"阿道夫·希特勒,建筑画家,来自维也纳。"安娜·波普收好纸条,走向她的两个孩子,十二岁的约瑟夫和八岁的埃莉斯告诉他们,他们以后必须小声一点儿做游戏,因为他们有了一位新的租客。

希特勒和霍伊斯勒为他们狭小的房间每周支付3马克。他继续过起和在维也纳一样的生活:不酗酒,不近女色,每天画一张水彩画——有时甚至两张。现在他的画面上圣母教堂取代了奥古斯丁教堂。除此之外一切不变。两天后他找到了一个画架,把它支起在市中心。

完成几张城市风景画后,他在慕尼黑庞大的啤酒经济体里穿梭,晚上在宫廷酿酒屋里向游客们兜售他的景观画。珠宝商保罗·克贝尔和塞德林格街的施内尔香水店有时也会代售他的画。

等他终于卖出一幅水彩画,他就立刻把这2到3马克的收入换成椒盐卷饼和香肠,因为他经常整整一天什么都吃不到。用这笔钱已经可以买不少东西:1913年的一升啤酒30芬尼,一枚鸡蛋7芬尼,半公斤面包16芬尼,一升牛奶22芬尼。

每天下午五点整,希特勒就去他住所附近的海尔曼面包房,花5芬尼买一块拉花薄饼,然后跑去斜对面的胡贝尔牛奶店买半升牛奶。这就是他全部的晚饭。

和在维也纳的时候一样,被艺术学院拒收的画家阿道夫·希特勒与当地的先锋派艺术没有半分瓜葛。很少有人知道,他也观看了1913年在慕尼黑引起轰动的毕加索或埃贡·席勒或弗兰茨·马尔克的"堕落的艺术"展览。这些他同时代成就斐然的画家们在他这个落榜生眼中永远都是陌生的,他看向他们的目光饱含猜疑、嫉妒和仇恨。

他回到家后,敲波普夫人的房门,想从她那儿取点热水泡茶。"可以吗?"他总是这么说,一边无辜地看着他的茶壶。波普裁缝有些心烦,他干脆说道:现在您坐到我们这儿来,一起吃点什么吧,您看起来饿坏了。但是这可把希特勒吓到了,他拿起茶壶,偷偷溜回了自己房间。整个1913年,他那儿都没有一个人来访过。白天他画画，夜里读书直读到三四点钟，让他的室友霍伊斯勒相当恼火。他读的是煽动性十足的政治文章和教人如何进入巴伐利亚州议会做议员的指导手册。裁缝的妻子有一天看到了，对他说，他应该扔掉那些胡扯的政治书，继续画漂亮的水彩画。希特勒回答："亲爱的波普夫人，人们是否知道他一生中需要什么或不需要什么呢？"

❋

"我对柏林本身全无好感，"恩斯特·罗伊特在给父母的信中写道，"灰尘漫天，人多得可怕，人人都在奔跑，好像一分钟就值10马克似的。"一个如此迅速地抓住城市的秘密的男人，将来必然要做它的市长。

❋

斯特凡·格奥尔格5月下旬来到海德堡，和以往一样下榻在城堡山49号的小旅馆里。圣灵降临节的时候他想在那里聚集起所有信徒。可是现在很热，所以格奥尔格去了游泳池，当然不是去游泳，这种事是像他这样一位好似半身像一般经历生命的先知永远不会做的。不，他是去看一个可爱的卷发男孩的：佩尔西·戈特海因，未满十七岁的高中生，教授之子，他将成为格奥尔格的追随者们的样板。三年前,格奥尔格凭着密探般的敏锐眼光在内卡河的大桥上发现了佩尔西,他向贡多尔夫兄弟低声耳语,说他"仿佛一座古代的浮雕,值得给他拍张照"。没过多久,照片真的拍好了。佩尔西拜访了正在宾根的母亲家里的格奥尔格,后者给他——用心理学的陈词滥调来说是"善意的"——打上领带结,借给他自己的天鹅绒长裤。但是,1913年5月的某天下午,佩尔西没有系领带,也没有穿天鹅绒长裤,他来到内卡河畔的海滨浴场,在一间浴室前发现斯特凡·格奥尔格躺在草地上。这场对话,佩尔西坦诚地说,很快就"回到古希腊人民身上,人们很喜欢那样设想他们,而且以更加赤裸裸的方式设想他们"。以下省略。晚上,斯特凡·格奥尔格继续写他的大作《同盟之星》,同盟,即伪装成朦胧的秘密的少年爱,用神话重重包裹,以如梦似幻的诗句立下誓言。

阿尔贝特·史怀哲1913年在日记本中写道:"但愿所有人都爱他十四岁时的一切。"哎,或许还是不爱的好。1913年,贝托尔特·布莱希特十四岁了。看了他的日记,人们会庆幸,幸好他变得和十四岁时不一样了。不管怎样,他至少不可能成为格奥尔格的门徒:他太丑、太暴躁、太感伤。

布莱希特,当时是奥格斯堡皇家文实中学的学生,他的日记本还没有单词本大,内页是柔美的蓝色方格纸,他在那上面哀叹无尽的春日的"千篇一律"和"平淡"。帮助他对抗无聊的是散步、骑车、下棋以及阅读。他勤奋地记下他阅读席勒、尼采、李利恩克龙和拉格勒夫作品的感受。然而这个年轻人放开手脚干起来,把他精彩的青春期诗歌托付给日记本。他写月亮和风,写道路和晚霞。很快,1913年5月18日那天到来了。他经历了——在此期间已年满十五——一个"悲惨的夜晚"。具体情况是:"我的心悸剧烈发作到十一点。然后我睡着了,睡到十二点,我醒了。心悸太严重了,我跑去找妈妈。糟糕透顶。"情况不断反复。第二天他就开始写诗。因为奥格斯堡的5月很温暖,他给诗起名叫《夏天》:

> 我躺在草地上,影子
> 是一棵古老、美丽的菩提树投下的阴凉,
> 明媚的地垫上的草叶
> 纷纷在风中轻轻摇晃。

1913年,他还是一个人躺在菩提树下。不久,他会

和别人一起躺在李子树下,正如我们在他的世纪之诗《回忆玛丽·A》中读到的,它证实了布莱希特在奥格斯堡的初恋。早在1913年,浓密的树荫就给布莱希特以极大的慰藉。他爬到妈妈床上的那个夜晚仅仅过去一天,即在5月20日,他就记录道:"我今天好多了。"但是隔天他又报告:"上午挺好,现在,中午,复发了——背上针刺样疼。"人们在布莱希特身上很难确定他患的是流行的疑心病,还是真正的心律失常。至少他立刻去看的医生判定他有"神经症"。布莱希特在十五岁时就可以自豪地承受起和弗兰茨·卡夫卡、罗伯特·穆齐尔一样的病痛。

此外,他的生活态度也和另两位神经症患者惊人地相似,例如他这年春天的诗《女友》中透露的:

> 你问,什么是爱——
> 我不曾感觉它——
> 你问什么是欢乐,
> 我从未见到它的闪光。
> 你问,什么是忧愁——
> 我认识它,
> 它是我的女友。
> 它爱我!

奥格斯堡愁云密布。难道在这个1913年5月就没一个人有好心情吗?

❋

显然没有。但是,5月31日彼得·弗兰肯费尔德出生了。

❋

鲁道夫·马丁的好书《1913年德国北部的贵族百万富翁》出版了。书里介绍了来自波莫瑞、西里西亚、旧普鲁士、萨克森和勃兰登堡的917名贵族,每人可自由支配的财富都超过100万帝国马克。他们中的大多数和最富有的都生活在西里西亚。占据第一位的是住在奥波莱行政区诺伊德克宫的亨克尔·冯·唐纳斯马克侯爵,拥有2.5亿马克的财富,年收入超过13万马克。

❋

"桥社"崩溃了。1913年5月,这个艺术家团体彻底解散。恩斯特·路德维希·基尔希纳编撰的"桥社"编年史激怒了埃里希·赫克尔和施密特-罗特鲁夫。基尔希纳以社团领导人自居,认为自己是表现主义木刻和表现主义雕塑的发明人,甚至压根就是这场运动的精神导师。基尔希纳为《编年史》的第一页创作了一幅社团成员群像木刻,在左上角他的头像上郑重其事地装饰了一小圈光环。拱形图案"桥"被架设在他的签名上:"E. L. 基尔希纳"。在其他社团成员看来,这既过于自我中心,也不够真实。但从艺术史的角度来看,他实际上没有做错——基尔希纳是一群画匠中的天才。而且在他清醒的阶段,在他没有被抑郁、毒品和药物弄蒙头脑的时候,他清楚地知道这一点。激烈的争吵爆发了——施密特-罗特鲁夫和埃里希·赫克尔在1913年5月27日起草了一封信,把艺术家协会"桥社"的解体告知社内的消极成员。佩希施泰因在去年就已被排除出去,因为他未经其他成员的许可就在柏林分离派的楼里开画展,基尔希纳认为这是"破坏信任"之举。

"我们在此通知您,我们签名决定,'桥社'作为一个组织就此解散。库诺·阿米耶、埃里希·赫克尔、E. L. 基尔希纳、奥托·米勒、施密特-罗特鲁夫。柏林。1913年5月27日。"下面有四个签名。基尔希纳没有签。

卡尔·施密特-罗特鲁夫寄出信后,立即打包了行李。他必须逃离柏林,这座城市在他和他的艺术面前一直保持着某种奇特的乡土气,总是与他格格不入,让他和他的美感备受折磨。他和基尔希纳的感受完全不同。后者在城市中才回归自我。基尔希纳的艺术是城市的。

施密特-罗特鲁夫始终是乡村的。他想靠近大海,走得越远越好,所以他坐车去了库尔斯沙嘴的尼达,住进赫尔曼·布洛德家的客栈,那是唯一一户出租房间的村民。不久,施密特-罗特鲁夫在沙滩上发现了一座废弃了的简陋的渔民小屋,在他之前,佩希施泰因已经在那里度过了两个夏天。他拿出画画的家当,在5月31日给一位朋友写明信片:"正如你所见,我在尼达这儿待了一阵子。这是个奇特的地方!"被"桥社"的争执和日新月异、劳心劳力的柏林大都会折腾得精疲力竭的施密特-罗特鲁夫,在库尔斯沙嘴完全找回了自己。荒原、松树、背后的潟湖以及几乎一望无际的沙丘,在他的水彩画和油画上变成他的乐园,人类的始祖在那里自认清白无辜。其中的一幅画叫作《松林里的阳光》,给人置身南太平洋的感觉。一开始,他画大幅裸体画、沙丘里的女士群像、水墨画、版画——这是艺术的解放。他画渔民的妻子和孩子们,所有人都赤身裸体,逍遥自在。也许施密特-罗特鲁夫的艺术再也没有像在这个初夏的海滩上这么性感的了。他描绘的面孔像是来自大洋洲的雕刻头像,身体却活力十足。只有在他给他作品中的裸体特征写些什么的时候,他才又局促起来,理智的人格才会回来。"乳房的作用没有别的,它们构造性感的时刻。但是我想把这时刻从瞬息的经历中解放出来,在宇宙的瞬间和尘世的片刻之间建立某种联系。""世界的祛魅"行不通。宇宙的乳房才为人所需！这是至今被我们的研究完全忽视的1913年的一项解剖学发现。

❋

5月,柏林在准备本世纪最隆重的社会事件:5月24日,普鲁士公主维多利亚·路易丝和汉诺威国王恩斯特·奥古斯特二世举行婚礼。新婚夫妇驱车穿过菩提树下大街,数千名观众欢呼雀跃。然后,正如《柏林日报》所报道的,一个特殊的时刻到来了:民主和君主制不平等地同时存在。或者说:"看到这一幕真正令人心痛:民主的巴士不得不等候贵族的礼车通过,然后礼车又必须停下来,给巴士放行。"俄国沙皇尼古拉二世和不列颠国王乔治五世都莅临柏林和波茨坦参加婚礼——此外还有来自整个欧洲的无数已加冕或未加冕的首脑人物。婚礼首先是一起外交事件。《柏林日报》如此评论英国国王和沙皇的会面:"这次的访问当然不是政治性的。但是经历了去年冬天动荡的政治进程之后,它必须被看作一个缓和国际局势的受欢迎的范例。俄国和英国的统治者,三国协约的执政君主,同时在德皇这里做客。即便他们只是更进一步地强调了各方面的和平意愿,此类性质的私人接触终究会顺理成章地影响到内阁的政治立场。"

5月24日下午5点,在被数百支蜡烛照亮的宫廷教堂里,各国君主以这种独特的形式济济一堂,庆祝婚礼。只有弗兰茨·斐迪南,奥地利的皇位继承人,不在受邀之列——在维也纳,他已经因为娶了不够门当户对的新娘而四处受到冷落和刁难,这次的公开羞辱更是在欧洲的舞台上给了他新的沉重一击。其他所有人一直庆祝到凌晨。然而随后,各位国王和沙皇还在早餐前就收到他们的特工送达的维也纳方面的消息:雷德尔上校被定罪,并开枪自杀了。不过沙皇没有让人察觉到他刚刚失去了最重要的线人。他敲碎早餐鸡蛋,一边闲聊。神色如常。

❋

对在巴黎的赖纳·马利亚·里尔克来说,这是一个严峻的春天。他又写不出什么来了。他必须生活。至少是装作生活。朋友和熟人想见他,他吃早餐,吃午餐,吃晚餐,与安德烈·纪德、亨利·范德维德、岛屿出版社社长安东·基彭贝格、罗曼·罗兰和斯特凡·茨威格见面。里尔克抱怨:"我受不了人类。"首当其冲的是他和老朋友、他书中的主人公奥古斯特·罗丹的尴尬误解和关系的纠结。他曾经在那本出版于德国的书中把罗丹塑造成雕塑之神，现在这位笨拙的雕刻家可能已不再胜任。里尔克曾请求他：拜托，拜托给我的妻子克拉拉·里尔克-韦斯特霍夫做一下半身像的模特。克拉拉早就带着女儿和里尔克分居了，但里尔克觉得自己该对她们负责，想要借此帮助她实现艺术上的突破。可惜罗丹很无情，让里尔克扫兴了很长时间。又有一次，里尔克带着基彭贝格访问罗丹，想和他商谈给岛屿出版社出的新一版书配新照片的问题，罗丹在考虑了一阵后，又从他们手上把照片收回去了。

克拉拉在巴黎，满心绝望，身无分文（里尔克的知己埃娃·卡西勒的资助救她于水火），她把一切希望都寄托在能给罗丹雕像上。因此里尔克请求他刚刚下榻在伏尔泰堤道酒店的前女友兼知己西多妮·纳德赫尔尼给他妻子做模特——只有里尔克没觉得这种安排有什么不妥，要是过去的伤口能用和谐的绷带包扎好，这于他再舒心不过。西多妮骄傲地昂起头，让她美丽的面容被凿进石头。可是，5月28日，她心爱的兄弟约翰内斯·冯·纳德赫尔尼在慕尼黑饮弹自尽了。西多妮崩溃了，陷入抑郁，里尔克也立刻陪她一起抑郁了：他给出版商基彭贝格写信说，他经历了一场"小小的崩溃"，因为约翰内斯死了，他过去多次拜访纳德赫尔尼家在波希米亚的迷人城堡，和他交往甚笃，"而且不久前刚和罗丹之间出现了一条新的裂痕,和八年前那次决裂一样出乎意料,但这次很可能更加彻底,不再能弥补"。

西多妮惊慌失措地离开巴黎,克拉拉无事可做,只好逃回慕尼黑。而里尔克莫名其妙地松了一口气,因为他总算可以再次远距离地恋爱了。他拿起笔,用书信、用言词、用安慰的话来爱她们,这个他擅长。克拉拉在慕尼黑继续雕一座半身像,这座雕像还不懂得悲伤。这年秋天,当西多妮第一次看到这座雕像时,她已经带着新男友来看望克拉拉了。他的名字是卡尔·克劳斯。

若想感受1913年巴黎的文化交织,了解讲究享乐的德国美学家、花花公子、文化中介和传奇的日记作家哈里·凯斯勒伯爵的生活,那么看一下他在1913年5月14日的活动就足以管窥见豹:他睡了很久,然后在丽思酒店和安德烈·纪德、伊戈尔·斯特拉文斯基共进早午餐,紧接着他们一起去看富有传奇色彩的俄罗斯舞蹈家和编舞家尼金斯基和佳吉列夫的一场新芭蕾的彩排——音乐出自克洛德·德彪西。在休息的间歇,他和德彪西、让·科克托随意闲聊。彩排到半途,突然有人争执起来:斯特拉文斯基在叫喊,德彪西在叫喊,佳吉列夫在叫喊。很快,所有人又达成和解,一起在隔壁房间喝起香槟。凯斯勒晚上在日记本上写道,他认为德彪西的音乐太"单薄"。不过更糟糕的是伟大的尼金斯基的舞衣:白色小短裤配黑色天鹅绒镶边和绿色吊带,连哈里·凯斯勒伯爵都觉得有些"滑稽和娘娘腔"。还好,尼金斯基这个品位怪异的俄国人拥有教养良好的德-法造型顾问:"我和科克托说服他明天赶在首演式前立刻去维利克斯服装店买好运动短裤和运动衫。"尼金斯基听从了。

❋

整整两个星期后,在这个特殊的 5 月,巴黎又迎来下一场彩排——将在香榭丽舍剧院上演的斯特拉文斯基的《春之祭》。这一次哈里·凯斯勒伯爵压根儿没去看排练,而是直接参加了排练庆祝会——和尼金斯基,和莫里斯·拉威尔,和安德烈·纪德,和佳吉列夫,和斯特拉文斯基交谈,"人人都认为明天晚上的首演将闹出丑闻"。丑闻也真的发生了。这部融合音乐和舞蹈的总体艺术作品《春之祭》的首演像电流一般让巴黎浑身震颤,电压的余波一直传送到纽约和莫斯科。这年 5 月 29 日晚八点到十点是一个罕见的时刻,观众们已经感觉到他们见证了一个历史性的事件。连哈里·凯斯勒伯爵也赞不绝口:"这是全新的舞蹈和音乐。一片全新的视野,一些前所未有的、扣人心弦的、令人叹服的东西突然来临了；一种新的狂野，既是非艺术的，同时也是艺术的：一切形式被摧毁，新的形式突然从混乱中涌现。"凯斯勒在当天夜里三点钟写在日记本上的文字，是关于1913年席卷全球的现代性的推动力最简明、最中肯的表述之一。

5月29日晚在巴黎的那批观众是老欧洲最高贵、修养最好的一群人：在一间包厢里坐着加布里埃尔·邓南遮，刚刚为了摆脱意大利的债主们逃到巴黎；另一间包厢里是克洛德·德彪西；大厅里坐着可可·香奈儿，马塞尔·杜尚也在那儿。他后来说，他一生都没有忘记这晚的"尖叫和大喊"。斯特拉文斯基的音乐把最古老的原始力量搬上舞台——非洲和大洋洲的人们原始的纯朴已成为表现主义艺术的典范，眼下，在香榭丽舍剧院这个文明的中心，也绽放出蓬勃的生机。

当巴松管独奏出第一个极其高亢的音符，剧院里就响起嗤之以鼻的笑声——这算音乐吗，还是春天的风暴，或者简直就是嘈杂的喧闹？不安的观众自问。四处鼓声隆隆，前面舞台上的赤裸舞者心醉神迷地狂舞——人们笑了，然后，当巴黎人发觉这不是在开玩笑时，他们尖叫起来。可是还有现代艺术的追随者们在便宜的座位上鼓掌，音乐继续肆虐，舞者的动作幅度变小，巨大的噪声让他们听不见音乐了，不知从何处传来莫里斯·拉威尔不断地叫喊"天才"，传遍了大厅。设计这套芭蕾舞蹈动作的尼金斯基用手指敲击节奏来对抗观众愤怒的口哨声。

骚乱是从13号座位爆发出来的——和斯特拉文斯基的预感一模一样（要是陷入数字13的阴谋论迷障的阿诺德·勋伯格知道此事，一定会很得意）。舞者如醉似狂，剧院经理在演出中途站出来关掉了灯光来避免事态升级，可是台前的舞者仍在继续跳下去，跳下去，待到灯光再度亮起，大厅里的人们突然产生了错乱的感觉，好像他们才是舞台，而舞者却是观众。多亏指挥家皮埃尔·蒙特的坚忍和冷静，和舞者一道坚持演完最后一个音符。隔天早上的《费加罗报》报道："舞台即人生。右侧，强壮的年轻人在采摘鲜花，一个三百岁的女人发疯似的跳来跳去。舞台左边，一位老先生在研究星星，各处送来光神的祭品。观众可受不了这些。立刻有人喝起倒彩。前几天，人们可能纷纷叫好。这群俄国人不太了解他们所访问的国家的礼仪和风俗，他们不知道，要是愚蠢到了极致，法国人就会肆无忌惮地开始抗议。"这些话让斯特拉文斯基大为震惊。他被这个晚上彻底搞糊涂了。不过他预感自己创造了一部世纪之作。可能可可·香奈儿也证实了他的想法，她开在巴黎的帽子小店声名鹊起。她在这天晚上第一次见到这位伟大的俄国作曲家，后来成了他的恋人。

❋

现在我们来看一下两场瞄准地球中心的旅行。在托斯卡纳的拉尔代雷洛，皮耶罗·基诺里·孔蒂成功利用地心能量为发电机提供动力。地热能源被发现了。与此同时，马歇尔·B.加德纳在他的书中证明，地球内部仍然生活着猛犸象。它们绝没有灭绝，只不过是退回到了更温暖的地方。

❋

在维也纳，奥斯卡·柯克西卡作画，画布和古斯塔夫·马勒的遗孀、他心爱的阿尔玛的床一般大。他心怀巨大的痛苦，因为阿尔玛刚刚打掉了他们共同的孩子。他不能原谅她摧毁了他们爱情的果实。他不停地给阿尔玛和他们共同的孩子画出如泣如诉的画，他只能靠艺术来梦想孩子的生活。阿尔玛在维也纳一家诊所堕胎的时候，他在场，把血淋淋的药棉带回了他的工作室，翻来覆去地自言自语："这将是我唯一的孩子。"（悲惨的是，他还真没说错。）

可是他在性的方面仍然被阿尔玛深深迷恋，只有获得她的青睐，他才能工作得下去。因此他没日没夜地在工作室里穿着阿尔玛的刺眼的红色睡衣，这件睡衣是在他们恋爱之初,他从她身上剥下来的,画画的时候,他一直穿着它。1913年,他几乎画了上百张画,全是阿尔玛。这是一场冒险的爱情,充满愤怒、暴虐和快乐。"这么多地狱,这么多天堂。"阿尔玛如此说道。他想在恋爱中被阿尔玛打,但阿尔玛不喜欢,于是奥斯卡在他每天的书信里不断请求:"你能不能用你那美丽可爱的手打在我的身上?"

在亲吻的间隙,他吼出他的杀戮之心,以及他的愤怒。这一定相当快乐。

柯克西卡的妒火燃烧不熄,当他夜里离开阿尔玛的公寓后,有时会在街上流连到四点钟,直到他确认没有别的男人登上通往他爱人房间的楼梯。"我无法忍受除我以外的陌生男神。"他美妙地写道,简直诚实得愚鲁。他对阿尔玛死去的前夫古斯塔夫·马勒的嫉妒尤为强烈。他们不得不紧靠着他的死亡面具相恋。柯克西卡乞求阿尔玛,拥有对艺术天才和场所精神(Genius Loci)的准确第六感的她在这个特殊的5月当然也身在巴黎:"求求你,我可爱的阿尔玛,继续保护好你甜美的身体,避开侵入的目光,你要不断加深信念,每只陌生的手和每道陌生的目光都是对你美丽的身体圣殿的亵渎。"5月底,礼拜变成了魔术。奥斯卡·柯克西卡给住在巴黎旅店里的阿尔玛写信恳求道:"我必须立刻娶你为妻,否则我巨大的天赋就要不幸地走向毁灭。你必须在夜里像魔法药水一样重新赋予我活力。"阿尔玛渐渐地感到害怕。她决定,情愿在巴黎再多待一星期。

❈

1913年夏天,卡尔·施特恩海姆在写他的戏剧《势利小人》,其中隐藏了大量对伟大的德国电器公司监事会主席、浪漫主义者、作家、政治家兼思想家瓦尔特·拉特瑙的影射。拉特瑙同时也是当时最自恋的人之一。在《势利小人》的首演式上,施特恩海姆的妻子特亚就坐在拉特瑙旁边,她十分担心他会发觉舞台上演的那个人就是他。不过自恋也是把保护伞。拉特瑙不为所动。他只是总结说,他想再仔细读一遍剧本。

❈

时年二十七岁的路德维希·密斯·凡德罗返回柏林,作为建筑师独立生活。

❈

马克斯·贝克曼在日记中写道:"人是,而且永远是一头一流的猪。"

6
月

这个月,人们明白,战争永不会来。格奥尔格·特拉克尔寻找他的妹妹,寻求从诅咒中得救;托马斯·曼寻找的只是安宁。弗兰茨·卡夫卡起草了一份求婚书,他犯错了。他把它和一份清偿财产的宣誓搞混了。D.H. 劳伦斯发表了《儿子与情人》,和三个孩子的母亲弗丽达·冯·里希特霍芬私奔到上巴伐利亚——她成为他的查泰莱夫人的样板。到处神经紧张。阿斯塔·妮尔森在她主演的《父亲的罪》里毁了一部不知名的杰作。德国军队继续膨胀。汉高汽酒庆祝德法友谊。

《母与子》,毕加索

不可能再有战争,诺曼·安吉尔对此相当有信心。他1910年出版的著作《大幻觉》成为世界畅销书。1913年,他写了备受关注的《给德国大学生的一封公开信》,他的观点被更广泛地传播开来。同时,他的书推出了第四版。因此,尽管巴尔干令人头疼的声音一再传到北方,柏林、慕尼黑和维也纳的知识分子们在今年初夏也可以安心地阅读英国评论员的书。安吉尔认为,全球化的时代断绝了世界大战的可能性,因为所有国家在经济上早就有着密切的联系。安吉尔还说,除了经济网络之外,在国际交流方面,特别是在金融世界里的联系也使战争变得毫无意义。安吉尔是这样论证的:即便德国军方可能想和英国分个高下,"在德国国内也没有哪个重要机构能够避开严重的损失"。要是战争爆发,"整个德国金融界会对德国政府施加影响,以结束对德国外贸毁灭性的局势"。战争就这样被阻止了。安吉尔的论述说服了全世界的知识分子。斯坦福大学校长戴维·斯塔尔·乔丹读完安吉尔的作品后,在1913年说出如下豪言:"一直威胁着欧洲的大战永不会到来。银行家不会为这样的战争筹钱,工业不会让它继续下去,政治家没有办法打仗。不会有大型战争出现。"

与此同时,威廉·博尔舍的三卷本大作《大自然的奇迹》在1913年隆重推出英文版,它有一个美丽的标题:《生命的胜利》。博尔舍这位心怀慈悲的文体学家想要稍微缓和一下现代性,即现代自然科学的知识,在上面撒上少许糖粉,好使它继续迎合大资产阶级受众的口味。他没有引证达尔文,相反,他的目的是表现"神秘的宇宙辉煌"。他创造了一些不寻常的生物和道德理论。1913年的读者兴奋地接受了博尔舍的论证:所有较高等的生物本质上都是彼此友好的。动物世界中,只有蓄意激怒对方后,争斗才会发生。未来,不仅国家之间不会再行战事,动物也不会。博尔舍带来的讯息如此令人欣慰。难怪他的书在帝国时代分类整齐的书架上占据着突出的位置。根据库尔特·图霍尔斯基的描述,大资产阶级的图书馆的基本配备有:"海泽、席勒、歌德、博尔舍、托马斯·曼、古诗集……"博尔舍本质上也是一本纪念诗集——他把和平的诗行写进现代主义的基本书目中,幻想有那么一种大自然,其中动物们的行动安宁而温柔,就像弗兰茨·马尔克所画的一样。

1913年6月,吗啡成瘾的诗人格奥尔格·特拉克尔好像被伦茨式的疯狂驱动着,在萨尔茨堡和因斯布鲁克之间来回穿梭,烦躁不安,大汗淋漓。他说到底是想再见一见格蕾特,他身体的所爱,他亲生的妹妹,可是他错过了她;他想见阿道夫·洛斯,他仰慕的坦率之人,可是他也错过了他。他匆匆赶到维也纳,在军部开始做一份短期的无薪工作,几天后他报告自己生病了。他产生了一种模糊的直觉,只允许他和格蕾特在一起的那种确定感也许和他的朋友布施贝克串通一气欺骗了他。他给他写信:"也许你知道我的妹妹格蕾特是不是在萨尔茨堡。"特拉克尔躲进毒品、痛苦和酒精中,下到"自创痛苦的地狱"里。他作诗,他销毁,他在活页纸上的修改是一个个创伤的印记,笔触深划入纸,似要撕裂皮肉。他写的《被诅咒者》里有这样的诗句:

> 夜色黑沉。焚风如鬼似魅地鼓起
> 游荡的男孩白色的睡袍
> 悄悄探入他嘴里的手
> 是死人的。索尼娅的微笑温柔而美好。

路德维希·冯·菲克尔,他那位父亲一般的朋友和赞助人,这一年他的房子和城堡给特拉克尔提供了庇护。他立刻让特拉克尔的诗在他的杂志《燃烧器》的 6 月号上付印。可是特拉克尔不再能为任何事骄傲。他越陷越深。

爱德华·蒙克在画他的《嫉妒》。

托马斯·曼当时正坐在他巴特特尔茨的乡间别墅里想要开始写作。他有了写一部新的大型中篇小说的想法,故事应该发生在达沃斯的疗养院里,他去看望卡蒂娅的时候了解过那里的情况。那里自成一个宇宙。该小说会是一部和如今正躺在书店里的《死于威尼斯》相对的作品,这一次,就如他在一封信中所写的,会是"舒适和幽默的(尽管死神仍然受到偏爱)"。书的题目叫《入魔之山》。

他想开始写作,孩子们在户外的草地上玩抓人游戏,保姆看护着他们。但是他下不了笔。他不得不一次又一次地看向他书房的地毯,然后他对地毯商舍纳曼的怒火腾地一下就上来了,他被他给骗了。有另一个慕尼黑的商人来过这儿,对这块地毯的估价只有他付出的三分之一。然而舍纳曼先生不肯退一分钱,托马斯·曼把他告上了法庭。他望向窗外的山峰,放下了钢笔。他给他的律师写信,让他去逼迫地毯商退钱。

❈

哈里·凯斯勒伯爵仍然穿着他惯常的白色三件套,坐火车从闪耀的巴黎来到沸腾的柏林,为威斯特法伦的优雅深深着迷。"行车穿过威斯特法伦,"他记在6月3日的日记里,"到处是野花缀在绿色的黑麦和庄稼田间;丘陵的峰线微微隆起,山峦峡谷上笼罩着金蓝色的和煦烟雾,营造出一种郁郁葱葱、沉重、广阔、母性情怀,和法国风景的那种私密的雅致截然不同。德国风景的这种德国性必会同样催生出一种风格,正如法国风景造就了印象主义风格一样。"在哈里·凯斯勒伯爵说这话的正好一个星期之前,柏林的艺术家团体"桥社"宣告解散,八年来它以德国的表现主义精神领会了德国风景的郁郁葱葱、沉重、广阔和母性情怀。对于"桥社",哈里·凯斯勒伯爵并没有正眼相待。

❈

1913年的德法关系可从杂志《西木》上窥见一斑:

汉高汽酒登了一则广告："在兰斯从葡萄到酒桶,在比碧里希从酒桶到酒瓶:我们的品牌汉高汽酒和汉高私享制作完成。我们是德国独一无二的起泡酒,在香槟地区和在德国一样位于行业的绝对巅峰。"继续翻杂志,下一页是一张漫画,一个完全法国化的德国女人身着华服,在下午时分阅读画报。旁边加了一句话:"这类不断发生的跨国界事件已经足够恶心。但是当法国人带着他们的时尚骗局步步逼近时,我们的男人们将会大吃一惊。"

❄

国会在 6 月 29 日的三读中通过了由政府提出的国防法案。据此,和平时期的兵力增加 117 267 人,增加到661 478 人。

❄

在 1913 年一个并不明媚的日子里,弗兰茨·马尔克突然拿起笔刷画了一幅画,它像一个异类,从他的全部作品中脱颖而出。这幅画不再描摹天堂,其中的动物像天使一般温柔,人类纯属多余。不是的。这里画的是地狱。弗兰茨·马尔克被从欧洲南部来的报道吓怔了,那儿的厮杀越来越血腥、越来越激烈。他描绘出一幅凶恶的、咆哮的画面。他把它叫作《群狼(巴尔干战争)》。

❋

1913年6月20日,午餐时间,来自巴德叙尔策的三十岁的失业教师恩斯特·弗里德里希·施密特披挂一身武器闯进不来梅的圣玛丽学园。他带了至少六把装满子弹的左轮手枪来行凶,一直冲进各间教室,打光一支手枪里的子弹,就立刻抓起下一支。他造成五名七八岁的女童死亡,另有十八名儿童和五名成人伤势严重。然后他被路人制服。他在笔录时交代,他是因为没有找到教师职位而萌生抗议之心。

❋

1913年不仅出版了马塞尔·普鲁斯特的《追忆似水年华》第一卷,另有一部对20世纪哲学产生革命性力量的著作也面世了:埃德蒙·胡塞尔的《纯粹现象学和现象学哲学的观念》。胡塞尔的伟大的哲学范式转变是从实证的环境的现实转换到意识的事实。而在1913年,内心世界到处变成现实:变成画,变成书,变成房子,变成幻想。

❋

再或者,变成一本红色的书。C. G. 荣格今年开始把他的梦想和他的内心经历写进一本红色皮革封面的书——然后据此分析自己。今年早些时候,他这位"国际精神分析学会"的主席完成了对西格蒙德·弗洛伊德的弑父行动。他不仅拒绝把力比多理论当作现代心理学的核心宗旨,而且更重要的是,正如他在信中所说,他"拉扯了先知的胡子"。然而,弑父行动不仅将父亲,也将杀手完全抛出了正轨。当弗洛伊德同时陷入忧郁和压抑的愤怒之中时,荣格也面临严重的危机,因为他失去了长久以来满心钦佩地仰望着的父亲的身影。他放弃了在苏黎世大学任教的工作,和弗洛伊德一样害怕越来越近的重逢。9月在慕尼黑举办的精神分析学家的代表大会上,两个敌对的阵营将要交锋。

荣格睡眠不佳,饱受噩梦折磨。其中的一个梦促成了"红书"的诞生。他从一个梦境中醒来,汗水湿透全身,他梦见整个欧洲被一场巨大洪水的浪涛吞没。到处是谋杀、屠戮、尸体和破坏。白天,他给别人做关于精神分裂症的报告;可是夜里,在他焦虑不安的梦中,他害怕自己变得精神分裂。尤其是那个有关世界末日景象的梦,他久久不能摆脱,只好把它记录下来,试图以此来克服它。他其他的梦也都起伏不安,这种情况是当他成功地在生活中建立起一个非同寻常的三角关系之后出现的:不管是他的妻子埃玛还是情人托妮·沃尔夫,都被他说服接受了这种三人同行的家庭安排。托妮甚至会在星期天晚上来到他们位于苏黎世湖畔屈斯纳赫特的家庭别墅里和他们共进晚餐。至于那样的夜晚是如何度过的,没有记录留下来。我们只知道,埃玛和托妮都做过分析师,这个三角关系维持了几十年。我们只知道,荣格本人也把日日夜夜的经历在梦中翻来覆去,勤奋地执起发烫的钢笔把它们固定在"红书"里。他称对自己的这个实验是"对无意识的分析"。就像他1913年的梦中淹没欧洲的大洪水一样,从荣格的内心世界里也有洪水汹涌而出:"我整个后半生的工作都是在加工那些年里从无意识中爆发出来的、首先淹没我的东西。它们是一部毕生之作的原材料。"

❈

埃利亚斯·卡内蒂马上八岁了,和他的母亲一起搬家到维也纳,开始学习德语。

❈

1913年是D. H. 劳伦斯变成"查泰莱夫人的情人"的一年。他的查泰莱夫人三十四岁,他在和她偷情了短短不到五周时间之后,把她诱出了英国。她的本名是弗丽达·冯·里希特霍芬——现在她姓维克利,但是她的丈夫,诺丁汉大学的教授和劳伦斯的老师,既不能盖过她的普鲁士贵族头衔,也不能驯服她的个性。二十七岁的矿工之子劳伦斯刚刚把他的《儿子与情人》的手稿交付给出版社,她是"古老而著名的里希特霍芬家族的一位男爵的女儿"这点却给他留下了深刻印象。弗丽达金发碧眼,聪明伶俐,热爱生命。她相信,只有通过自由恋爱才能让天堂再现人间。劳伦斯深信她的话,带着她从岛国逃到欧洲大陆。1913年的春天,他们在弗丽达的姐姐埃尔泽位于上巴伐利亚伊京市的爱巢里找到安身之所。慕尼黑教授雅费的妻子埃尔泽总是和情人阿尔弗雷德·韦伯避居到这座舒适的木制小夏屋里,她曾经在他哥哥马克斯·韦伯那里攻读博士学位。弗丽达搬进来的时候,她送给她这个从英国回来的妹妹一条时髦的紧身连衣裙,好让她尽显女性魅力。在这方面姐妹俩总是意见一致,即使在她们都成为弗洛伊德的门徒、可卡因成瘾者和大诱惑家奥托·格罗斯的情人的时候也是一样。虽然她们两人中只有埃尔泽给格罗斯生了一个儿子,他叫彼得,和格罗斯的妻子在同一年生下的合法儿子的名字一样;他的妻子叫弗丽达,和他的第二个情人的名字一样。这个自由恋爱的天堂里一片混乱。劳伦斯和弗丽达·维克利(娘家姓冯·里希特霍芬)在私奔之后仍要为爱情奋斗许久——劳伦斯曾经写道,连接他们两人的,是"一条同情的纽带,它系在纯粹的仇恨上"。尽管如此,他们今年初夏在伊京度过了最美好的时光。伊萨尔河谷把他们和其余的世界隔开,身后是枞树和群山,面前是一望无际的广阔视野,他们从逃亡的疲累中恢复过来,获得了新的力量。不久,劳伦斯就夸赞弗丽达是"生活的天才"。他显然同样享受她恋爱的天才。因为当他后来出版他最著名的书,即"查泰莱夫人的情人"的色情故事的时候,书中高贵的女诱惑者与弗丽达·冯·里希特霍芬具有很多相似之处。只不过他没有提名伊京,对于这样的一部小说,这个地方还不够浪漫。

可是在1913年6月,两个人都变得焦躁不安。D. H. 劳伦斯想去英国,想去享受他的书《儿子与情人》的出版带来的成功。他的情人也想回去,想去看望自己的孩子们。因为她为了和年轻的作家私奔,丢下了三个子女,他们分别才十三岁、十一岁和九岁。现在她的心都快被撕裂了。6月底,他们动身去英国。劳伦斯几乎难以把她从心爱的孩子们身边带走。他们约好在意大利碰面。但她不相信他的爱情誓言。他向她承诺,他会穿过整个瑞士去意大利。他真的这么干了。她暂且相信了他。

❄

因斯布鲁克的杂志《燃烧器》做了一份"关于卡尔·克劳斯的民意调查",阿诺德·勋伯格对此在6月写下了漂亮的句子:"我在寄给卡尔·克劳斯我的和声学理论的题词上说了类似以下的话:'也许我从您那里学到的东西,比一个人如果还想保持独立所允许学到的更多。'由此可以确定我对他的评价的高度,而不是广度。"在这过热的一年中,这是一份罕见的文件,记录了无声的钦佩、赞赏、字斟句酌的言辞。

❄

6月,德意志帝国庆祝德皇威廉二世在位二十五周年。他是一位另类的皇帝,最感兴趣的事是船舶和礼仪。早年,他亲自督办宫廷礼仪的扩展和着装规范。当他的王位周年庆典临近时,他一手操控全盘计划——无论是表演还是挑选礼物他都要事事亲为。包括在讲话中要把他尊为"和平皇帝"也是他的主意——尽管国会在两周后决定扩充军队;尽管在盛装晚宴上仍然固守旧的座位秩序,即宰相坐在皇帝一家和联邦诸侯的后面,其他议员甚至远远坐在任何不重要的宫廷官员之后——帝国里的权力关系早已不再清晰。要是座位表不能伪装出一套等级秩序，威廉二世就不得不为他在君主立宪制国家内部的政治地位努力斗争。他才没有真正的权力直觉。他更多争取的是在公众场合的露面，因为这个他能控制，他表现得像个大男孩，亲民随和，是军队的朋友，是简单的快乐的朋友，也是法国现代艺术的敌人。他喜欢船舶、北方和海军。整个殖民地的问题让他觉得最美好的是人们只能坐船到达那里。甚至当他和情人格尔茨伯爵夫人在黑森州的丘陵地带狩猎松鸡的时候，在夜里召集猎人的号角响起之前，他还忧伤地在狩猎小屋的木头上刻下小小的战舰。

❈

1913年在柏林已经有两百多家电影院。大多数影院里上映的都是去年刚成立的巴贝尔斯堡制片厂的作品，例如阿斯塔·妮尔森的《父亲的罪》。影片讲述了一位画家的缪斯的故事，她一再作为美的化身为欣赏她的、于她如父亲般的主人公做模特。后来他离开了她，她开始酗酒。画家又一次和她相遇，为她着迷，却认不出她来了。他恳求她去他的工作室，他想要塑造酒精成瘾的形象，这将成为他的杰作。可是当缪斯看到，她、她的爱情和她的美丽都牺牲在艺术和事业的祭坛上时，她以独特的叛逆行为摧毁了画布。阿斯塔·妮尔森在愤怒中的爆发使她的脸定格成令人惊叹的圣像。

❈

1913年6月,特拉诺瓦远征队的幸存者重返故国,这支团队的科学成就获得了众多关注。一跃成为民族英雄的斯科特事实上只是第二个到达南极点的人,不过人们不想把注意力停留在这里。当探险队的最后一批人终于在1912年抵达南极点时,他们发现那里新竖起的挪威国旗飒飒闪亮。在这场和冰雪及时间的无情赛跑中,罗尔德·阿蒙森早到了几天。这大挫了英国探险队员的士气。不仅斯科特在回程中葬身永恒的冰雪,领队劳伦斯·奥茨也未逃脱厄运。他直到今天都被英国人民尊为烈士,为了不再成为四位同伴的负担,他主动求死。他离开帐篷时说的最后一句话成为传奇:"我只是出去一下,可能需要一点时间。"在英国,这样的一句话让人获得永生。薛瑞-葛拉德不久后发表的关于这场灾难性远征过程的传奇报道的题目也不错:《世界最险恶之旅》。就这样,英国人虽然没有发现南极点,但至少没有丧失他们的幽默感。

❈

"世界最差劲求婚书":6月8日,布拉格的弗兰茨·卡夫卡终于着手向菲丽丝求婚了。可是他写到一半停笔了,直到6月16日才振作起来把信写完。最后完成的信长达二十多页。卡夫卡在开头详细地解释,他必须去看医生——他想让医生确切地证明自己的生育能力、精神正常等,或者也可能这一切都是自找的借口,以拖延这不可避免的事,结婚,实施婚姻的过程,我们并不清楚:"在你我之间,撇开别的一切不说,还有医生。他将说的话令人生疑,在这些问题的裁决上,医学的诊断并不那么确定。就算真是那样,也不代表就得利用它。正如我说过的,我原本没有病,但现在确实有病。"接着一个段落,卡夫卡这位神妙而敏感的文体专家创造出一种书面形式的口吃:"现在你想一想,菲丽丝,面对这种不确定性,这句话很难说出口,它听起来必然也相当怪异。要说这话现在还太早。但过后又会太晚了。然后就再没有什么时间去讨论你在上封信中提到的那些事情。然而也没有时间去犹豫太久,至少我是这么觉得的,所以我问你:你愿意在上述可惜无法排除的前提下成为我的妻子吗?你愿意吗?"这大概意味着:你真的愿意吗??????他可能会不止打一个问号,而是至少放上五个。

然后他在罕见的头脑清晰的时刻给菲丽丝做了婚姻的成本效益分析:"现在你想一想,菲丽丝,婚姻会给我们带来怎样的变化,每个人将会失去什么,每个人将会赢得什么。我会失去我大多数时候都很可怕的孤独,赢得你,我爱你超过所有人。但你会失去你迄今为止几乎完全满意的生活。你会失去柏林、让你快乐的办公室、女友们、小小的娱乐,失去嫁给一个健康有趣的好男人、生下健康漂亮的孩子们的前景,你只要想一想就会很渴望。用这些不可低估的损失换来的是一个生病、孱弱、孤僻、沉默、悲伤、僵硬、几乎绝望的人。"谁会看到这些还立刻说"是"呢?一份像清偿财产的宣誓一样的求婚书。

尽管如此,卡夫卡仍然不舒服,因为他感觉步子迈得太大了,尽管他实际上试图用千百个词粉饰、掩盖他的问题。但是他知道,在信的中间某处他确实向菲丽丝求婚了。他踟蹰半天,还是把信塞进一只信封,他好不容易才找到一只较大的信封,因为这封信竟变得这么厚了。然后,他上街,犹豫不决,等了太久,直到所有官方邮局都关门。突然他克服了障碍,他希望菲丽丝明天一早就能在办公桌上看到这封信,他飞奔去火车站,在那里还可以把急件塞进去柏林的快车。在路上,跑得满头大汗、惊慌失措的他撞到了一个老熟人。卡夫卡试图道歉,他有急事,必须把信送上火车。他必须赶去那里投递的到底是怎样一封特殊的信呢,老熟人乐了,问他。"求婚书。"卡夫卡说着,笑了。

❋

6月8日,当卡夫卡开始写求婚书时,皇帝威廉二世出席了为1916年奥运会兴建的德国柏林奥林匹克运动场的落成典礼。德国的建筑工人们比预定时间提前了三年完成工作。但是,做事赶早真的都好吗?

❋

十五岁的贝托尔特·布莱希特为德皇在位二十五周年在日记本上写了如下诗句:"晚上我们倒下/像英雄一般战死,/那时招手安慰我们的/是黑—白—红的旗帜。"还有另一段:"风儿在其中歌唱:/你已尽了你的责任!/你死在搏斗和战场,/作为一个忠诚的德国男人。"有意思。

❋

在伍珀塔尔-埃尔伯费尔德,1913年已经有毕加索的五幅画挂在墙壁上。其中两幅1907年的静物画挂在画家阿道夫·埃尔布斯勒家,一幅1901年的《母与子》在尤利乌斯·施密特家,一幅同年诞生的《穿大衣的男人》和一幅出自玫瑰时期的水彩画被银行家奥古斯特·冯·德·海特收下。

❉

在维也纳发生了两场婚姻的玫瑰战争。阿图尔和奥尔加·施尼茨勒之间纷争激烈,施尼茨勒在日记中倾诉他像瘫痪了一般躺在阳台上。罗伯特·穆齐尔在6月10日和妻子经历了一次可怕的散步之后,写道:"玛尔塔,情绪糟糕,对我做出不必要的指责,让我得了感冒。你会离开我。我不再拥有任何人。我会自杀。我会离开你。"她没有离开。

❉

但是莱奥·施泰因离开了。历经几个月的争吵,他搬出了巴黎花卉街27号,过去他和妹妹格特鲁德一起住在那里,并把它变成先锋派的主要沙龙。毕加索、马蒂斯和布拉克在这里进进出出,星期六晚上的例会是巴黎创造力的核心聚会。但最重要的是,这个沙龙多年来已成为世界现代艺术的第一家博物馆。在狭小的空间里,毕加索、马蒂斯、塞尚、高更和其他所有伟大的法国大师的杰作挤作一堆,它们都是施泰因兄妹早些年里凭着一双慧眼收集过来的。格特鲁德一如既往地穿着一身棕色亚麻布衣服,坐在一把文艺复兴时期的深色椅子里,把双脚放在壁炉附近;她总是觉得冷。她的哥哥莱奥站在旁边,向十几位或几十位客人解释他对现代艺术的理解。他们的客人有:英国贵族、德国学生、匈牙利画家、法国知识分子,毕加索和他最新的情人也待在某个地方。

可是后来爆发了争执。莱奥·施泰因再也忍受不了他妹妹对立体主义的偏好——同样也忍受不了她显然把和他们一起居住的爱丽丝·托克拉斯不只是看作一名女厨师、编辑和秘书,而且也当作恋人来对待。这一切对莱奥·施泰因来说太陌生了。他带上最美丽的雷诺阿、塞尚和高更的作品,从巴黎逃到那片备受赞美的国土,定居在佛罗伦萨附近。格特鲁德·施泰因立刻在空出的地方挂上毕加索、乔治·布拉克和胡安·格里斯1912年到1913年的立体主义画作。而星期六晚上的沙龙里,莱奥·施泰因的位置现在被爱丽丝·托克拉斯占据了。这对兄妹,他们曾共同努力,在短时间内收集起现代艺术最重要的作品,从此以后却互相再没说过一句话。莱奥从佛罗伦萨一次又一次地寄来和解信,然而格特鲁德不予回答。后来她试图采取一种方式来处理他们的分裂,就像知识分子为了克服超出他们精神能力的问题所尝试的做法那样。她为此写了一本书,她称之为《两人:格特鲁德·施泰因和她的哥哥》。她相信这样能够白纸黑字地证明自己的独立性。不过事实上她首先证明的当然是她也从未克服过和哥哥的分裂。

※

在《新评论报》的 6 月号上发表了托马斯·曼的弟子,二十五岁的作家布鲁诺·弗兰克的一篇文章,题目是《托马斯·曼——〈死于威尼斯〉的分析》。里面除了对小说进行详细美妙的阐释之外,更重要的是问诊当代的这几行非凡的句子:"只要还有形而上学,成为英雄的机会相对来说就很渺茫。但是现在,因为我们脚下是无情的谷底,我们头顶是空洞的天空;因为我们不再有信仰,只有对信仰的渴望;因为我们如此无依无靠,好似前无古人一般,完全被丢给自己。在这个时刻出现了托马斯·曼,这位诗人清醒而勇敢地踏进这全然无神的世界。"就这样吧,古斯塔夫·冯·阿申巴赫是现代最后一位英雄般赴死的人。

6 月 16 日,这位清醒而勇敢的诗人和他刚从遥远的疗养地归来的妻子卡蒂娅踏上了去托斯卡纳海岸维亚雷焦的旅途,他们将在那里度过三个星期的假期。在下榻的雷吉纳旅馆里,他放下正在努力爬格子的《菲利克斯·克鲁尔》,真正开始《魔山》的写作,在巴特特尔茨的时候他似乎无法动笔。只有身处海边,人们才能自由地观望灵魂以及前方的山峦。

7月

度假去！埃贡·席勒和奥地利皇位继承人弗兰茨·斐迪南玩铁路模型。普鲁士军官在撒克沃尔湖里裸体游泳。弗兰克·韦德金德前往罗马,洛维斯·科林特和凯特·柯勒惠支去蒂罗尔州(但下榻在不同的酒店)。阿尔玛·马勒逃到弗朗兹巴德,因为奥斯卡·柯克西卡发布了结婚预告。为了宽慰自己,他和格奥尔格·特拉克尔一道酗酒。阴雨连绵。所有人在他们的旅馆房间里都半疯半傻。但是,毕竟马蒂斯带给毕加索一束花。

《风的新娘》,奥斯卡·柯克西卡

7月10日，加州死亡谷测量到迄今为止最高的温度：56.7℃。7月10日德国有雨，气温不到11℃。

❈

今年7月在波恩，奥古斯特·马克和他年轻的崇拜者马克斯·恩斯特亲近起来。马克甚至把恩斯特的一本含有若干讲座笔记的册子当作速写本使用，他们共同举办了画展"莱茵表现主义"，因为缺乏合适的画廊，展览于7月10日在波恩的科恩书店开幕。在书店二楼的窗口悬挂着一张巨幅海报，上面标记了所有参展艺术家的名字。马克斯·恩斯特也立刻做出必要的反响：他在波恩的《白话》杂志上以笔名发表了一篇评论，对他朋友马克的艺术尤加赞叹，他的艺术"仅通过形式就表达出精神"。1913年，每个人在每个地方都在为无意识做斗争。

❈

心理的、超验的事物备受期待。意大利人乔治·德·基里科在1913年画出第一幅被纪尧姆·阿波利奈尔称为真正的"形而上的风景画"。它的名字是《意大利广场》，展现的是虚空。要是人们知道，德·基里科在慕尼黑学习过很长一段时间，那么就会从他画中房屋的黄色和街道的宽度上感受到，这位出生于希腊的古怪意大利人的艺术作品中的整个形而上学是纯粹的慕尼黑景象。莱奥·冯·克伦泽介于宫廷花园和维特尔斯巴赫广场的风格之间的古典主义建筑就这样在1913年进入现代主义的画面。勃克林和克林格尔是德·基里科的艺术之父，叔本华和尼采是他的精神之父——而德·基里科在研究孤独的人的孤独的时候不再需要他们。因为这是观察者本人被无法抗拒地卷入新世纪的无意义之中。或者如德·基里科自己所说："艺术被现代哲学家和诗人解放。尼采和叔本华第一个教导我们生活的无意义的深层含义，以及这种无意义如何转化为艺术。优秀的新艺术家是那些已克服了哲学的哲学家。"因此基里科把方向的象征这一视角发展到荒谬的地步，在巴黎、柏林和米兰，他也正是迅速由此成为在一片日渐动荡的地基上深受尊敬的导向人物。

※

7月16日起，埃贡·席勒在他的靠山和支持者阿图尔·罗斯勒所在的劳恩湖边的旧明斯特度假，住在"该格之家"。他在一封长信中通知了他的到来——他大概三点或四点或五点或六点到。但是他没有来。他的东道主从火车站走了半小时才回到家，冻得瑟瑟发抖，喝茶拌朗姆酒，再喝朗姆酒拌茶。天空下着倾盆大雨。

不知何时,席勒敲响了天井门——他在另一个时间,从另一个方向过来了。还不是一个人来的,而是带着沃利·诺伊齐尔,我们今天是从杰出的水彩画《穿红衬衫的沃利》上认识她的——不过那时候她还无人知晓。

第二天早上要去火车站领行李。罗斯勒问他究竟带了些什么。席勒回答:只有必需品。然后他们从火车站接回很少的衣服、开裂的陶土罐、彩色釉面的农家碗、厚厚的本子、艺术书籍、原始的木娃娃、树墩子、绘画工具、一个十字架。席勒在客房内把一切组装起来,希望借此获得工作的灵感。然而他后来却没有一分钟在工作。他更喜欢漫游在萨尔茨卡默古特亮丽的风景中,享受女友的陪伴和罗斯勒安排的人员的照料。他的主人希望席勒能画画,并将其中的一幅给他装饰夏屋的客厅。可席勒就是不画。一天早晨,罗斯勒走进席勒的房间,看见席勒坐在地板上,让一列用钢制弹簧驱动起来的小玩具火车绕圈圈。席勒不断变换轨道,拆卸,连接,一边大声地模拟声响。他能够完美地模仿火车哨声和连轨、调轨、刹车的声响。他请求罗斯勒一起来玩。必须有人负责在小小的火车站做广播。

❀

伦敦《泰晤士报》报道,奥匈帝国的皇位继承人弗兰茨·斐迪南已撤回他在克诺皮士杰宫附近的波希米亚城堡,闷闷不乐地趴在儿童房的地板上。他命令每位来访的客人都趴到地板上,帮他扩建铁路轨道。据说皇帝早就安排精神科医生伪装成仆人,不动声色地观察和照顾弗兰茨·斐迪南了。斐迪南整整一个夏天都藏在自己的城堡里,他想要远离维也纳——远离奇怪的老皇帝,更重要的是远离总参谋长康拉德·冯·赫岑多夫,他一直以来都在试图对塞尔维亚先发制人。

弗兰茨·斐迪南再也不能忍受来自宫廷的侮辱。那里的每个人都反对他和索菲·霍泰克女伯爵的关系,因为她有损他的高贵,当然也低于他的地位。直到他的妻子和孩子们放弃一切权利后,宫廷才同意。索菲就这样被判为一个暗处的存在,她虽然和弗兰茨·斐迪南生下了三个孩子,但在维也纳,别人对她避之唯恐不及,在城堡剧院或宫廷歌剧院的皇家包厢里,她甚至被禁止坐在丈夫身边。没有禁止的是她可以和丈夫一起在克诺皮士杰宫的周边散步。早些时候,她的丈夫就把他们共同喜爱的道路改名叫"高位十字路"。和索菲以及三个孩子在一起的弗兰茨·斐迪南显然是人们称之为幸福的那种样子。因为他在维也纳实际上不被需要,所以这位在首都被视为暴躁、失控的权力政治家的大公就成了一个充满爱心的丈夫和父亲。他在波希米亚城堡的花园里和孩子们一玩就是好几个小时,他最大的快乐就是看到他们叫出夏日里探出黄杨树边围蓬勃生长的各种鲜花的名字。顺带一提,雅诺维茨城堡里,西多妮·纳德赫尔尼黯然神伤。

❈

毕加索病得很重。但是在7月22日,埃娃·古埃尔给格特鲁德·施泰因写信:"巴勃罗差不多又完全健康了。他每天下午起床。亨利·马蒂斯一次又一次来访,询问他的状况。今天他来给巴勃罗送花,陪了我们一整个下午。"当时两位最重要的艺术家之一把自己的时间耗费在给另一位探病上,还给他送花,想来是多么美好而令人欣慰啊。难怪毕加索几天后就完全康复了。

❈

罗伯特·穆齐尔没有生重病,却被开了病假,这样他就不必在维也纳工业大学图书馆工作了,而是可以把时间用来写作。7月28日,波策尔医生又给他开了一份新的鉴定书,说明他由于"严重的神经衰弱症"在他那里已接受了半年的治疗(我们记得这事)。波策尔写道:"仍然存在高度的神经疲惫,需要得到比原定更长的一段休息时间。从神经科医生的立场出发,必须为该病人再提请至少六个月的挂职。"因此穆齐尔遵照鉴定书的指示请求获得"为期六个月的休假"。大学把他送去官方医生那儿,一位姓布兰卡的医生确诊:"他患有重度神经衰弱,并累及心脏(心脏神经官能症)。"神经衰弱并累及心脏——现代主义的痛苦没法再总结得更漂亮了。

❈

哈里·凯斯勒伯爵在7月底从巴黎前往柏林,为的是和他的老军团在波茨坦进行一场大规模的军事演习。这位伟大的美学家毫无怨言地接受了这项任务。他热爱赌场的生活,也热爱波茨坦贵族军官团的生活,他喜欢军演期间的晚会和晚餐。因此他6月在波茨坦和施托尔贝格公主在一起,公主却向他坦承自己是"在一座被森林包围的城堡中长大的",她仍然不会区分各种普鲁士制服。"我说:好吧,轻骑兵和前卫陆战队的制服她总归能区分吧。是的,她说,可是要区分将军和下级军官却难得要命。"凯斯勒就随她去了,这样我们也能理解,1913年在普鲁士确实还有一位公主不会区分将军和下级军官,这事有多可怕。

有一些人清楚地知道他们的区别,不管是从思想、道德还是制服上区分。7月25日,连绵阴雨终于停了,他们和凯斯勒一起驱车去撒克沃尔湖。具体成员有:弗里德里希·冯·克林科夫斯特罗姆伯爵少校,生于

1884年,从1905年开始任职于骑兵卫队第三军团;蒂洛·冯·特罗塔少尉,生于1882年,同样在骑兵卫队第三军团;还有骑兵队长埃伯哈德·冯·埃泽贝克男爵。"当我们到达游泳区的一片被森林围绕的孤独的草地,想要下水游泳,突然从我们面前的湖和芦苇丛里站起了赤身裸体的克罗西克。"弗里德尔·冯·克罗西克伯爵随后与冯·特罗塔以及冯·埃泽贝克两位先生在草地上进行了一场裸体赛跑。"斜对面,在湖的另一边,有一个白色的身影也在游泳。"白色的身影,那是谁?是想要验证将军和下级军官之间区别的施托尔贝格公主吗?还是在巴贝尔斯堡拍摄间歇期的阿斯塔·妮尔森?

❊

男人的幻想,第二部分:在一段火车旅途后的两个梦想产物:奥斯瓦尔德·斯宾格勒这位古板的沙文主义者没有去度假,他在考虑《西方的没落》,考虑世界各地的女人。"我只能忍受和女人们做些微的精神交流。即使某个女孩和女权主义者一般地狭隘,和一个搞艺术的女人一般地缺乏品味。"他又坐在慕尼黑的家中,觉得他的公寓很丑陋,特别是那些家具:"每一件家具都必须经得起人们像对待马奈作品或文艺复兴建筑般的严格考量。古旧的家具经得起。新家具的设计显得像第一次做的手工练习品。"接着他又回忆起他的火车旅行,评论道:"这种风格愚蠢的东西的优点只是它没有省去'功能':牵引火车之类。"戈特弗里德·贝恩也在今年夏天坐火车出行。他也被车厢里的女人们挑得睾酮激增。他在他的小笔记本中写下伟大的诗句,记录他乘坐快速列车在柏林和波罗的海之间的旅行经历:"肉体,赤裸行走。/被大海晒黑,直到嘴。"接下来:"男人的棕色投向女人的棕色:/一个女人是给一个黑夜的。/要是情况不错,还能给下一个黑夜!/哦!过后又是这种形单影只!"贝恩也和斯宾格勒一样只能忍受和女人做些微的交流。随后他再次幸福地走进他孤独的地下室。

皇帝弗兰茨·约瑟夫寻求团聚。他和卡塔琳娜·施拉特夫人挽着手臂穿过巴德伊舍广阔的绿色公园,这里是他长年以来的度假胜地。施拉特夫人也是他长年以来的女伴,他们在茜茜公主还活着的时候就认识了。可是按照皇帝的意愿,她永远不能成为他的爱人,而只是他的女伴。就这样,年龄相差二十多岁的两个人共同度过了好些日子。夜里皇帝更想独自一人。不过第二天一大早不到七点,他就离开皇家别墅去施拉特夫人的别墅"幸福",他们一起在那里喝杯咖啡。然后他就混入来疗养的游客群中。大多数时候他完全不会被认出来,因为他在度假时不会戴着勋章,也弃用保镖,看起来就像随便一位年迈、粗糙的退役军官。他很喜欢做一个十分普通的人。可惜他现在是个皇帝,于是他接受了命运。他给施拉特夫人写信闲聊美好的日常生活。唉,他有一次抱怨说,我不得不在宴席上站起来给保加利亚国王致祝酒辞,当时我的鸡眼疼得要命。

❈

保加利亚国王自己也正有完全不同的烦恼:7月3日,塞尔维亚和保加利亚围绕马其顿地区的争端升级。塞尔维亚宣战——土耳其、希腊和罗马尼亚也同样对阵保加利亚。第二次巴尔干战争开始了。新的电报不断传到在巴德伊舍的皇帝手中。但是他不想被巴尔干的这些热血斗争打扰。他去施拉特夫人那里喝了一杯茶。

❈

7月16日,弗洛伊德带着他心爱的女儿安娜去马伦巴旅游,想要好好休息,并强化心理以应对那场大战——9月初在慕尼黑召开的"第四届国际精神分析大会",他将在那里和C. G. 荣格以及背叛他的苏黎世精神分析师们首次重逢。马伦巴当然完全帮不到弗洛伊德。

无论是他右臂的风湿还是他的抑郁都不见好转。他写道:"我几乎写不了东西,这里的日子不好过,天气又冷又潮湿。"

❋

7月底,里尔克在柏林短期逗留,在那里的博物馆看到新出土的阿蒙霍特普的头颅:"一个奇迹,我讲给你听。"他激动地向露·安德烈亚斯–莎乐美报告。这是詹姆斯·西蒙赞助的探险队在特尔埃尔阿玛纳的发掘成果。面对雕像的美,一阵埃及热席卷整座城市。《柏林日报》兴奋地报道阿蒙霍特普:"可以最大胆地说,这是个现代作品。"先锋派被建议:"未来主义者们,低下你们的头!"埃尔泽·拉斯克–许勒走进博物馆,激动地屈膝,很快她的优素福王子的形象就具备了阿蒙霍特普四世(又称阿肯那顿)的特征。而最伟大的奇迹,他的妻子娜芙蒂蒂的头像甚至还沉寂在博物馆的地下室。考古探险队最初决定不展出其最优秀的成果。展会主办方预感,如果走出国门的所有文物都在1913年与世人见面,埃及方面会立刻提出所有权的要求。所以娜芙蒂蒂就在仓库休息吧。

已在埃及的土地下沉睡千年的人,不在乎再多等几年,之后,让全世界臣服在她脚下。

❄

这是7月,所有人都在休息,里尔克也被卷进埃及热,有一点钱,无事可做。因此他在8月想去海边度假几日,可以说是"顺理成章"的。但是,"度假"这个词,对于一个每天得在他所有的女性支持者和他的超我面前为自己好整以暇的闲散做辩护的人来说,听起来不是个好词。因此我们可以理解,8月去海滩在里尔克看来显得很"轻率"(!)。他离开在哥廷根的露,然后立即从莱比锡给她写信:"我有个轻率的想法,从本周末开始去海边(诺斯蒂茨一家所在的海利根达姆)待上八天。那里应该有美丽的山毛榉树林,大海一下子在我的灵魂前铺展开。也许我会付诸行动。"

❄

弗兰克·韦德金德在罗马,7月8日他在那儿完结了从1月26日开始动笔的《辛姆森》。他去罗马的目的是寻求独处和休息,从对他的剧本《露露》的禁令引发的混乱中抽身。一个破坏男人世界的慕男狂是不被允许存在的。不过韦德金德预感,他以他的"露露"为20世纪创造了一个全新的女主角。面对现实的屈辱,他用过去的英雄人物安慰自己——他在罗马阅读歌德的《意大利之旅》和布克哈特的《意大利文艺复兴时期的文化》，参观西斯廷教堂。慕尼黑的审查员要是看到这位麻烦制造者的大资产阶级雄心，大概会惊异地揉眼睛。他给妻子蒂莉·韦德金德写信："我迄今为止在此处经历的最美好的事情，是在帕拉蒂尼山的废墟上散步。"但是他接下来就警告她：罗马完全睡着了，没有戏剧，没有变化。"出于我的目的考虑，没有比这更好的罗马了。要是我们想一起做点快乐的事，那么可能去巴黎更好。"正是因为身处罗马，才必然斩钉截铁地确定："巴黎是全世界最美的城市，下来是罗马，然后很快就轮到慕尼黑。"

洛维斯·科林特坐在位于蒂罗尔州的"月光别墅"里，孩子们、妻子和母亲都在一起。他还没有从中风中完全恢复过来，不过在格罗登的皮勒尔湖畔圣乌尔里希，他在逐渐好转。大雨倾盆，科林特几乎没法外出画画，所以全家人只好给他做肖像模特。首先，他画了自己，穿着常见的民族服装，绿色格子的亚麻外套和镶羽毛的帽子（他又显现出愉快的乖戾）。然后是他的妻子夏洛特，同为蒂罗尔州人。他把颜料厚厚地涂在画布上，好似要证明他又活过来了。当外面的世界雨雾迷蒙的时候，他把红色、绿色、光线与服装的颜色一同带入他的艺术。儿子托马斯不想被画，他冻坏了，很快得了流感，窝在旅馆床上。

每天早上从柏林寄来的邮件到达科林特的手中，就像"沙漠中的甘露"。这些信的大部分内容都在讲柏林分离派内部的大纷争，自从商人保罗·卡西勒被推选为主席后，这纷争就一发不可收拾。在下一场画展上，他撤下了没有给他投票的十三位艺术家的作品，于是巨大的分裂出现了。如今，虽然该团体还属于聚集在科林特身边的那些留下来的艺术家，但是这家"有限责任公司"，选帝侯大街208/209号的展览大楼的所有者，却受控于卡西勒和李卜曼。因此科林特的团队为了重获空间和尊严，不得不另建一座新楼。承接这项任务的是建筑家和设计师彼得·贝伦斯，他曾为德国电器公司设计房屋、灯光和桌子，身在蒂罗尔州的科林特得知后承认，尽管他不喜欢此人，但是他懂得潜在的"形象效益"，因为贝伦斯是"现代"的。实际上，在蒂罗尔州的连绵阴雨天里，遥远家乡的争执已让他不胜烦扰。他"心怀恐惧地遥想柏林"，好几天来一直在读伯恩哈德·凯勒曼的《隧道》，这本描写欧洲和美洲大陆之间的地下通道的年度畅销科幻小说。科林特为它写了年度最短、最简练的书评："好书，我也想去美国了。"不过说了也白说：8月份科林特不得不返回柏林。

❋

凯特·柯勒惠支和她的丈夫卡尔也在蒂罗尔州,争吵在继续,大雨如注,他们不能外出,走进让人释放的大自然,他们沉闷地坐在旅馆椅子里,对对方深感不满。暑假过后,她陷入"大低谷"。她产生了自杀的念头,对她的生活和她的艺术作品绝望了,也不满意她第一批的雕刻实验作品。然后,她问她的日记:"我和卡尔?"回答:"如此神经病一样的爱情,我从没见过。"

她对卡尔不再有兴趣。"总是同一个人,已经熟知他的每一个细节,不再能刺激疲惫的感官。为了重获旺盛的食欲,必须得到完全不同的食物。"这就是凯特·柯勒惠支在1913年夏天的欲望表白和自由宣言。她向斯特林堡寻求安慰,读了一本又一本他的戏剧:肆无忌惮的性别仇恨,沉闷的共处,这些都帮到了她,让她不觉得孤单。她给她的儿子描述斯特林堡的作品,说它们的内容是夫妇之间如何"厮打、憎恨"。柯勒惠支沉闷地坐在窗边,望着外面的雨,在日记中写道:"夏天过去了,我没有感觉到它。"

❋

在维也纳,奥斯卡·柯克西卡预定发布他和阿尔玛·马勒的结婚预告,安排在7月19日,德布林的市政大厅,德布林区是新娘父母的居住地。为了执起阿尔玛的手,他去找住在上瓦特的画家卡尔·莫尔。后者没有反对。但是当阿尔玛7月4日得知奥斯卡的计划后,却陷入恐慌,她收拾行装,溜之大吉,想逃到弗朗兹巴德去。柯克西卡追她,在火车站截住她,大喊大叫,浑身发抖,她不得不再度打开窗户。柯克西卡塞给她一张自画像,命令她挂到下榻的旅馆房间里,以抵御其他所有的男人。她刚离开,他就寄给她第一封信:"拜托,我的阿尔米,不要看任何人,那儿的男人会一直盯着你。"还有:"当我说'保重身体!'的时候,你为什么笑了呢?我很想再问一问你,可惜那会儿火车已经开走了。"是啊,她为什么笑了呢?大概在他们俩的关系中几个屈指可数的明亮时刻(也是最黑暗的时刻),她感到,他们在一起就无法身体健康,因为爱情让她生病。或者如柯克西卡在两天后寄出的第二封信里所表达的:"例如,你被一个无赖医生触诊,或者你在虚掩的厕所里,甚至还在床上的时候被一名女服务生看到,如此这般情况,都令我难受。"她忍耐着所有这样的书信,或许甚至有些享受,她从弗朗兹巴德回复他说,只有当他终于完成他的杰作之后,她才会回来。她管他叫"窝囊废"和"犹太化的人",他确实是。柯克西卡被激怒了,立即动身去弗朗兹巴德——他赶到旅馆时,阿尔玛不在那儿。她的床铺上方也没有遵照他的命令挂他的自画像。当她散步回来,他爆发了。他对阿尔玛发了一大通火,用拳头狠狠捶她的床,跳上下一班火车回了维也纳。婚期搁置了。过后,柯克西卡的汗水味还萦绕在她的旅馆房间里,阿尔玛这位女战略家向柏林写了一封信。她想知道,在她那位认真、严格的旧爱瓦尔特·格罗皮乌斯那里她还有怎样的机会,他在"分离派"的画展中看到阿尔玛和柯克西卡的双人肖像画后,已经失望地放手了。阿尔玛在7月26日给他写信:"我也许会结婚-奥斯卡·柯克西卡,一个洞悉我们灵魂的人,但我会和你永远保持联系。给我写信,告诉我你是否还活着,以及过这种生活是否值得。"

柯克西卡还没有感觉到阿尔玛早已抛出新的钓竿。他还在维也纳为他的生活作画。但他也问自己,过这种生活是否值得。他坐在硕大的画布前画他们的双人像。他坐在那里画他的杰作。也许只有在这个7月来维也纳的那位访客让他免于绝望。因为相较于格奥尔格·特拉克尔,柯克西卡的精神状况还相对算好的。特拉克尔暂时住在维也纳,施蒂弗茨巷27号,他在他的酒精和药物迷梦的间歇期接受了一份无报酬的工作,还偏偏是在军部算账。对格奥尔格·特拉克尔来说,真是找不出比这更荒唐的职业了。他也仅仅坚持了几天。不过在这段时间里，他刚一下班就钻进柯克西卡的工作室。后者站在画布前，不安地摇晃身体，沉浸在对阿尔玛的不忠的狂乱的梦魇中，香烟叼在嘴里，颜料托在手上，用笔刷和右手食指画画。在他的身后，特拉克尔坐在一只啤酒桶上，几个小时都在滚来滚去，滚来滚去，换作任何一个别人都会被搞疯。柯克西卡这个疯子却感到心安。不知何时，从特拉克尔的角落里传来沉闷的嗡嗡声，他开始朗诵他的诗，他说到乌鸦、厄运、衰败和毁灭，他绝望地哭喊他的妹妹，然后重新陷入永恒的沉默，一声不吭地滚来滚去，滚来滚去。柯克西卡在画双人像的时候，特拉克尔每天都来。特拉克尔也是给这幅画命名的人：《风的新娘》。特拉克尔的诗《黑夜》诞生于维也纳的这段混乱的日子，其中写道："金色的火焰熊熊燃烧／包围人群。／从黑色的悬崖上／坠下死醉的／发光的风的新娘。"风的新娘阿尔玛在工作室和画架上闪亮，现实生活中她却开始冷却。或者也可能正好相反：正因为柯克西卡凭着他过度紧张的神经感觉到阿尔玛将要逃离他，和他拉开距离，正因为他们共生的爱情已经历了一段阴霾，他完全没有能力为他们两人画一幅会成为艺术而非爱情证明的画。只有让阿尔玛获得"风的新娘"的称号，只有给这位新娘标记上风的逃逸、风的匆匆易逝，他才能够为她画像。人们娶不了一位"风的新娘"。只能画她。

马克斯·李卜曼为彼得·贝伦斯画了一幅肖像。当年那位伟大的设计天才在这幅画上看起来像是一个大腹便便、生活安逸的律师。

8月

这是世纪之夏吗?

无论如何,在这个月里,西格蒙德·弗洛伊德晕厥了,恩斯特·路德维希·基尔希纳很快乐。皇帝弗兰茨·约瑟夫去打猎,恩斯特·云格尔穿着冬大衣在热烘烘的温室里一坐就是几个小时。穆齐尔的《没有个性的人》以误传开场。格奥尔格·特拉克尔试图去威尼斯度假。施尼茨勒也是。赖纳·马利亚·里尔克在海利根达姆,有女客来访。毕加索和马蒂斯一起骑马。有人送给弗兰茨·马尔克一只温驯的鹿。没有人工作。

海因里希·屈恩的摄影作品

这些天里，里尔克在海利根达姆的酒店露台上慢慢脱下在他身边啜饮一杯摩卡的海伦妮·冯·诺斯蒂茨的深灰色手套，松松地握住她的手。她注视着他的眼睛，他的温和、深蓝色的眼睛，它们的深邃总是让女人们忽视他脸上的其他部分。里尔克之前在哥廷根和露·安德烈亚斯-莎乐美在一起，那时他收到了海伦妮的一封信，邀请他去她那儿。里尔克同意了，大大出乎这一张被爱慕和嫉妒紧密联系起来的、无法一览而尽的人际关系网的意料。在哥廷根，有一天当露躺下之后，他写信道：他已经被共同的沉默、谈话、争吵、相思、阅读、沉默弄得筋疲力尽了，他现在"急切地需要海风"。但是，里尔克到达海利根达姆后，立即被卷入喧嚣的赛马活动中。跑马场位于海利根达姆和巴德多布兰之间的小山丘上，等候人们来进行大型传统的德比赛马会。海利根达姆的酒店里挤满了城市上流社会的观众和养马场老板，这些老板们一个个脑满肠肥，站起身的时候肚子几乎要撑破上衣。马车来来往往，妇女们头戴宽大的帽子，热心地投入活动，谈论赌注。贝珀今天有很大的赢面，里尔克听到别人说。他心烦意乱地向前台索求信纸。

他急匆匆地给海伦妮·冯·诺斯蒂茨写信说，他打算最晚在半小时后就离开。当海伦妮在房间里收到一个男孩转交的这封信时,她正和丈夫争吵,说明她为什么邀请这位诗人来。她读了里尔克的哀叹,迅速穿好衣服赶过去,发现他穿着白色的夏季西装待在疗养大楼里,给人的第一感觉是"面色灰败,无精打采"。外面乌云密布,堆积成厚重的黑色山峦。从海面上刮过来一阵狂风,女士们抓牢她们的帽子,高大的山毛榉上飞舞出第一批枯叶。

海伦妮·冯·诺斯蒂茨挽着里尔克的手臂,兴致勃勃地把他带出屋去,走过新建村舍旁的小径,她左左右右地打招呼,所有人微微屈身顶着狂风行走,很快海伦妮和里尔克就到达了一片山毛榉树林。他们继续行走,周围越来越安静,风停了。远处的树冠上方,太阳从云层下面露出脸来,灿烂的光芒倾泻在海滩上。这里的山毛榉树强力地突进波罗的海的天空,咸咸的海风把它们的树干打磨得十分光滑,把树冠旋进高空。它们尽管已经好几十岁了,看起来却仍然那么天真无辜。它们到底是怎么做到的呢?里尔克好像随意漫游在巨大的高跷之间。树木把人的目光拽向高空,远离地上的苔藓和树桩。他倚靠在一根树干上,深呼吸。海伦妮·冯·诺斯蒂茨用鼓励的目光看着他,可是他眼里只有蔚蓝的大海,海面在山毛榉树干之间的空隙中闪烁出光芒,不时涌起微小的白沫,其余都是蓝色、蓝色、蓝色。

后来，当他再次冷静下来后，他坐下来给露·安德烈亚斯-莎乐美写信："这里的海滨浴场是德国最古老的一个，海边的树林，以及它的游客几乎仅限于周边的乡村贵族这点让人对它顿生好感。"与里尔克和露之间重新燃起的爱火相比，这封信冷静得让人惊讶，他们俩不久前刚在哥廷根的花园里执手，好似复兴了他们长久以来的盟约。然后两人就分开了——露决定在哥廷根开设一家精神分析诊所。里尔克决定去尝试度假。但是他一如既往地感受到巨大的压力，身体虚弱，好像从不允许露感觉他没有她的陪伴也可以过得快乐。这是他给远方的女金主们和女性崇拜者们的所有数千封信的基础。他还以旅行指南的风格写了几行关于1913年的海利根达姆的情况："大公爵在这里有他的别墅，此外只有一座疗养大楼，其立柱门廊十分漂亮，一家旅馆和十几栋别墅，一切都还维持着19世纪初的好品位，未遭破坏。人们赶着精美的马车从他们的庄园过来，在迎海的路上铺展出美妙涌动的景象。而树林里甚至海滩上却是相当安静，万物合一。"——看到这里，读者们认为，里尔克最后还是悄悄用上了兴奋的或至少是积极的形容词，但这位幸福风险执行官还只是刚刚渡过难关，所以他写道："总而言之，一个有用的小地方。"

可惜的是，他在这里也无法让自己走动起来。里尔克如此热切地爱恋着温柔的不幸,对这位掌管不可言喻之物的大祭司来说,天堂大概也只是一个"有用的地方"罢了。然而他也不能否认,他越来越喜欢待在海利根达姆,原因之一是这里的天气比全国其他地方更好,海风推动层层云彩,里尔克眼前的沙滩上,美丽的衣裙翩翩飘舞,展现出一幅幅写意图画。他坐在沙滩椅上,跷着二郎腿,阅读歌德或韦费尔的诗歌,他目前完全屈服于韦费尔这位年轻的头脑发热者,他喜欢他的诗。

他喜欢的事物越来越多,不过和海伦妮·冯·诺斯蒂茨却几乎没多少关系,她和他所有的女人一样,从远处强烈地吸引着他,一旦接近了就显得要求多多,烦人心神。不过他明白该如何摆脱她,不被她的嫉妒束缚手脚。他解释说:"我被推向陌生女人。"对于诺斯蒂茨先生来说,他妻子和这位古怪诗人的交往就如同眼中钉、肉中刺,听到这话应该是很高兴的。所以里尔克回到自己房间并试图——说真的——和他的"陌生女人"建立起形而上的联系。

他是在杜伊诺与玛丽·冯·图尔恩和塔克西斯的会面中跟诺斯蒂茨女士进一步熟识起来的,当时这位陌生女人委托他去托莱多的桥上把一把钥匙或一只戒指抛进河里。因为他总归想去一趟西班牙,就非常认真地接受了这项任务,还让玛丽公主给他买了头等舱的车票。里尔克不安分的奢侈生活方式是建立在一群有能力的女士们不断给予支持的基础上的——为了取悦她们,他和每个人都保持着深入的书信关系,他每天都给中欧的多家宫廷和酒店寄出若干葡萄紫色的书信。他为自己争取金钱、理解、好感和一位妻子。但是他当然也吓得止步不前——不是害怕金钱,也不是害怕理解或好感,这些他都欣然接受。他只是害怕妻子。他宁愿用书信和她们保持温柔的距离。在这方面他可是德国的大师。现在在海利根达姆也是如此。8月1日他给西多妮·纳德赫尔尼写了一封长信,她兄弟的自杀让她悲痛欲绝。他的钢笔好似一块精美的手帕,拭干她灵魂的泪水,他也给她实际的哀悼工作出主意,建议她演奏贝多芬的钢琴曲,这会有所帮助,而且"今晚就做"。

然后他又回到他形而上的精神关系中。遗憾的是我们并不知道,在海利根达姆的"陌生女人"给里尔克下达了什么样的指示。不管怎么说,在海伦妮·冯·诺斯蒂茨再度启程之后,他仍然留在那儿。不过其原因可能更多的是感官性的,而非形而上的,因为他邂逅了露·安德烈亚斯-莎乐美的一个养女埃伦·德尔普,她是马克斯·赖因哈特麾下的一名年轻的女演员,当时正在附近的屈赫隆斯博尔恩休假。海伦妮前脚刚坐火车去巴德多布兰,里尔克后脚就在8月14日下午给埃伦写信说:"亲爱的露的女儿,我来了,来执起您的手。"之后他也确实这么做了,在远离熟人和传统的海利根达姆这里,里尔克似乎可以和埃伦·德尔普成就一段半路情缘。他俩第一次在高大的山毛榉树下散步之后,他作诗道:

在无辜的林木背后

在无辜的林木背后
古老的厄运慢慢形成
她沉默的脸庞。
皱纹爬上去……
这里鸟儿的突然尖叫,
在那里是痛苦的抽搐
挂在预言者僵硬的嘴边。

哦,一见倾心的恋人
含笑对视,不曾别离,
在他们的上空起起落落
星宿一般的,是他们的命运
在夜色朦胧中激情洋溢。
依然不足以让他们去体验,
依然安居着
以天国的步态飘摇着的

一个轻盈的身影。

"一见倾心的恋人"！这排在里尔克最享受的状态的第二位。他第一珍视的状态是"曾经爱过"。因为这样他就不用再劳心费力，只要继续写信就可以了。介于这两者之间，在人们通常称为现在的那个时刻，即相爱和不确定的状态，不是他喜欢的。但是在海利根达姆这里，在无辜的树木下面，他似乎也感觉比平时更自由。

他经常给他"清晨的埃伦"诵读诗歌，大多是弗兰茨·韦费尔的；他们去海滩，里尔克让波罗的海的细沙从他修长的手指间滑落。然后他们似乎确实去了他的房间。第二天埃伦把玫瑰花送进诗人的房间。他用墨水在葡萄紫色的信纸上写下他的感谢："玫瑰是美丽的，华贵的，以如其所是的样子赞许一个人自己的心灵，不可估量。赖纳。"

❉

为了提高军队的战斗力，开始在奥匈帝国全境搜寻逃避兵役者。警方于 8 月 22 日发布了一条寻人启事："希特勒（！），阿道夫[1]，最近一次居住登记在维也纳

---

[1] 人名的正式写法是"姓、名"，此处原文的姓拼写错误，写成了 Hietler，故本书作者在姓后加上感叹号以示提醒。

梅尔德曼街的流浪汉之家,目前居留地未知,调查正在继续。"

❋

这是1913年8月的美丽一天。或者说:"在大西洋彼岸出现了最低气压;它向东方移动,冲着堆积在俄罗斯上空的最高气压而去,尚未显露出从北边给它让路的趋势。等温线和等夏温线是造成此种现象的原因。气温和年平均气温、当月最高和最低气温以及每月非周期性温度变化的比值合理。日月的起落,月亮、金星、土星环的光线变化以及其他许多重要现象符合天文学年鉴中的预测。空气中的水蒸气达到其最高的膨胀力,空气湿度低。总之,用一句虽然有点过时,但很好地说明了事实情况的话来说:这是1913年8月的美丽一天。"罗伯特·穆齐尔的《没有个性的人》以这句话开头。除了普鲁斯特的"调研"和詹姆斯·乔伊斯的《尤利西斯》之外,它被列为现代主义的第三部经典之作,1913年的爆发力蕴含其中。

但是在1913年8月的这些日子里,维也纳的天气到底怎样呢? 8月15日的《新自由报》上就此发表了一篇详细的文章,其优美的标题是《持续性恶劣天气》。中央气象研究所的助理研究员O.冯·米尔巴赫男爵在文章中报道了难以令人欣慰的信息:"正如人们所担心的,今年夏天的天气大体上忠实地保持了它从一开始就具备的特征。它的严酷性自然已有所缓和。但这并没有更多的意义,因为今年夏天的开端糟糕透顶,以至于后期的天气虽有所好转,仍必须认为是恶劣的。"这就是说,1913年8月的美丽一天并不存在。没有这样的日子,维也纳的平均气温为16℃。这是整个20世纪最寒冷的一个夏天。好吧,1913年的人们还无法得知这一点。

❈

弗兰茨·马尔克和他的妻子去拜访住在东普鲁士哥德林庄园的亲戚。在画了几十幅有关马的彩画和素描之后,现在马尔克自己也坐上了马鞍。有一张漂亮的照片出自这年8月,记录的是马尔克和他的亲戚威廉骑马散步的情景。这匹白马端立着,因为他这个马语者坐在它身上;而他出于对这种优雅动物的绝对尊重,几乎不敢用大腿碰触它。在启程离开的那天,威廉赠给弗兰茨·马尔克一只温驯的鹿。这只鹿经受住了长途跋涉,被用火车一直送到辛德尔斯多夫,从此生活在花园里,它被取名为汉尼(不要和辛德尔斯多夫的那只同名的猫搞混)。为了让它在马尔克工作室门前的草地上漫步时不至于太寂寞,它很快有了一个女伴,一只名叫露特的鹿。马尔克被它们棕色的、害羞的美丽深深吸引,一再把这两只动物画作天堂的象征。

❋

8月16日,底特律的福特汽车厂的流水线首次投入使用。在1913年的经营年度,福特公司生产了264 972辆汽车。

❋

当阿尔玛·马勒待在弗朗兹巴德,任由婚期过去的时候,柯克西卡才继续画他的《风的新娘》,他在绝望中采用了黑色,好把他的整个工作室变成一具棺材。然后阿尔玛回来了,他们再次迷恋上对方。8月31日,他们在科尔蒂纳丹佩佐附近多洛米蒂山脉里的"三个十字架"酒店中庆祝阿尔玛的生日。第二天一大早,他们走进茂密的森林,在一片林间空地上发现一群正在玩耍的幼马。柯克西卡尽管极其害怕孤独,还是打发走了阿尔玛,拿出他的画笔,如痴如醉地画起来。马儿向他走来,从他的手上吃草,用它们美丽的脑袋蹭他的手臂。

❋

戈洛·曼在做什么呢?他的母亲卡蒂娅在笔记本

上记录了他的一段"在德国的青年时代"："1913年夏天，戈洛现在比艾希更能胡侃。他经常好几天说不出一个理智的词，而全都是些浮夸的瞎话。他谈论他的各类朋友，谈霍夫曼斯塔尔和韦德金德，谈巴尔干战争，道听途说和深思熟虑的东西混在一块儿，让人不得不严正告诫他……今夏众多的军事音乐会导致的结果是，指挥成了孩子们最喜欢的一种游戏。戈洛在玩这个时说不出来的滑稽，他一脸丑陋的陶醉表情，用从下往上的轻柔手势指挥钢琴，因为他还从未见过一位真正的乐队指挥，这让我难以理解。"戈洛，托马斯·曼的这个儿子当时才四岁。他到底从哪儿学会这一套的？

❋

有其父必有其子。1913年，血统主义在德国成为新的公民法的基础。

❋

恩斯特·云格尔在雷布尔格的施泰因胡德湖附近泉街的家乡别墅里无聊地过暑假，屋旁的老橡树树叶在高处沙沙作响，视野开阔。可云格尔却觉得自己被囚禁在这座带有小塔楼和悬窗的房子里了。德国经济繁荣时期的深色木质镶板决定了整座房屋的基调，彩色玻璃窗几乎挡住了所有阳光。门框上端坐着华丽的雕刻品。猎房里永远光线朦胧,窗户上被一只嘶叫的鹿和一只潜伏的狐狸的画面塞得满满当当,父亲和他的朋友坐在这里,抽粗雪茄,希望能把世界拒之门外。恩斯特·云格尔在这间房里感到窒息,他躺在自己阁楼的床上,再次翻开非洲探险故事书。下雨了。可是当太阳刚一再次露面,就倾尽它的夏日力量迅速加热室外的空气。云格尔打开窗户,他的父母去远足了。花园里,大颗大颗的水珠从大片杜鹃灌木丛的硬叶上缓缓滚落到地面。他能听到这个声音。扑、扑、扑。除此之外,这个8月的中午就剩下死一般的寂静。十八岁的云格尔走下宽阔的深棕色楼梯,进入更衣室,在相当靠里的地方寻找他内衬细毛的最厚实的冬大衣。他还从帽架上取下他的皮帽,然后偷偷溜出家门。外面天气闷热,31℃。云格尔穿过杜鹃花丛之间的狭窄小路,这条路通向他父亲种植热带植物和蔬菜的温室。云格尔打开种黄瓜的那一间,沉闷的、令人窒息的热浪扑面而来。他赶紧关上门,戴上皮帽,穿上冬衣,在花盆旁边的木凳子上坐了下来。黄瓜的藤蔓有如泛着柔光的绿色舌头狂野地游走在空气中。现在是下午2点。温室内部的温度计上显示的是42℃。云格尔面露微笑。即使在非洲,他想,也不会更热了。

❈

8月3日，一位艺术家在柏林修女林的一座沙堆里窒息。他的艺术就是被活埋长达五分钟。

然而今天，艺术家团体的领头人已经忘记他了，因为他专心谈话，导致十分钟后才重新开始挖掘。

❈

8月11日，西格蒙德·弗洛伊德和妻子、小姨子以及女儿安娜从马林巴德出发，继续前往圣马蒂诺迪卡斯特罗扎旅行。在多洛米蒂山脉里的这座小山村里，有一家传说中由来自里瓦的冯·哈通恩医生开设的疗养院的分院。弗洛伊德想要在这家疗养院的楼上再花四个星期的时间养精蓄锐，之后就不得不去参加那场9月初在慕尼黑举办的该死的精神分析大会。弗洛伊德约他的朋友桑多尔·费伦齐来他下榻的旅馆会面，后者欣然答应，他们一起为慕尼黑大会出谋划策。下午的时间固定留给安娜，他们手挽手在阴凉的树林里穿行。在一张摄于这段日子的照片上，身穿民族服装的安娜直视相机，精神抖擞，自信满满，旁边是她的父亲，虽然骄傲，但绷着脸，没错，一脸焦虑的表情。他在这家山间疗养院里治疗他的偏头痛和长期慢性感冒。克里斯特尔·冯·哈通恩告诫他严格戒除烟酒,多呼吸新鲜空气。可是弗洛伊德打不起精神来。慕尼黑大会的日子一天天逼近,他越来越心神不宁。然后,启程的前一天,午夜时分,弗洛伊德医生召唤冯·哈通恩医生过来,他刚刚昏厥了,在一张名片上写他急切地需要医疗帮助。

❋

8月初,毕加索从父亲和爱犬弗利卡去世的打击中恢复过来,去塞雷旅行。可是他在此期间已声名鹊起,以至于8月9日的当地报纸《独立报》报道:"小城塞雷欢呼雀跃。立体主义大师来了,来赏给自己一点当之无愧的安逸。目前,画家埃尔班、布拉克、基斯灵、阿舍尔、皮绍、格里斯和雕塑家戴维森已到达塞雷,聚集在他周围。"这喧闹让毕加索不堪其扰。胡安·格里斯尤令他不安,因为他在此期间掌握的立体主义技巧几乎已经跟他不相上下,格里斯也能出手不凡地将断片、墙纸和报纸碎片组合成一个崭新的世界。后来他的老朋友拉蒙·皮绍也来到塞雷,劝说毕加索给他上一个情人费尔南德一点钱,帮她渡过生存危机。毕加索讨厌为这种事烦恼。杂事纷乱。毕加索和之前把他从费尔南德手中抢走的埃娃惊惶地离开塞雷。他们回到活力十足的巴黎,"为了寻求安宁",毕加索如实地给他在罗马的艺术经销商坎魏勒去信说。埃娃和毕加索搬进他们位于蒙帕纳斯的舍尔歇街5号带有工作室的新公寓。

从那里乘坐新的铁路线只要十分钟就能到达马蒂斯当下居住的伊西莱穆利诺。刚从塞雷回来,埃娃和毕加索就外出了,他们找马蒂斯一起骑马度过夏天。不过这其实是一桩不同寻常的事件,甚至立刻被两度汇报到现代主义的代表格特鲁德·施泰因那儿。首先是8月29日来自毕加索的报告:"我们和马蒂斯骑马穿过克拉玛的森林。"然后同一天马蒂斯也说:"毕加索是一个骑士。我们一起骑马散步,惊到了所有人。"两位主人公的和解很快成为蒙帕纳斯和蒙马特最重要的话题,即也成了全世界的话题。

"我们对对方的技巧问题抱有强烈的兴趣。毫无疑问,我们彼此受益,这就好像是艺术上的兄弟情。"对于这位先前最大的对手,马蒂斯如此写道。他还对马克斯·雅各布说:"如果我不做我正在做的事情,我很乐意像毕加索一样画画。"雅各布回答:"真是疯了,毕加索刚刚也跟我说了有关你的同样的话。"

格奥尔格·特拉克尔怒火冲天。他想见他的妹妹格蕾特,可是他找不到她。他在维也纳军部担任的会计职务显然是一个笑话。他不再去上班,中午之前就喝掉了第一批的五杯四分之一升的红酒,服用药物。他的朋友阿道夫·洛斯和他的英国妻子贝茜给他开了立竿见影的方子:度假,从自我中解脱出来的度假。旅行的目的地是威尼斯。他在8月14日写信给朋友布施贝克:"星期六我要和洛斯去威尼斯,这让我有种莫名的恐惧。"第二天的第二封信里却流露出罕见的兴奋,激动地展望他人生的第一次度假:"亲爱的!世界是圆的。星期六我要顺流而下去威尼斯。渐行渐远——奔向星星。"当然,冒险的计划失败了,最终演变成一场败兴的旅行。向星星伸出手的人只抓到了水母。即使受人尊崇的卡尔·克劳斯和他一同踏上利多岛,即使阿道夫·洛斯、路德维希·冯·菲克尔连同他们的妻子们都在照顾他,特拉克尔的心情也没有开朗起来,反而因为彼得·阿尔滕贝格变得更加黯淡,后者也参加了这次奥地利知识分子的踏青活动。现在是8月中旬,格奥尔格·特拉克尔漫无目的地走遍威尼斯的利多岛。艳阳高照,海水温暖,这位诗人却是全世界最不幸的人。在一张1913年8月的照片上可以看到他在沙子上不安地摸索行走,头发蓬乱脆弱,皮肤和一只生活在地下深洞里的蝾螈一样苍白。左手拢成花蕾形状,嘴唇噘起。他背对大海,穿着他的泳衣露出明显的悲伤,怅然若失,思乡情切,似乎还在嘟囔着诗句。夜里在酒店里,他把诗写下来:"黑色的蝇群／遮蔽了石室／金色的日子／的痛苦塞满了／无家可归之人的头颅。"

❋

威尼斯,这座正在没落的城市,在1913年的夏天对那些特别偏爱病态的维也纳知识分子产生了不可抗拒的吸引力。因此除了特拉克尔、彼得·阿尔滕贝格、阿道夫·洛斯及其妻子以及菲克尔夫妇之外,阿图尔·施尼茨勒和他的妻子奥尔加也于8月23日到达威尼斯。他们从布里俄尼岛过来,下榻在大酒店。他们在海滩上遇见了另一位老朋友:大胡子巨人赫尔曼·巴尔和他的妻子。第二天,在与奥尔加坐船观光之后,施尼茨勒就约了他的出版商萨穆埃尔·菲舍尔商谈有关下一批出版物的问题。菲舍尔一家在威尼斯和最好的朋友们一道庆祝他们的儿子格哈特的十九岁生日。理查德·贝尔-霍夫曼、演员亚历山大·莫伊西到场了,赫尔曼·巴尔和阿尔滕贝格也来了。特拉克尔就别想了。可惜所有人都状态不佳,寿星格哈特正在发烧,形容憔悴,连萨穆埃尔·菲舍尔也得了中耳炎。尽管如此,人们还是完成了庆典,为格哈特年轻而前途无量的人生干杯。8月底,施尼茨勒一家踏上归程,心情愉快，不急不忙，他们途经圣莫里茨和锡尔斯玛利亚，8月28日，两人在锡尔斯玛利亚的"森林小屋"酒店里庆祝歌德的生日，顺带庆祝了一下他们的结婚十周年纪念日。

❋

我们可不能忘了卡夫卡和他的新娘！菲丽丝·鲍尔如何回应有史以来最怪异的求婚？她心神恍惚。即便是已慢慢打磨出坚强耐受力的她大概也没有预料到，卡夫卡也有能力超越他那伪装成求婚书的灾难般的自我谴责。可是卡夫卡随后写了"给父亲的一封信"。它并没有变得像他写给自己父亲的那封信那么出名，但它其实也应有此名声。它也是不可思议的一封信。8月28日，歌德生日那天，卡夫卡问菲丽丝的父亲，他是否愿意把女儿托付给他。或者说，他恳切地警告他不要把女儿托付给他："我沉默、孤僻、易怒、自私、忧郁，确确实实地体弱多病。我生活在自己的家庭里，生活在最好、最有爱心的一群人中，却比一个陌生人还陌生。近年来我和母亲每天的交谈平均不超过二十个词，和父亲除了问候就再也说不出点别的，和我已婚的妹妹和妹夫们我完全无话可说，尽管我并不讨厌他们。对于家庭，我毫无团聚意识。您的女儿能够和这样的一个人生活在一起吗？她作为一个健康的女孩的天性本来注定她能得到实际的婚姻幸福。她将要忍受和这个男人一起过一种修道院式的生活吗？虽然他爱她，从未能如此爱过别人，但是出于不可改变的信念，他大部分时间都埋身在自己的房间，或者干脆独自漫游。"

❋

婚姻即厄运。适合这个主题的还有《凉亭》第 21 期上的报道："在我们祖国的某些地区还流行着一种美好的、在别的地方早已被遗忘的风俗。在那里，当新娘赶赴婚礼之前，最后一次作为姑娘跨过父母家的门槛时，母亲会交给她一块新亚麻布做的手帕。在整个庆典仪式期间，新娘都会手持这块手帕，拭干出嫁的眼泪。新婚之夜，小手帕将被年轻的妻子收藏在亚麻橱柜里，它安静地躺在那儿——不用也不洗——直到有一天，它遮盖住女主人死后僵硬的面容，随她进入坟墓。这块小手帕叫作泪巾。"

这就是《凉亭》上的句子。读起来像弗兰茨·卡夫卡的一则短篇故事。

❋

马塞尔·杜尚和他十八岁的妹妹伊冯娜一起去英

国,她在肯特郡北海岸赫恩贝的一家语言学校学英语。杜尚只是在度假,他写道:"天气晴朗。尽情打了网球。有几个法国人在,所以我完全不需要学英语。"他对艺术还是没兴趣。

※

和往年一样,马克斯·李卜曼今年也在8月初去荷兰北海岸旅行,这一次他下榻在诺德韦克镇的上流社会的海边酒店胡伊斯特尔杜因。但是他不知道他为什么要休养。他只有绘画的兴趣。在海滨浴场的沙丘间,他又开始画水里的猎手和骑士,以及打羽毛球的女士们。在这些1913年夏天的画作中,天空永远是灰蒙蒙的,但是李卜曼是最不受其干扰的,它和衣裙的雪白、沙子的米黄形成了美妙的对比。8月18日,他给汉堡的朋友兼资助者阿尔弗雷德·利希特瓦克写信:"一个星期前我又来到这里,我认识这儿的每一个人、每一座房屋,甚至每一棵树,是的,我几乎画下了这里的一切。这好比做一场矿泉疗养,身边是国内同胞,我在这里孤独地生活几个星期。"每一天,他都带上颜料和画架出门,今天他想和朋友保罗·卡西勒,即交易商兼曾经的柏林分离派主席,一道去一位烟草巨头位于诺德韦克的夏屋里拜访他,或者说,拜访他的狗舍。一位受雇的猎人打开茅屋门,八只身形尚小、毛发蓬乱的史宾格犬立刻出现在眼前,它们或灰或白,狂野地吠成一片,直叫到下垂的耳朵激动地来回乱晃。李卜曼从主人那儿得知,用史宾格犬来狩猎兔子很棒。他们一同出发去沙丘。李卜曼带上了画架,想画一下猎人带着狗追捕的场景,突然第一声枪响划破晴空。每一次枪响都让李卜曼惊吓不已,他对他的模特们必须发出如此多的噪声十分恼火。现在他想飞快地画好狗群,西沉的玫瑰色的太阳把它们的剪影映射在沙丘的侧面。接着李卜曼勾勒出猎人如何把枪扛到肩头,狗如何被纠集到一起,可是此时太阳已经沉到海里去了,李卜曼不得不中断绘画。他们约定第二天上午继续——猎人承诺那时候不再开枪,而仅仅是做模特。《沙丘间的猎人和狗》就是这样诞生的。

❋

8月28日,皇帝弗兰茨·约瑟夫在巴德伊舍附近的施泰因科格尔最后一次参加围猎,射杀了一只山羊。

❋

胡戈·冯·霍夫曼斯塔尔在1913年8月24日致利奥波德·冯·安德里安的一封信里失控:"这一年,奥地利教会我看见,它在过去的三十年里如何没有教会我看见。我完全丧失了对最高阶层,即对高级贵族的信任,我曾经相信,恰恰是在奥地利,他们是能给予什么的,并且是有意义的。维也纳已陷于前所未有的恶劣的暴民统治,沦入邪恶、愚蠢、卑鄙的市侩之手。"

一位新人登上1913年的舞台:海因里希·屈恩,一位来自德累斯顿的受过教育的公民,出生在名叫"九缪斯"的房子里。多亏父亲的资助,他可以在因斯布鲁克靠私产过活,并完全投身摄影。屈恩是一个行事谨慎的怪人,经常穿着蒂罗尔州的民族服装或英式西装,当他拍摄的时候,还在外面披一件下摆宽大、皱巴巴的大衣——在他的藏书票上也可以看到这件大衣,人们难以看出到底谁的皱纹更多,是大衣还是折叠相机。他身上环绕着一股陈旧、天真的气息,但是他的摄影却成功地收获了最富现代性的成果。他摄于1913年的照片充满清新、纯真、优雅和力量地展现在我们眼前。这一张是底面图的极端组合,那一张是讲究技巧之作,因为他和伟大的美国摄影师阿尔弗雷德·斯蒂格利茨一起做实验完善奥托克罗姆微粒彩屏干板摄影技术,在这些年里,他已能依靠此技术给蒂罗尔州的高山牧地和草原拍出一张又一张出色的彩色照片。他的妻子满腹疑虑地见证了他罕见的激情,在她去世后,他只剩下五个固定的模特:他的四个孩子和他们的保姆玛丽·瓦尔纳,她也成为他的生活伴侣。他们在因斯布鲁克的别墅变成了"五缪斯之家"。

1913年,家里的钱慢慢耗尽了,从德累斯顿带来的封禄花光了,亲戚赌掉了家财,海因里希·屈恩迫切地寻找一份能谋生的工作。他试图在因斯布鲁克设立国立大学的艺术摄影教席——看起来万事俱备。可是在历经两年的讨价还价之后,8月份屈恩得知,主管部门没有钱了,它拒绝签字,所有的钱都充作军费用在巴尔干战争上了,您已经知道了这个。

可是屈恩并没有因此灰心丧气,他一再拍摄他的家乡戏剧团——孩子瓦尔特、埃德尔特鲁德、汉斯和洛特。还有玛丽。玛丽和他的大女儿正飞快地越过一座山脊,上空挤压着8月里厚重的云彩。白色是可能作为衣裳的一种色彩,蓝色、红色和绿色是另一种可能——父亲给孩子们购置了额外的"摄影服装",使他们适合奥托克罗姆彩色板的三个层次的纯粹色调。

照片上,有总是看起来郁郁寡欢的瓦尔特,鼻子上架着早熟的黑线框眼镜,他很早就开始画画;然后是内向的埃德尔特鲁德,似乎泛泛地为世界感到痛苦,尤其为她的名字所苦;最后是洛特,最乐天、最容光焕发的一个,以及汉斯,最年幼、有耐心的男孩。海因里希·屈恩是慈爱的父亲,但也是激进的艺术家。要是在照片上有一个孩子实在嫌多,要是某个孩子破坏了画面结构,就会被他无情地修改掉,哪怕他已耗费了数个小时让所有的孩子摆好姿态。屈恩想在他的照片上表现的东西,若说是天堂完全不为过。玩耍的孩子们,休憩的孩子们,衣裙飘扬的女人们,无辜的大自然。"原罪,"他在一封信中写道,"有两种形式:社会民主以及立体主义。"

※

弗兰茨·约瑟夫皇帝任命皇位继承人弗兰茨·斐迪南大公为"全武装力量总监察长",以此扩大了他的权力。这位皇位继承人拒绝了总参谋长弗兰茨·康拉德·冯·赫岑多夫伯爵,也是他最大的敌人提出的对塞尔维亚和黑山进行预防性战争的要求。

※

8月,海牙的和平宫举行落成典礼,它是用来自世界各地的捐款建成的,其中有约125万美元来自美国的千万富翁安德鲁·卡内基。人们开始筹备新一届海牙和平会议,它将在1915年澄清国际上所有悬而未决的问题。

"桥社"瓦解后,恩斯特·路德维希·基尔希纳离开柏林前往波罗的海的费马恩岛旅行。他是如此迫切地想要把城市远抛在身后,逃离它的噪声和各色主题,他一直走一直走,来到位于小岛最东南端的灯塔看守人吕特曼的孤独小屋——在那里他又爬进高处的"山墙室",去年他也来过这里。灯塔、孤独的海滩、灯塔看守人的八个孩子,这些成为他的夏日主题。在他的画上可以看到恶劣的天气,黑云不断在地平线上滚动。下面的沙滩上,树枝垂入水中,几乎让人感觉到了南洋。上方的金链花树开花了,基尔希纳一连数日都在描绘它金色的辉煌。这一次,基尔希纳不仅仅带着艾尔娜,她在这里被唤作"基尔希纳夫人",尽管她几乎一直光着身子四处走;奥托·穆勒及其妻子玛施卡也一同来了。他们互相画对方游泳的样子,他们享受着自由和慢慢壮大的名声。吕特曼的孩子们和灯塔看守人自己都已充满温情和信任地把基尔希纳一家接纳入自己的家庭圈子。或许在费马恩度过的这个夏天是基尔希纳经历过的最快乐的日子。"哦,施塔贝尔胡克[①],你那么美,角

---

① 费马恩岛上最东南端的这座灯塔的名字。

落里的幸福安宁而美丽!"他如此迎风呼喊,一遍又一遍。基尔希纳的风格也上升到新的高度,女人们不再宽宽地铺平身体,而是向着天空进取,线条更加紧张,描画出纤瘦、过长的身形,沙滩上裸体的艾尔娜和玛施卡占据了他绝大部分的彩画和素描,他是那么地依赖身体形态,他开玩笑地抱怨说,完全依赖于它。如果他哪一次对某幅画不满意,他就愤怒地把它扔进大海——但是过后就潜水寻找,把它再从洪流里捞出来,再次挂到画架上重画,画得更好。不断有不可思议的厚木板被冲上海滩,因为一年之前,和泰坦尼克号同一时间,费马恩岛前也有一艘船翻了,它就是纵帆船玛丽号。它的木材成为艺术史的一部分,因为基尔希纳一再游到沙洲沉船的地方,取回适合雕刻的特别漂亮的木块。8月12日,他写信给他在汉堡的收藏家和赞助人古斯塔夫·席夫勒:"我寄给您的那个头像是一个木雕(橡木),我在这边做了几个类似这样的形象。"接着,9月份他在给学生汉斯·格韦克的信中说:"可惜我们很快就得回去了。您不会相信,这让我们有多为难。我不知道大海是不是在夏天或秋天是美的。我画了尽可能多的画,为的是在那成百上千样我想画的东西中至少能够带走一些。搁浅船舶的橡木是越来越诱人的雕刻材料。我必须带走几块未经磨砺的木料,因为时间紧迫,白天也越来越短。"尽管这艘沉船让基尔希纳深深着迷,尽管他不断拆取它的部件来建构自己的作品——但它没有在他于费马恩创作的任何一幅素描、版画或油画中出现,虽然仅1913年一年就有数以百计的作品在此地诞生。这艘滞留在波罗的海的船只——他亲眼看见了这个浪漫主义的经典主题,卡斯帕·大卫·弗里德里希的终极场景。但是恩斯特·路德维希·基尔希纳简直是狂妄地拒绝了把它收进自己的作品集。再没有什么事情比这更能清晰地说明,1913年,德国浪漫主义已经彻底结束了。

❋

《蒙娜丽莎》仍然无影无踪。人们在卢浮宫那个空空的钩子上挂上了一幅柯洛的作品。

❋

菲丽丝·鲍尔被卡夫卡的信件吓到了,8月,她前往叙尔特岛。她和布拉格之间书信不断,谈论卡夫卡现在来还是不来,谈论这温差大的气候对他好还是不好。最后他当然没有来。啊,卡夫卡要是来了坎彭,会诞生多么美好的日记。可这是不可能的。

9
月

　一场威尼斯之死震撼了柏林。弗吉尼亚·伍尔夫和卡尔·施米特想自杀。
　9月9日星运不顺。慕尼黑的决斗：弗洛伊德和C.G.荣格唇枪舌战。里尔克必须去看牙医，他要做银汞合金充填术。卡尔·克劳斯仓促地爱上西多妮。卡夫卡去威尼斯旅行，没有死，而是迷失在里瓦。"首届德国秋季沙龙"开幕，鲁道夫·斯坦纳在多尔纳赫完成奠基礼。路易斯·阿姆斯特朗在公众场合首次亮相。查理·卓别林签下他的第一份电影合同。余下的是沉默。

《群狼(巴尔干战争)》,弗兰茨·马尔克

格哈特，出版商萨穆埃尔·菲舍尔的儿子，刚刚在威尼斯庆祝完他的生日，当时他已疲惫不堪，发着烧，面色苍白，9月9日他"死于威尼斯"，和其父1913年创造出伟大的出版业绩的书名不谋而合。他曾被救护车急匆匆地送到柏林，可是在那里他在痛苦面前屈服了，人们可以称之为"意大利病"，因为他的病史和托马斯·曼笔下的主人公古斯塔夫·冯·阿申巴赫的如此相似，后者在威尼斯感染了霍乱。最合适不过的是，胡戈·冯·霍夫曼斯塔尔在威尼斯得知了出版商儿子的死讯，在9月17日给萨穆埃尔·菲舍尔及其妻子发去慰问："在那里，正是在那痛苦最沉重的地方，正是在痛苦的巅峰，在我看来似乎也有安慰人心的存在——恰恰是在那里，而非旁边某处。"

格哈特的死对菲舍尔出版社和整个柏林文化界是一个打击——格哈特是一个备受宠爱的温和的人，在跟父母争取了很长时间后，现在终于作为一个音乐学生走上了自己的美好道路。人们在魏森湖的犹太人墓地为他举办了隆重的葬礼，阳光反衬出众人脸上沉重的悲伤。萨穆埃尔·菲舍尔痛苦到麻木，这打击让他的一只耳朵失聪。格哈特·豪普特曼，少年的名字就是根据他的而起的，现年已五十一岁，正享有鼎峰期的声望，也匆匆赶来参加葬礼，过后他在日记中简要地记录道："三点,格哈特·菲舍尔下葬;五点,《威廉·退尔》大彩排:这就是柏林。这就是生活。"

※

赖纳·马利亚·里尔克因为严重的牙疼不得不在玛堡街4号的柏林威斯滕养老院接受治疗。他在那里写信给他的密友兼妻子克拉拉的赞助人埃娃·卡西勒,说他刚刚读完托马斯·曼的《死于威尼斯》:"第一部分的很多地方让我惊喜不已,我觉得它精妙得不可思议;第二部分却更多地给我相反的印象。以至于我最终对在我内心某处积聚起来的整体不知道如何下手。"然后里尔克就必须再去看牙医了,照顾他的是德美混血的银汞合金充填术专家查尔斯·博德克博士,他试图用这项手术来修复里尔克大面积的牙齿损伤。

※

慕尼黑的赫尔墨斯画廊给位于波罗的海附近小宁多夫的洛维斯·科林特的居所寄送了一幅画。这是他7月在蒂罗尔州画的,当时他的儿子身体好转,正在让人帮忙洗澡。画的题目叫《洗衣盆里的裸体孩子》——科林特在回程中立刻把它交给了慕尼黑林荫广场的艺术经销商奥斯卡·赫尔墨斯。可是后者对女佣的鼻子不甚满意,因此他在9月2日把画寄到波罗的海接受整容手术。科林特看着画,看着那鼻子,请女佣进来,观察她的鼻子——然后修改画上的鼻子。接下来画又被寄回慕尼黑。这就是作为同时代的画廊老板享有的优势,不满之处可以得到及时的处理。

❋

9月,奥格斯堡皇家文实中学出版了第一期校报《收获》,油印40份,价格为15芬尼。大部分的供稿来自6A班的一名叫贝托尔特·布莱希特的学生。剩下的出自贝特霍尔德·欧根。欧根是布莱希特的第三个名字,排在弗里德里希和贝特霍尔德之后,是贝托尔特·布莱希特的笔名。他也用这个名字给《奥格斯堡最新消息》写诗。那些诗被压在文化版主编桌上的一大堆东西下面。布莱希特十五岁了,玛丽·罗丝·阿曼十二岁,可惜他俩还没有相遇,他还没有像在他后来的诗《回忆玛丽·A》中那样把她如一个甜美的梦一般拥在臂弯。

1913年9月那一天的蓝色月光下,布莱希特如一个甜美的梦一般拥在臂弯的只有它:他带进主任办公室的新校报的第一版。

❈

　　大概在9月10日,舞者兼编舞瓦斯拉夫·尼金斯基在南美之旅的明媚天空下迎娶女舞者罗莫拉·德·普尔斯基。和他已维持一段长久关系的俄罗斯芭蕾舞团总监佳吉列夫刚跟他一同庆祝了《春之祭》的胜利,闻讯后大受打击,立即解雇了二人。

❈

　　1913年9月,贝特霍尔德·拜茨、罗伯特·连布克和汉斯·菲尔宾格出生。

❈

　　马塞尔·杜尚对艺术仍然兴趣寥寥,他在一张纸条上写下关于"还有什么是可能的"这个问题的思考,即:

　　　　可能。
　　　　可能的成形。
　　　　(不是不可能的对立面。
　　　　而是仍然与可信性有关的
　　　　仍然从属于似真的)。
　　　　可能的事物仅仅是

一种物理"侵蚀"［硫酸盐的类型］，

它灼伤每一种美学或卡力斯惕克。

❈

9月20日，鲁道夫·斯坦纳在巴塞尔附近多尔纳赫的歌德堂完成了人智学新中心的奠基礼。他写了一张纸条，随基石一道下沉："由 J. B. V.（约翰福音建造商会）于各各他山的神秘仪式之后1880年，即公元1913年9月20日，为人智学工作而置。"然后是对这一天的星座的描述："因为水星作为黄昏之星落入天秤座。"水星正对应字母 I 的发音，而天秤座对应 CH，这样水星落入天秤座的位置就指向 ICH（我）这个单词。鲁道夫·斯坦纳显然一直在等待这一天，等待这可笑的神符出现在天空中。此外他选择这一天也可能因为水星在当天是黄昏之星。水星以 03°26′45″ 的角距合日。（不过一切都没有用，十年后歌德堂被烧毁了。）

❈

9月8日，三十九岁的卡尔·克劳斯，《火炬》杂志的出版人兼维也纳的毒舌作家，在帝国咖啡馆结识了二十七岁的女男爵西多妮·纳德赫尔尼·冯·博鲁廷，她也是里尔克的密友，两人立刻谈论起他。他俩越谈越投机,互相被对方吸引。他们不能自已,直到深夜,驱一辆马车穿过普拉特大道,天空中星光闪耀,卡尔对她说:"人可能到达目光所向之处吗?"然后他们被带到某一家旅店的酒吧间,她向他诉说她兄弟的离世,他如今追随他们的父母而去了;她倾诉她的忧郁,她生活在其中的灵魂的沙漠。而卡尔·克劳斯被西多妮的美貌征服,被她的悲伤感动,他抓住她的手。他想带她走出这片沙漠。"他认出了我的本质。"他们在夜晚的普拉特大道交谈过后,她如此想道。她甚至让克劳斯抚摩她的兰伯格犬波比,除他之外没有人被允许这么做。

❉

在怪物会社[①]日的那天,刚满十三岁的路易斯·阿姆斯特朗首次作为爵士乐手公开亮相。他是感化院乐队的一员,他们在大鼓上标记自己的名字:"市立男孩之家,彩色部铜管乐队"。在这年的乐队照片上,阿姆斯特朗骄傲地站在大鼓旁边,身边是他的第一位老师彼得·戴维斯,是他在1月份的时候把乐器塞到他手中的。阿姆斯特朗穿着一身旧警察制服。新奥尔良有个传统,警察们把自己要丢弃的夹克和裤子留给贫穷的

[①] Odd Fellows,共济会旗下的一个分会。

青年，让他们用作乐团服装。他们奏着乐穿过城市，阿姆斯特朗热情地吹着小号，他跟着旋律走，吹出标准音高。然后在晚上，当乐队疲惫却快乐地回到感化院，其他人把乐器都交回音乐室时，路易斯·阿姆斯特朗再次拿起小号，用征求的目光看向他的老师。"那，好吧，"彼得·戴维斯嘟囔道，"破例一次。"他们的多人寝室里很温暖，其他人还在外头炎热的夏夜里抽烟，臆想那位女体育老师，从远方的城市传来怪物会社日庆典的声音。阿姆斯特朗脱掉旧警察制服。他独自坐在床上，一只苍蝇飞过房间，他试图模仿它飞行的声音，他追踪它，哼哼发声，停下，再哼哼。苍蝇找到了从窗户飞出去的路，他还在继续。再也停不下来。路易斯·阿姆斯特朗成为历史上最伟大的爵士小号手。

❆

一个特殊的家庭照顾案例：9月4日，恩斯特·奥古斯特·瓦格纳在德格罗赫杀死他的妻子和四个孩子，因为他不想让他们承担他计划的持凶滥杀的后果。接着他骑自行车去斯图加特，在那里坐上去米尔豪森的火车。当夜幕降临，他点燃了四座房子，静候人们从浓烟和火焰中逃出来。然后他用来福枪射杀那些逃命者，十二人丧生，另有八人重伤。最后他被警察制服了。他在这一夜的后续计划是杀死他妹妹一家,再去路德维希斯堡烧毁那座城堡,自己也死在公爵夫人燃烧的床上。

❋

9月9日,阿尔伯特·爱因斯坦在弗劳恩费尔德给"瑞士自然研究协会"做了一场报告,讲解了他研究万有引力和相对论的新方法。

❋

9月9日将近晚上7点,德国第一艘海军齐柏林飞艇L1号遭遇龙卷风,在黑尔戈兰岛附近坠海。

❋

9月9日这一天,格哈特·菲舍尔离世。星象明显预示着灾难。三十一岁的弗吉尼亚·伍尔夫接受了两位神经病学专家的检查,因为她抱怨自己"没有感觉的能力"。8月份以来,她交付了第一部长篇小说《远航》之后,迅速消瘦,患上了严重的厌食症,以至于几乎不能奔波,必须由两位护士日以继夜地照顾。神经学家的检查如此令人沮丧,她一切皆空的感觉又是如此之大,促使她在检查后的几小时,正当护士们休息的时候,试图服用过量安眠药自杀。她的丈夫伦纳德在最后一刻救了她,她被送去医院治疗。

之后,他把她送去同母异父的哥哥乔治·达克沃斯的农庄所在地达灵里奇地疗养。此举之荒唐在于,弗吉尼亚·伍尔夫的崩溃显然也要归因于她在童年时代遭受了这位异母哥哥的侵犯,她一直无法克服。但是她的丈夫伦纳德似乎对这个问题视而不见,9月里他还描述他的这位内兄说:"他年轻时一定曾是位美男子。"弗吉尼亚·伍尔夫没有别的办法保护自己,除非恢复健康。她又开始进食,因而在秋天她就能离开达灵里奇地了。

❉

9月7日和8日,在慕尼黑的巴伐利亚宫廷酒店召开了"第四届精神分析学会代表大会"。这是弗洛伊德和C. G. 荣格自从春天决裂之后就一直害怕的相遇。气氛紧张而压抑,人人自危。头天的与会者有87人,第二天就只剩了52人。当C. G. 荣格再次竞选主席的时候,有22名成员弃权。弗洛伊德被说服在9月7日做一场题为《神经症选择的问题》的简短演讲。C. G. 荣格在第二天就谈起《心理类型的问题》。弗洛伊德说,气氛是"令人厌烦且无效益的",主要成果不是演讲,而是排座次。一边是"弗洛伊德桌",另一边是"荣格桌",中间是寒冰一般的沉默。父亲弗洛伊德和弑父者荣格几乎不看对方一眼——他们在1913年9月8日之后将永不再见。弗洛伊德很高兴看到露·安德烈亚斯-莎乐美突然出现在会场,还带来了赖纳·马利亚·里尔克,他只从他的诗句中了解过他。弗洛伊德逃进那两人的臂膀中,逃避大会的气氛。最后一场报告刚一做完,他们三人就走开了。他们的谈话滔滔不绝,甚至一同嬉笑,一起去吃饭。露超然物外,里尔克不屑善恶,他专心致志地倾听弗洛伊德的讲话,这位典范性的父亲,无意识和抑制心理的伟大开拓者。当弗洛伊德的女儿安娜听说此事后,她欢欣鼓舞地给父亲写了一封信:"你在慕尼黑真的认识诗人里尔克了吗?怎么认识的?他是怎样的人?"

那么,他是怎样的人呢?里尔克和弗洛伊德在一起散步时深化了关于无意识的谈话,第二天,他就带上露去拜访他住在慕尼黑的母亲菲亚。露在他已不再年轻的时候破了他的童贞,现在再度成为他的代理母亲。接着他们又去拜访他被遗忘的妻子克拉拉和女儿露特,在她们布置位于特罗格街50号的新居时稍微帮了点忙。然后露·安德烈亚斯-莎乐美和里尔克乘坐火车去往山区,她给他分析梦境。他们极其严肃地探讨阴茎和方尖碑之间的象征差异。

胡戈·冯·霍夫曼斯塔尔躺在慕尼黑四季旅馆的床上,梦见他的房子变成了一座法国大革命的监狱——"我意识到,这是我生命中的最后一天:我被判处了死刑。"周围是一群忙着执行死刑判决的书记员,这时他的妻子出现了:"这个生物的脸我从未见过,但在梦中我对她如此熟悉,她只能是那个已一起生活了十年的女人。我们飞快地对对方说,现在我们不能拥抱。"他的妻子把他丢给了执行死刑的书记员们。"我觉得我无法目送她离开,我转过身,背朝窗户,刺眼的阳光从窗外照进来。"霍夫曼斯塔尔醒了。他茫然地穿好衣服,试图去英国花园里散个步来摆脱梦魇。但是那些图像在他的脑海里挥之不去,他的身体仍然有被判处死刑的感觉。天色尚早,公园里没几个步行者。秋日的温暖阳光洒在树梢上。他走过冰溪上的小桥,这时——现在可不是在做梦——对面走来一个男人,似乎是那位伟大的释梦家西格蒙德·弗洛伊德。他就是西格蒙德·弗洛伊德。他诚挚地问候这位来自维也纳的熟人,询问他的健康,问他有没有睡好,他看起来有些精疲力竭。"一切都再好不过了,尊敬的医生。"霍夫曼斯塔尔说。不一会儿,赖纳·马利亚·里尔克也来到转角处,他和弗洛伊德约在这里碰面后一起去散步,霍夫曼斯塔尔确定他还在做梦。然而这是真实的,在这特殊的一年里所发生的一切都是真实的。

❈

1913年9月6日,维也纳的《新自由报》上刊登了一篇关于急救课的文章,其中写的好像是世界上最理所当然的事:"正如在战场上,伤员的命运取决于第一条绷带的质量,日常事故中的急救也对诊断至关重要。"

❈

1913年的"神经衰弱症",即倦怠症的临床表现被收录进十一卷本的《心理疾病的特殊病理和疗法》。C. G. 荣格本来被要求写点关于"神经衰弱"的东西,但他拒绝了,因为他"对此所知甚少,且压根不信"。

❈

9月初,弗兰茨·卡夫卡离开布拉格,想要医治他的绝望和"神经衰弱"。他的目的地是位于加尔达湖畔里瓦的哈通恩疗养院。他原本想和菲丽丝一起去,但是她的父亲还没有对他的求婚信做出答复。他现在就动身了,由于工作他得先去一趟维也纳,和他的上司一道参加9月9日至13日的"第二届国际救援和事故防范大会"。接下来他坐火车去的里雅斯特,那座奥匈帝国在地中海海滨唯一的港口城市,它在那些年里经历了空前的繁荣。港口的存在造就了街上和咖啡馆里独特的多民族混杂的景象。这座城市也是詹姆斯·乔伊斯回归的地方,他当了一名英语教师,日复一日地埋首于《尤利西斯》的先期研究。9月14日,弗兰茨·卡夫卡和詹姆斯·乔伊斯同在的里雅斯特。还有正从罗马向维也纳进发的罗伯特·穆齐尔这些天也逗留于此。我们可以想象一下,这些人在继续旅途之前,在下午晚些时分是如何坐在港口边喝咖啡的。

卡夫卡继续乘船去威尼斯,在那里的桑德沃斯酒店里他给菲丽丝·鲍尔写当前的最后一封信。自从开年以来,他已经写了远远不止两百封信和明信片了。他已认识到,一旦他参与了爱情和生活,他就不可能创造出伟大的艺术。他在日记中写道:"性交是对在一起的幸福的惩罚。尽量过苦行生活,比一个单身汉还苦行,这对我是唯一的可能。"然后,过了几天又写道:"我将把自己和所有人隔绝,直到人事不省。和所有人为敌,不和任何人说话。"9月16日,他遥望运河,在旅馆的纸上无意识地、"无边愁苦"地给菲丽丝写信:"但是我该怎么办,菲丽丝?我们不得不道别。"

卡夫卡继续行走，突然间从要做丈夫的负担中解脱出来。9月22日他到达里瓦，感觉空虚、迷茫，却也松了口气。埃哈德和克里斯特尔·哈通恩两兄弟刚刚试图在他们山区的分院里治疗弗洛伊德，现在把又一个伟大的病人纳入他们的看护之下。他们先进行了一场导入式的治疗谈话，医生们建议他健康饮食，多呼吸新鲜空气，多做划船运动。在阳光明媚、天气暖和的第一周，卡夫卡被安置在沙滩上的一间"空中小屋"里，好让自己被氧气包围。这种疗法似乎生效了。9月28日，他去马尔切西内做了一场短途郊游，他在那里给在布拉格的妹妹奥特拉写了一张幽默的明信片："今天我在马尔切西内，歌德在这里冒险过，要是你读过他的《意大利之旅》就会了解。你很快就应该读一读了。"

就在同一天，天气已经变冷，山顶上已覆盖了第一层雪，卡夫卡从他的空中小屋搬进疗养院的主楼。在餐桌边，他向朋友马克斯·布罗德汇报："我坐在一位老将军和一位长得像意大利人的年轻瑞士女人之间。"这个年轻的瑞士女人让卡夫卡重获新生。他们想出在房间之间做敲击游戏的点子，在公园里追逐。他们一起去湖上划船，让小船随波逐流："悲伤和爱情的甜蜜。在船上被她含笑注视。这就是最美好的。总是只有求死的愿望和对自我的继续保持，单单这些就是爱。"两人都清楚,他们只有十天来相爱。然后他们都要踏上归途。卡夫卡回布拉格,瑞士女人去她家庭所在的热那亚。卡夫卡第一次没有时时刻刻地想念菲丽丝。这十天里,他投入了一场纯真的恋爱,它必然没有结果。

※

微胖的耶拿大学法学博士生库尔特·图霍尔斯基性情果敢冲动,在很短的时间内就成为柏林《舞台》杂志最毒舌的批评家之一。他梦想着一个计划,这是每一个果敢冲动、毒舌的记者都会做的梦。他想筹办一份自己的杂志,名字叫作《猎户座》。图霍尔斯基想要探手抓住星星。它将成为一个"书信体年轮",即用真实的生活证据来介绍时代的伟大之处。一个罕见的想法是,订户们每月能收到三次这份"一个伟大的欧洲人的信件传真"。最后一无所成。不久之后,图霍尔斯基就不得不通知想要订阅的94位有兴趣的客户:"猎户座正如它过去所是的那样:一个遥远而不可触及的星座。"赖纳·马利亚·里尔克和赫尔曼·黑塞这些写信高手们早前就答应供稿(里尔克在9月21日已寄来一首诗),托马斯·曼也愿意合作。可是还不够。在这启动阶段有一份可参阅的不同寻常的文件:图霍尔斯基于9月26日在他位于纳霍德街12号的房间里写的一封信,意图招徕杰出的员工。信中他总览了1913年,以及那些以他德国人的视角来看属于"伟大的欧洲人"的人物,他们在其渊博和精辟性方面都是独一无二的。在文学界,他向"德默尔、霍夫曼斯塔尔、布洛德、布莱、摩根施特恩、韦费尔、里尔克、豪普特曼、瓦塞尔曼、托马斯·曼、亨利希·曼、黑塞、施尼茨勒、阿尔滕贝格、罗伯特·瓦尔泽、施特恩海姆、萧伯纳、韦德金德、凯勒曼、弗里德尔、凯泽林、汉姆生和(!)卡夫卡"求稿。不过,除此之外还有"米诺纳、奥尔格拉斯、霍尔茨、舍费尔、威利·斯派尔、维德、霍赫多夫(布鲁塞尔)、伊雷妮·福尔贝斯-莫泽"——这些名字在1913年还和第一档的伟人们并列,今天却无人知晓了。令人印象深刻的还有库尔特·图霍尔斯基开列的当世大哲学家名单,他也向他们求助:"毛特纳、切斯特顿、拉特瑙、齐美尔、冯特、马赫、布伯、弗拉马利翁、柏格森"。最后是"造型艺术"界:"迈尔-格雷费、里希特瓦克、贝伦斯"。在插图和素描方面,图霍尔斯基首先想到的是"克里姆特、巴拉赫、柯勒惠支"。假如他的杂志办成功了,该有多么美妙。

✻

当时还存在第二张1913年的总览图——艺术的总览。"首届德国秋季沙龙"于9月19日在柏林赫尔瓦特·瓦尔登的神奇的"风暴"画廊开幕。自从春天以来,主要是辛德尔斯多夫的弗兰茨·马尔克和他在波恩的朋友奥古斯特·马克一直在为此事殚精竭虑。去年,他把地处动物园街34a号的原本要被拆除的别墅改造成了一座壮观的展览楼。

仿效巴黎"秋季沙龙"的本次展览的艺术家名单囊括了1913年所有的先锋派——除了柏林"桥社"的艺术家们没有来,自从自己的艺术协会在5月痛苦地瓦解之后,他们还在波罗的海的夏日逃亡之旅中舔舐伤口,无心参与下一场团体活动。"倘若他们不参加,"马尔克给波恩的马克写信道,"倒也不算最大的不幸,只有诺尔德和赫克尔让我惋惜。"对基尔希纳则只字未提。在这两位热心的"蓝骑士"眼中他太过陌生。最终展出了来自12个国家90位艺术家之手的366幅画——它仅次于纽约的"军械库展",名列年度第二,起到了立标定规的作用。瓦尔登为本次"秋季沙龙"租用了波茨坦大街75号的一间1 200平米的大厅。大赞助商伯恩哈德·克勒为展览的组织工作贡献了4 000马克,最后他还必须为运输成本追加一笔保证金。但是,"首届德国秋季沙龙"引起了轰动。罗伯特和索尼娅·德劳内从巴黎赶来参加开幕式,马克·夏加尔也来了,"蓝骑士"几乎全员出席,连意大利的未来主义者们也特地赶到"风暴"画廊。大家都明白,他们在见证一个历史性的事件。英国人、法国人、德国人、俄国人、奥地利人、匈牙利人、意大利人、捷克人——所有人都在对新艺术的渴望中团结起来。这是一个跨越国界的美学联盟,一场先锋派艺术家们找到归属的集会,超脱于一切外交政治冲突。

在这里可以看到阿尔西品科、德劳内、莱热、塞韦里尼、卡拉、薄邱尼、亚弗兰斯基、马尔克、马克、明特、克利、夏加尔、康定斯基和毕卡比亚的作品,此外,在先锋派的圈子里,还能见识到年轻画家莱昂内尔·法宁格和马克斯·恩斯特的画。弗兰茨·马尔克展示了他1913年所绘的三幅世纪之作,其上的颜料还没有干透:《蓝马之塔》,然后是《群狼(巴尔干战争)》,最后,是那张动物们倾斜交叉的画,他不知如何称呼它,最终,保罗·克利给它题名为《动物的命运》。在展览的同时还安排了演讲环节,来自巴黎的立体主义的命名者纪尧姆·阿波利奈尔和意大利未来主义的代言人托马索·马里内蒂这两位最耀眼的艺术理论家现身"风暴"画廊。

公众的反应是震惊乃至愤怒。报纸上印满粗野的辱骂,深深伤害到了为组织工作付出不懈努力的奥古斯特·马克。他火冒三丈地指责那些"猪狗"和"猪一样的报社捣乱者",说他们压根不明白当前在柏林看到的是什么。《法兰克福报》说:"这唤醒了一种设想,似乎在本次展览会上能看到什么发展进步的东西。从未有过如此狂妄的要求，从未有过如此无理的事物。"《汉堡消息》总结道："事实上它是粗野的胡作非为，这大量的可笑东西和愚蠢的涂鸦，让人感觉像是从一家精神病院的画廊里走出来。"相比之下，弗兰茨·马尔克在给康定斯基的信中说："我布展时的指导思想是：展现不可思议的精神深度和艺术活力。人们应该是心跳不已、满怀惊喜地离开。这结论也令我本人十分惊讶：抽象的形式明显占优（质量方面也是）。"接着马尔克、马克和赫尔瓦特·瓦尔登印制了一份传单在选帝侯大街和动物园分发。上面写着漂亮的句子："必须违背艺术评论家的意愿去参观艺术展！"但是没有用，几乎没有人来。展览以一场经济灾难结束，赞助商克勒最后不得不捐助 20 000 马克，而不是原定的 4 000 马克，用以填补租金和运输成本。

※

和里尔克、弗洛伊德一样，阿图尔·施尼茨勒也在这个 9 月的最初几天逗留慕尼黑，他下榻在大陆酒店，出席他的剧本《儿戏恋爱》的试演。一个美妙的巧合是，他的前情人玛丽，也被唤作米琦，在其中饰演一个女主角。这位玛丽·格吕默，在日记中被记为"Mz"的女子，曾经是他的病人，也是维也纳那帮"可爱的小姐们"

之一,施尼茨勒一生钟爱她们,游刃有余地掌控着她们不安的良心,必须时不时地和她们共进晚餐,或者一同郊游,更多的也不需要了,要让她们良好地融入她们爱人的市民生活中去。然而眼下在慕尼黑,有他的妻子奥尔加在旁,事情变得有点难以预料。

9月9日,他受邀拜访利奥波德街的一个男人,那人和他一样钟爱女士们:"莉斯尔带领我们去见亨利希·曼,他和他的情人,一个来自布拉格的犹太女人,住在这儿。他把她当作妻子介绍给我们,并固执地坚持要如此称呼和对待她。莫雷纳公爵和小姐也在场。在天台上喝咖啡。合理的谈话。别人描述曼太太的时候,我对她的感觉没那么糟糕。——大家一起去湖边。"他的心情?"波澜不惊"。

❋

在杜塞尔多夫,法学家卡尔·施米特天天在等待人们去发现他。晚上他和情人卡莉上床,他在日记中吐露,他"高兴地调皮";"晚上愉悦的触摸"。

日子就这么一天一天地过去,在法庭上他无事可做,出版商们回绝了他的书《国家的价值》,它包含了施米特宏大的反个人主义纲领。不过到了9月20日,事情有所进展,出版商莫尔想要让施米特的书付梓,作者得寸进尺:"令人愉快的秋季天气。我再度感觉自己是一个拥有秘密的优势、无人知晓地漫步在大街上的伟人。"

可惜好景不长。9月30日他在倾听了一场音乐会后记录道:"音乐激起我所有的情结。我想自杀。有什么目的呢？不牵涉到任何人,我和任何人无关,任何人与我无关。要是我的书出版了就好了。"然后,正如这天真的不可思议的愿望一般,一切好转了。不过这条法则连法学博士卡尔·施米特也无法自圆其说。

❉

1913年9月25日,查理·卓别林和楔石电影公司签下了他的第一份电影合同。他在拍摄处女作《谋生》期间每周可以得到150美元的酬劳。

❉

瓦尔特·拉特瑙出版了他的书《精神力学》,在书中,他——德国电器公司的监事会主席,德国经济的核心人物之一——强烈警告技术和机械化对纯真和"心灵国度"的危害。他把书献给"年轻的一代"。

10
月

    这个月,托马斯·曼追忆往昔。在德累斯顿近郊的海勒劳,先锋派们聚在一起搞神秘剧。德国青年们漫游在迈斯纳山,从那以后它被叫作"迈斯纳高地"。埃米尔·诺尔德离开柏林,随同一支探险队向南太平洋进发。奥古斯特·马克在瑞士阳光明媚的图恩湖边发现了天堂。严重问题:人们可以厌恶弗兰茨·韦费尔的脸吗? 以及:柏林能容忍多少先锋派? 路德维希·迈德纳在晴朗的天空下画出一片战场,把它叫作《末日风景》。德皇威廉二世给民族大会战纪念碑举行落成典礼。弗洛伊德拿起他的帽子——把它扔向蘑菇丛。

《我和城市》,路德维希·迈德纳

10月11日和12日，在黑森州北部考封格森林753米高的"迈斯纳"山上，致力于改革生活和青年运动的多家团体举行了传奇般的聚会。从那以后这座山被叫作"迈斯纳高地"。诞生于19世纪的上一代人举行的德国伍德斯托克试图在自由的天空下把候鸟运动[1]和自由德国青年联盟聚合起来，以示对当时在莱比锡民族大会战纪念碑落成礼上过分夸大的德意志至上观的反抗。豪森纳胡特牧区广阔的帐篷营地里驻扎了两千多名参与者。人们在林中漫步，唱歌，辩论，倾听演说家们的高谈阔论。例如路德维希·克拉格斯，他对年轻人讲话，解释说现代主义是最大的危险，因为它威胁到德国的森林，从而也威胁到德式生活原则的本质。克拉格斯告诫人们警惕破坏自然的科技，主张回归自然的生活。他的题为《人与地球》的激情演讲对进步和环境破坏提出了警告。生活改革家菲杜斯以他朴实又天马行空的水彩画所绘的热情洋溢的作品《高地守卫》被收录在《纪念文集》中，成为"迈斯纳高地"集会的标志：年轻的、赤裸的男人们，腰间悬剑，骄傲地望向天空。年轻的大学生瓦尔特·本雅明也在这些男人们面前首次公开亮相，他刚刚从弗赖堡大学转到柏林大学，这次和朋友们一起来

---

[1] 候鸟运动：兴起于19世纪末的德国青年运动，后成为获官方认可的成人协会。

登山。他作为集会的发言人之一解释说,只有当反犹主义和沙文主义不再起任何作用之时,才能真正谈得上自由德国的青年。伟大的改革教育家古斯塔夫·维内肯,维克斯多夫自由学校的创办人之一兼瓦尔特·本雅明的老师,向这大约三千位年轻人呼吁:"是否要到这样的地步:人们只需要向你们呼喊某些言词——德国、民族,就能听到你们的掌声和'万岁'的高呼?是否每一个纠缠不休的夸夸其谈者都能激起你们的热情,就因为他穿对了浮夸的制服?因为我看着我们祖国闪亮的山谷,所以我只能祈望战争的铁骑践踏它们的那一天永不会来。也但愿我们被迫把战争带去另一个陌生民族的山谷的那一天永不会来。"经所有参加者宣誓的最终宣言,即《迈斯纳宣言》,已经远没有那么激烈。其中说道:"自由德国青年用内心的真实塑造他们的生活。"大家决定,所有"自由德国青年的活动都禁酒禁烟"。革命闹不起来也丝毫不奇怪。禁酒禁烟!在赫伯特·奥伊伦贝格所作的韵文序言中也有类似的话:"我问候那些青年,他们不再豪饮如前/他们思虑德国,又把德国走遍。"从山上返回祖国的山谷后,大家迅速冷静下来。瓦尔特·本雅明亦是如此,他以笔名"阿多"在弗兰茨·普芬佛特所办的柏林杂志《行动》上做出如下结论:"漫游、庆典服装、民族舞蹈不是最终的,而且——在1913年——还无关精神。这年青一代还没有找到他们先天的、必须憎恨的敌人。"本雅明怀念青年运动创始人那一代对父辈的反抗。他怀念弑父。此外,他还写了几句漂亮话,本雅明的追随者们会原谅他早先从柏林德尔布吕克街23号的父母家搬出来,在弗赖堡上了一阵大学后又再次回到那条街。

本雅明从弗赖堡重返柏林得到的当然是充分的理解。或者,如埃尔泽·拉斯克-许勒1913年所说:"艺术家一再返回柏林的原因是,这里有艺术的时钟,它不会走快也不会走慢。"

潮湿的日子过去后,阳光普照下,到处都有蘑菇从地上探出脑袋。西格蒙德·弗洛伊德明显松了一口气,因为他成功熬过了精神分析学家大会,不失尊严和体面(投票时失利于C. G. 荣格也输得漂亮)。星期天,他和家人去采蘑菇。每人都背着一只小小的柳条筐,铺着方格图案的垫子,目光锁定在维也纳森林的沼泽地上。有时候他们也开车去塞默灵,在那儿所有人都会说到马勒的遗孀阿尔玛,她在此地给自己和放荡的画家柯克西卡建筑爱巢。但是弗洛伊德和他的家人被森林吸引,没有去看那些度假屋。孩子们迅速穿上他们的民族衣裙和短裤,弗洛伊德套上长及膝盖的皮裤子和宽大的绿色短上衣,戴上点缀着羚羊背毛的猎人帽子。搜索开始了。弗洛伊德指挥他们寻找蘑菇——也总是他以老鹰般的敏锐眼光找到最隐蔽之处的漂亮蘑菇。然后他跑上几步,摘下帽子扔向蘑菇,用他的银口哨吹出刺耳的哨音,把所有埋身在矮树丛里的搜寻者们召唤过来。等到全家人都虔诚地聚集过来后,父亲才终于稍稍掀起帽子,让家人艳羡这被捕获的猎物。然后通常是他心爱的女儿安娜被允许把这蘑菇放进她的篮子。

❋

在柏林,未来主义又一次宣告运动的时刻来临,托马索·马里内蒂在"首届德国秋季沙龙"上发言,与此同时,阿尔弗雷德·德布林博士,伟大的医生、作家,恩斯特·路德维希·基尔希纳和埃尔泽·拉斯克-许勒的好朋友,发表了他的《给 F. T. 马里内蒂的一封信》。其中有这么一句妙语:"照看好您的未来主义。我照看好我的德布林主义。"德布林不愿意顺从马里内蒂在他的《未来主义宣言》里的主张,即把破坏句法当作新文学和艺术的基础。德布林对诗人们提出了相反的要求:不要破坏,而要更紧密地贴近生活。

❈

作为作家贴近生活,很容易发生碰撞事故。在1913年10月28日的《吕贝克新闻》上刊登了如下广告:"在过去的十二年中,我的侄子托马斯·曼先生在慕尼黑写作的《布登勃洛克一家》的出版给我造成了诸多不便,如今这些悲惨的后果中又增添了阿尔伯特的书《托马斯·曼和他的职责》的出版问题。因此我认为自己不得不向吕贝克的读者们求助,请求他们恰当地评估上述作品。《布登勃洛克一家》的作者以漫画的方式给他最亲近的亲戚们泼了脏水,大张旗鼓地出卖他们的生活故事,每一个思想正直的人都会认为这是应该受到谴责的。一只悲伤的鸟污染了自己的巢。弗里德里希·曼,汉堡。"这位业已六十七岁的弗里德尔叔叔在《布登勃洛克一家》里叫克里斯蒂安。对此,托马斯·曼给他的哥哥写了一封信作为幽默的回应:"他终究是嫌人们提到克里斯蒂安·B还不够多,想要让人记起他吗?对他来说太遗憾了,真的。我的克里斯蒂安·布登勃洛克不可能写出如此愚蠢的广告。"

❈

经过十五年的建设,10月18日,在莱比锡反拿破仑战役的一百周年纪念日,浮夸的民族大会战纪念碑举行了落成典礼。德皇威廉二世赞扬了德国民族的战斗力。纪念碑高达91米,造价600万帝国马克,完全由捐赠和彩票盈利资助建成,它让人回忆起普鲁士人如何联合俄国和奥地利抗击法国军队。深色的石材是花岗斑岩,开采自莱比锡近郊的博夏。建筑使用了26 500块岩石和12万立方的混凝土。这座纪念碑由建筑师克莱门斯·蒂梅负责建造,参加其落成礼的除了德皇和萨克森国王之外,还有各诸侯国的亲王以及来自奥地利、俄国和瑞典的代表。该仪式变成了一场民族性的、军事性的狂欢庆典,举行了盛大的阅兵式。三个战胜国的贵人们在纪念碑的脚下敬献了花圈。接着,在莱比锡音乐厅举办了丰盛的晚宴招待450位来宾。没有人为和平干杯,祝酒词中只听到普鲁士和奥匈帝国之间不可动摇的战友情谊。

庆典只持续了五天,从10月23日开始,野鸡成为试验品。奥地利皇位继承人弗兰茨·斐迪南刚在莱比锡参加了民族大会战纪念碑的落成礼,通过灵活的外交手段促成塞尔维亚人在第二次巴尔干战争中从阿尔巴尼亚撤出。德皇威廉为此大感轻松,并对他留下深刻的印象,甚至去他位于克诺皮士杰的宫殿拜访这位皇位继承人。两位先生相谈甚欢。弗兰茨·斐迪南筹划了一场为时两天的狩猎活动,皇帝威廉二世声称并记录下他射杀了1 100只野鸡。不过可惜的是,晚上他只吃了其中的一只。

在柏林弗里德瑙的威廉姆斯霍尔街21号路德维希·迈德纳的工作室里,每个星期三晚上有一个杰出人物的圈子固定聚会:抒写世界没落的著名诗人雅各布·范·霍迪斯、保罗·策希、勒内·席克勒、拉乌尔·豪斯曼、库尔特·平图斯、马克斯·赫尔曼-奈塞。此前,主人给来客们展示了他的最新作品,他称之为《末日风景》。它们践行了他的宗旨:"你自己的悲伤、你一切的堕落和圣洁都出自你的身体。"迈德纳的风景里,一切都在空中飞舞。1913年他画了《我和城市》,画上他的头颅和身后的城市一样即将爆炸。上空的某处悬着太阳,摇晃不定,似乎随时要坠落下来。

迈德纳一再被这种恐怖的幻景侵袭。他在弗里德瑙的狭小工作室里着魔似的工作着,日以继夜。他写道:"一种痛苦的冲动驱使我打破一切直线-垂直的事物。在所有的风景中铺展废墟、碎片和灰烬。我的脑袋在可怕的幻觉中流血。我总是只看到上千具骷髅围成圈蹦跳起舞。无数坟墓和烧毁的城市在地面上蔓延。"

城市在燃烧，人们的脸在燃烧，包括自己的脸，只是更加被痛苦扭曲，风景被炸弹和战争砸破。在万物的上方闪过诡异的光芒。迈德纳似乎是在用画笔对抗威胁他的可怕势力。他试图驱逐他的梦魇，方法是详细地描摹它们。他认真实践立体主义和表现主义。他把他满目疮痍的画叫作《战壕幻景》，或者如一再称呼的《末日风景》。如前所述，他生活在田园般的弗里德瑙。现在是温暖的、安详的10月。我们在写1913年的事。星期三晚上拜访他的朋友们看到了那些画，为它们的作者担心。他是疯了吗？

❄

L1号飞艇在黑尔戈兰岛附近坠海一个月后，10月17日，首次飞行的军用飞艇L2号在柏林近郊的约翰内斯谷发生爆炸。28名机组成员丧生，燃烧的飞艇残骸砸到地面，让一片松树林淹没在火海中，军人们的尸体被烧成焦炭。飞艇的起名人齐柏林伯爵在同一天给冯·提尔皮茨海军上将写信说："谁还能比我更受触动，更深切地为海军哀悼。"

❄

毕加索和现代主义的声望的总体情况如何呢？针

对奥托·费尔德曼于1913年秋天在柏林雷纳街6a号新开设的"新画廊"的评论给出了答案。这次开业展览是迄今被忽略的原因,它说明了为什么在同期举办的"首届德国秋季沙龙"上没看到像毕加索和布拉克这样伟大的法国人。他们在巴黎的经销商坎魏勒情愿卖出作品,而不仅是展出,他把他们的作品送去柏林参加这场商业性的竞卖活动。我们必须把两场展览放在一起考察——然后才能集齐1913年的全部艺术作品,尤其重要的还有它们的主人公。因为除了那些伟大的法国人之外,费尔德曼还展示了"黑人雕像"、古希腊雕塑和"东亚作品"。这些以遥远文化为题材的早期作品当时在艺术家们身上产生了最深远的影响,被糅合进欧洲的作品中——以他关于"黑人雕塑艺术"的书而出名的卡尔·爱因斯坦抒写了开篇,他对1913年左右的法国艺术现状做了引人入胜的作品概述。然而,库尔特·格拉泽在《艺术》杂志上对柏林的新艺术沙龙得出如下令人吃惊的结论:"马蒂斯展出了静物,色彩效果略显单薄。毕加索占据了一整面墙,让人感觉他被任命为这里的宅神。也许有点晚了,因为我们希望围绕这位精致却也脆弱的艺术家涌起的噪声如今会很快平息。"费尔德曼没有受他迷惑。开业展览之后,他紧接着又在12月再次作为坎魏勒的代理展出了毕加索的66幅作品。德国评论界继续冷嘲热讽:《导游》中说,展出立体主义作品的毕加索"似乎仍旧不够强大,不够独立"。伟大的卡尔·舍夫勒在《艺术和艺术家》上评论道:"毕加索难以成事。"《艺术》杂志则得出了毁灭性的结论:"毋庸置疑,毕加索以此走到了穷途末路。"

❋

在这轮舞圈子中只缺了一人:恩斯特·路德维希·基尔希纳。两场展览中都见不到他的影子,因为他正打算创造一些全新的、伟大的东西。9月底,他带着丰富的收获快乐地从费马恩返回柏林。在海边的几个月里,他画了60幅画。他想要忘却过去的日子,"桥社"的分裂和杜拉赫街的公寓。他和艾尔娜·谢林一起寻找一处新的贼窝,最后在科尔纳街45号找到了。他们又回到了柏林,这座"无品位地混乱、无意义地成长的城市",里尔克在这些日子里如此精辟地称呼它。在费马恩,当艾尔娜和玛施卡赤裸着身体从波罗的海温柔的浪涛中站起,基尔希纳找到了一种新的女性典范。那些是哥特式的形体,越往上越尖细;那些面部线条好似刻进一块木头里。艾尔娜努力布置科尔纳街45号的工作室,想把它也变成由雕塑、绘画、装饰和刺绣组成的整体艺术品,她腾出一块较大的靠垫区,模型和朋友们可以惬意地躺在那里。这时候基尔希纳又出门去波茨坦广场了。

海边的几个月让他的神经变得更敏锐，他的感觉和毛孔更开放，这座城市，它的噪声，它的暴力，它包含原始力量的形形色色的脸面直侵入他的意识。只有现在，视神经经过波罗的海的酸涩空气的净化，他才能成功地看到全新的图像：他开始画《柏林街景》，他的波茨坦广场系列的第一部分。在他的画中，城市的现代化被压缩在极小的空间里，可以看到大城市和它的主角们，服色鲜艳、脸颊通红的妓女们，她们许诺给男人们快乐，只是连嫖客都不会相信。基尔希纳感觉，他在费马恩的女人和孩子们身上作为纯粹的自然而经历和绘画出来的实体，在现代的城市环境中，在外衣、噪声、其他人的视线和其他人的期待下，是不再可能存在了。城市唯一的驱动力是它的速度，它不断向前的潮流，它忘却了现在。可是基尔希纳用他的波茨坦广场组画按下了暂停键。一切突然停止。基尔希纳让观画者自己变成嫖客，铺陈在面前的妓女和城市即便使用起来也毫无意义，他们心怀盲目的信仰，以为明天一切会有不同，会有好转。基尔希纳树立了独一无二的现代派风格，他的画里的城市人体仅仅由肌腱和神经组成，不再有血有肉。

埃米尔·诺尔德再也受不了柏林了。10月1日起,他和妻子阿达把他的艺术用品和衣服装进几个大行李箱。10月2日傍晚时分,他们来到动物园区摄政王街19号的艺术收藏家爱德华·阿恩霍尔德家里。

阿恩霍尔德在1913年达到他社会权势的巅峰,他通过煤炭贸易致富,现在占据德累斯顿银行监事会的一席,1913年作为第一个也是唯一一个犹太人被威廉二世任命进普鲁士贵族院——他本也应该被封官授爵,但阿恩霍尔德拒绝了。他的钱几乎全投资在艺术家和艺术上,他和詹姆斯·西蒙一道成为资产阶级艺术的伟大赞助人,约在1913年为普鲁士邦国捐资在罗马建造作为文化研究中心的马西莫别墅。他自己位于动物园街的房子是一个"皇家犹太人"独立自主的品味和权力的典范。"皇家犹太人"是后来的以色列总统哈伊姆·魏茨曼对一群接近威廉二世的杰出柏林犹太人的不恭称呼,其中还包括詹姆斯·西蒙、阿尔贝特·巴林和瓦尔特·拉特瑙。在阿恩霍尔德的家里挂着门采尔、李卜曼的作品,以及勃克林的《普罗米修斯》,不过旁边还有威廉一世和俾斯麦的画像。

10月2日晚上,阿恩霍尔德家中聚集了一个由知名人士组成的旅游团体。埃米尔和阿达·诺尔德很兴奋。大家吃吃喝喝,饱餐一顿,11点45分,旅行团出发去动物园火车站。当他们微醺地到达那里时,经华沙去往莫斯科的夜车已经进站了。0点32分,火车准时开动。探险队的领头人阿尔弗雷德·莱贝尔睡在夜间车厢,诺尔德一家的旁边是年轻的护士格特鲁德·阿恩塔尔,她是阿恩霍尔德的一个侄女,将负责照顾受到健康问题挑战的阿达·诺尔德。这支"医疗-人口学的德国-新几内亚探险队"可以出发了。

10月5日,探险队的火车抵达莫斯科,靠着这支队伍的帮助,诺尔德可以最便捷地去往他所憧憬的遥远的南太平洋。10月7日,他们继续沿着西伯利亚铁路经乌拉尔和西伯利亚直到满洲里。作为德国政府的代表,探险队的所有人都坐头等舱。从满洲里继续走过沈阳和首尔。旅行团员们再从那里乘船去日本,10月底抵达。天气寒冷,阴湿,令人不适。南太平洋还未看到一点影子。

❄

1913年10月5日晚,德累斯顿近郊的海勒劳上演了保罗·克洛岱尔的《给玛丽报信》。被海勒劳舞蹈学校围绕达尔克罗兹的改革努力和海因里希·泰森瑙的新艺术节剧院吸引而来的观众也是一群精英人士：托马斯·曼，赖纳·马利亚·里尔克和他的两个最亲密的女友，即露·安德烈亚斯-莎乐美和西多妮·纳德赫尔尼，亨利·范德费尔德以及埃尔泽·拉斯克-许勒。连马克斯·赖因哈特当天晚上也在海勒劳，此外还有马丁·布伯、阿奈特·科尔布、弗兰茨·布莱、格哈特·豪普特曼、弗兰茨·韦费尔、斯特凡·茨威格和两位颇为举足轻重的年轻出版商恩斯特·罗沃尔特和库尔特·沃尔夫。

赖因哈特和胡戈·冯·霍夫曼斯塔尔在德累斯顿宫廷剧院上演《玫瑰骑士》时，新艺术节剧院已成为先锋派的集合点。爱弥尔·雅克-达尔克罗兹的目标是找到身体、精神和音乐的新的统一。依靠节奏训练和即兴表演，身体要和音乐紧密联系，从人为的障碍中释放出来。恩斯特·路德维希·基尔希纳应该会喜欢这个。此外，美国作家厄普顿·辛克莱10月5日很可能也在海勒劳，他后来在小说《世界的终点》中写道："在海勒劳，舞者教授运动的字母和语法。他们挥臂击打节拍，运动频率有三分之一拍、四分之一拍等等。他们用脚、用身体表现音符的长度。这是一种韵律体操，意图训练身体，使之能迅速而精确地对精神印象做出反应。"

这种新形式的表现力舞蹈吸引了所有人，但是它和保罗·克洛岱尔的《报信》的结合却没有让人信服。克洛岱尔在这天晚上恼火地写日记说掌声几乎绝迹。达尔克罗兹甚至公开说这是一场惨败。里尔克在给胡戈·冯·霍夫曼斯塔尔和海伦妮·冯·诺斯蒂茨的信中对这个夜晚极其愤怒地做出了最精到的总结:"海勒劳的人们作为一群大孩子参与一些他们并不理解的事情,但是,谁知道呢,或许他们借此学习了它,压根不会先陷入混乱,即今天这样的一团糟,而是立刻到达透明且纯粹的地基,这透明且纯粹的东西对我们所有人都是有益的。"总的来看,里尔克在海勒劳的实验中意识到了一个机会,去挖掘所有厌倦了现代主义的先锋派正在探寻的秘密。不过里尔克确信,保罗·克洛岱尔的《报信》对此没什么用。或者正如他给霍夫曼斯塔尔的信中所写的:"《报信》,克洛岱尔,我不知道如何确切地报道它,它就这么演下去了,值得人深思,但是它和同样引人深思的海勒劳实验太过混淆,让人不能真正知晓他们带回家的忧虑到底是源自这一个,还是那一个。"

因此这场演出本身并未载入文化史册,载入的却是它的中场休息,以及一些参与者带回家的忧虑。中场休息时,赖纳·马利亚·里尔克第一次和他的圈子碰面,几个月来他一直向他们赞不绝口地宣扬弗兰茨·韦费尔的诗意的力量——真实的、二十多岁的诗人韦费尔自己也出现在他的面前。里尔克当时肯定大为震惊。他心神不定地给杜伊诺的玛丽·冯·图尔恩和塔克西斯写信说,在他看到韦费尔的那一眼时,第一次感受到了"犹太人气质的虚伪","这种像毒药一样渗透事物的精神,这出自复仇的毒药四处弥漫,为的是不属于任何一个有机体"。然而里尔克又阅读了《白色书页》中韦费尔的《华丽诗篇》,"这些诗把我在个人会面中产生的一切疑惑的、限制性的感觉一下子驱散了,我又会为他出生入死"。

但是里尔克在海勒劳的中场休息期间明显心烦意乱,没有能力启动谈话把韦费尔介绍给他的密友西多妮·纳德赫尔尼——后者的反应同样是不快甚或厌恶。里尔克记录道,当她看到韦费尔时,低声说他是个"犹太无赖"。或许韦费尔听到了这句话。不管怎么说,女男爵轻蔑地对待年轻的诗人。一个宏大的故事开场了,只是进展缓慢。

经卡夫卡的好友马克斯·布罗德介绍,布拉格人弗兰茨·韦费尔在莱比锡新兴的库尔特·沃尔夫出版社谋得一个审校职位——该出版社在1913年作为开路先锋的角色也体现在,其成员的平均年龄为二十三岁。韦费尔成功地把卡尔·克劳斯争取到库尔特·沃尔夫出版社的旗下,在1913年夏天还写下美妙的广告语:"仍然亟需指出,卡尔·克劳斯的体内生活着我辈欧洲最杰出的大师之一。这位崇高的讽刺作家惊天动地的作品,《中国长城》,尽现于本社现以柯克西卡的画为装饰的不朽出版物中。现在是时候让一代新青年,让所有有思想的、正义的人们从这修辞学赋格曲的末日暴力中挣脱出来了,不教后人羞辱我们这一代。"这真是神妙的言词。同时也显示,二十三岁的韦费尔对三十七岁的卡尔·克劳斯的崇敬是何等痴狂和彻底。他俩相遇的时候,他一连几小时倾听他说话,他的信中满是敬畏和顺从。对于卡尔·克劳斯,6月里他曾为路德维希·冯·菲克尔的《燃烧器》的问卷寄去如下句子:"我满心痛苦地爱着这个男人。"卡尔·克劳斯用对他的认可回应这份爱:他在他的《火炬》杂志里定期发表韦费尔的诗,并写下令人愉快的评论。

当弗兰茨·韦费尔和西多妮·纳德赫尔尼·冯·博鲁廷10月5日在海勒劳相遇的时候,没有人知道,从一个月前开始,卡尔·克劳斯几乎无法离开她身边,两人的爱情之火燃烧正旺。反过来,西多妮也不知道那位年轻的诗人有多么推崇她的卡尔。因此两人的表现是纯自然、无偏见的:西多妮排斥他,受到伤害的弗兰茨·韦费尔则传播关于西多妮的谣言,其中有说里尔克疯狂爱过西多妮的,还有说她早年曾随一个马戏团四处流浪。

这些谣言最终传到西多妮耳朵里,然后也被卡尔·克劳斯知道,克劳斯大发脾气,燃起冷酷的怒火。他和韦费尔决裂了,从此把他的诗歌说得一无是处,在《火炬》中大放污蔑之词,并对韦费尔做出毁灭性的判决:"一首诗本是好的,直到人们知道它出自谁之手。"

我们不清楚,犹太人克劳斯是否听闻,正是他当偶像般爱慕的西多妮的一声呼喊"犹太无赖"深深地伤害了韦费尔,以至于他只能用恶意的谣言来帮助自己。最后,里尔克得知了西多妮与克劳斯的亲密关系,他在给这位密友的私信中也警告她谨慎结婚,因为有"一种最终难以根除的差异"在分开他们。这一切中场休息时发生的事件使10月5日这一天彻底成为德国文化史上一个悲伤的日期。另外,在那段中场休息期间,写出《希伯来民谣》的伟大女诗人埃尔泽·拉斯克-许勒不停地叫喊"差劲,差劲",因为她对演出大为不满——这同样让里尔克的不安又加深一层,他认为她的行为很野蛮。

短小的尾声,主题是"爱情来了,爱情走了":10月16日,赖纳·马利亚·里尔克又一次观看了爱弥尔·雅克-达尔克罗兹及其学生的舞蹈,这舞蹈准确地表现了他激活身体的方法。平时空荡荡的艺术节剧院里,坐在他右边的是露·安德烈亚斯-莎乐美,左边是他8月份在海利根达姆结识的埃伦·德尔普,露把这个被人们热烈追求的"清晨的埃伦"称为"养女"。里尔克事实上就住在德累斯顿的西多妮街(欧洲宫廷酒店),他和露·安德烈亚斯-莎乐美一起给西多妮·纳德赫尔尼写了一封信,两人在信中建议她陷入精神危机时一定要向维也纳的弗里德里希·皮内莱斯医生求助——那位皮内莱斯先生作为诱惑者的身份比作为心理学家更成功,几年前他顶着"埃尔德曼"的名字教会露·安德烈亚斯-莎乐美肉体之爱的愉悦。这是什么乱七八糟的事情啊。很可能里尔克都快受不了了。他第二天就匆忙启程回巴黎去了。10月31日,他在巴黎写道,他想诉请和克拉拉离婚。

❈

年轻的阿诺尔特·布龙宁写出了他愤怒的戏剧《青年的权利》,宣泄了年轻一代对老一代的反抗。前一年,戈特弗里德·贝恩不得不眼睁睁地看着他的父亲,在诺伊马克的莫伦任乡村牧师的古斯塔夫·贝恩,出于伦理上的原因拒绝给他身患绝症的母亲使用吗啡,这药是他这个儿子兼医生为了给她缓解症状而开的,不久,母亲就在痛苦的呻吟中死去了。牧师给他的妻子和儿子传教说,痛苦也是上帝的旨意。这是最后一次戈特弗里德·贝恩服从父亲的世界。一年后,即1913年,他诗意地给父亲宣判死刑。他的诗集叫作《儿子们》,从标题上就表达出现在是谁说了算。这是自作主张对抗过于强大的父亲们的一个标志。儿子们在痛苦中对父辈发出挑战,一开始只是在头脑中,后来也诉诸言词。不过这还需要一点时间。格奥尔格·特拉克尔在作于这年秋天的《邪恶的变形》里呼喊出他的自我控诉:"是什么强迫你默默地站在腐朽的楼梯上,在你父辈的房子里?"卡夫卡将写下《给父亲的一封信》。贝恩在诗中歌唱对母亲的回忆。又过了很久以后,他在世纪之诗《部分——部分》中吟诵道:"我的父亲曾有一次在剧院 / 威尔登布鲁赫的凤头百灵。"这是他眼中最后通牒式的弑父,有别于弗洛伊德的原始部落[①],即伪装成文化的附庸风雅。

顺便一提,贝恩的诗集《儿子们》也是献给埃尔泽·拉斯克-许勒的。"我问候埃尔泽·拉斯克-许勒:

---

① 原始部落(Urhorde):达尔文和弗洛伊德所标识的人类社会的一种原始形式,其中一个善妒的男人和很多女人一起生活,并驱逐或杀死和他竞争的其他男人及儿子们。

从游戏和鲜血中探出盲目的手",这是他写在扉页上的句子,明显流露出在这位病理学家的感情丧失彻底变得病态之前最后的、短暂的感伤。埃尔泽窝在她的床垫墓穴里,只有依靠每天的鸦片和她的家庭医生兼精神导师阿尔弗雷德·德布林的医疗探访才能勉强过活,她向她身在辛德尔斯多夫的"蓝骑士"弗兰茨·马尔克汇报最新的恋爱状况:"独眼巨人贝恩医生献给我他新近的诗《儿子们》,它红艳如月光,坚硬如地,是狂野的黄昏,鲜血中的锤击。"这段波澜壮阔的恋情就这么结束了,正如它曾经开始的那样:缀以伟大的言词。

10月16日,路德维希·维特根斯坦和他的朋友戴维·平森特从英国乘船去挪威,继续写他的《逻辑哲学论》。他把自己的想法工整地记录在笔记本上。不过之前他在扉页上写道:"在我死后寄送给波尔迪·维特根斯坦夫人,维也纳诺伊瓦尔德格街38号,以及伯特兰·罗素,剑桥大学三一学院。"在维特根斯坦尝试建立一座新的逻辑学大厦的时候,导师和家庭是他的支柱。渡海时他还给罗素写了一封集中了很多核心问题的信件,可是他把它忘在船上了。10月29日他又给罗素去信:"您收到我的信了吗?我把它落在船上的餐厅里了,本应该寄给您的,但是明显忘记了是吗?"

卡尔·施米特的书《国家的价值》付印了,他以为自己会变得快乐起来,但是,尽管他的书付印了,他仍然闷闷不乐地在日记中写道:"我没有收到任何人的来信。"更糟糕的是,他伤风了。他不知道他是否能活过去。10月2日的日记中记道:"恶心的黏膜炎;哦,上帝,人固有一死。"

施米特以前还想结婚,娶他心爱的卡莉,他的第一本书就是献给她的。即便是枢密院顾问胡戈·阿姆·岑霍夫也同意了,他在这几个月里充当施米特父亲的角色,不断地悄悄给他发法律上的通行证。岑霍夫是1913年的第二颗恒星,施米特一直敬畏且倾慕于他,祈望他的欢心,陪他抽烟喝酒直到深夜。岑霍夫还警告施米特留心让卡莉大放光彩的廉价舞场,后来他要求她至少要皈依天主教,这样他们才能在玛丽·拉赫修道院完婚。

卡莉给自己买了一顶帽子,卡尔买了一枚戒指,然后他们就订婚了。后来卡莉突然弄丢了她的护照,让结婚没法进行,也让卡尔大为光火。卡莉却奇怪地保持了镇静。因为他们现在不能作为配偶搬进音乐学院的新公寓，钱也捉襟见肘，因为卡尔仍然没有一份稳定的工作，卡莉只好搬去普莱滕贝尔格住在施米特的父母家，直到他俩能够结婚并生活在一起。他们一同坐火车去那里，然后施米特必须返回杜塞尔多夫，他把他的爱人暂留在怎样一个可怕的环境中，对此他心知肚明："她在普莱滕贝尔格，被卑鄙可恶的母亲和娇生惯养的小安娜包围。"不久，施米特写道，他要把他的卡莉从那个家庭地狱中解救出来，带向圣坛。

他是1912年在一家杂耍剧院结识身为西班牙舞者的卡莉的，深深地迷恋上了她。她当时说，她的名字叫帕布拉·卡莉塔·玛利亚·伊莎贝拉·冯·多罗蒂克。她的护照再也不会出现。理由十足。后来，在离婚诉讼期间他得知，她的妻子不是一个西班牙贵族，而是一个来自慕尼黑的私生女，名叫保利娜·沙赫纳。

❊

不过，在1913年10月，还是有一个地方溢满阳光和幸福。奥古斯特和伊丽莎白·马克与他们的两个儿子搬进了位于瑞士小城希尔特芬根的房子"玫瑰花园"，紧邻图恩湖，湖水和地平线上施托克霍恩山脉被白雪覆盖的巍峨高峰映入眼帘。屋前的草地轻柔地延展到岸边，下午四点，马克一家坐在蔷薇环绕的阳台上啜饮新煮的咖啡。

奥古斯特·马克第一次没有带上任何一张旧画，他想在瑞士重新开始。他还没有从"首届德国秋季沙龙"的打击中恢复过来，还为那次的失败和负面的批评忧愤不已。但是在这里，在遥远的图恩湖畔，沐浴着10月温暖的阳光，没几天他的心情就豁然开朗了。他购买画具，再度出发——他在迄今为止的创作中还从未经历过如此激昂的情绪，在图恩湖边的四个星期里，他完成了一生中最重要的几部作品。他一次又一次地去湖边散步，一次又一次地素描和彩绘优雅散步的女人们、戴着帽子的男人们、温暖而闪亮地透过林荫道洒下的阳光。在后方蔚蓝的湖面上，时不时地浮现一只白色的小船。《阳光之路》，大概叫这个题目，诞生于10月初，画上的树干像女人的衣裙一般闪着光，女人的视线投进深幽的蓝色湖水，浅绿、泛黄的树叶到处闪烁，遮挡了天空，边缘有孩子在玩耍。这里，在图恩湖畔，奥古斯特·马克描摹出他最新的天堂版本。

马克一家拥有一只小船，朋友刘易斯·莫伊利埃特携妻来访，不久之后画家将和他一起开启去突尼斯的传奇之旅，不过眼下他们暂且先一道进行图恩之旅。他们泛舟湖上，停泊在一座小岛旁，点起篝火，埃莱娜用她带来的突尼斯铜壶烹煮精致的阿拉伯咖啡。

工作日期间，他们也过着惬意的田园生活。早晨，推开绿色的百叶窗，让晴和秋日泛着微光的蓝色涌进屋内。

天气很热，整个10月他们都在室外进餐，直到下午，寒意从湖面漫过草地匍匐而来，马克才穿上他心爱的、编织粗糙的大翻领毛衣，抽当天的第一支烟。然后他会和两个男孩瓦尔特和沃尔夫冈在花园里嬉戏打闹。

奥古斯特·马克在房子的最高层建设了他的王国，那是一个带有小阳台的房间，视野开阔，湖水一览无余，他在那里画他在散步时、在帽子店里、在橱窗里偶然看到的东西。伊丽莎白·马克后来讲述她的丈夫如何在中午时分把画从屋顶下的工作室带到花园里来："花园里阳光普照，闪耀着秋天的色彩，他把画放到这光芒的中央：画绝对没有淡去光泽，它们有自己的光彩。然后他问我：'你觉得怎样，这确实是件作品，还是只是低级趣味的东西？我真说不上来。'"伊丽莎白明白这是什么。我们也明白。这是些拥有真实的、征服人心的美的画作，甚至有时候人们只有试图把它们检举成低级趣味，才能承受得住。

II

月

　　阿道夫·洛斯说,装饰是罪恶,他建造的房屋和裁缝店清晰简约到了极致。埃尔泽·拉斯克-许勒和戈特弗里德·贝恩医生之间的一切都完了——她深陷绝望,正在给恩斯特·路德维希·基尔希纳做模特的阿尔弗雷德·德布林医生为她注射了吗啡。普鲁斯特的《在斯万家那边》,即《追忆似水年华》的第一卷出版了,里尔克立即先睹为快。卡夫卡去看电影,他哭了。普拉达的第一家时装店在米兰开业。恩斯特·云格尔,年方十八,收拾行装踏上非洲的陌生土地。德国的天气令人不适,但是贝托尔特·布莱希特认为,每个人都可能感冒。

《现成的自行车轮》,马塞尔·杜尚

11月7日,阿尔贝·加缪出生。他后来写出戏剧《附魔者》。

※

年度领头杂志:在维也纳——何等巧合——11月7日发行了杂志《附魔者》的第一期。封面:埃贡·席勒的一张自画像。杂志的副标题:《激情书页》。

※

11月7日,阿道夫·希特勒画了一张慕尼黑铁阿提纳教堂的水彩画,在谷物市场卖给了一个旧货商人。

※

州议会主席的夫人、热爱生活的什未林-勒维茨女伯爵,11月中旬在普鲁士州议会开设探戈舞茶会。木地板上,女舞者们被政府官员和高级军官团团围住,于是认为探戈舞粗俗不堪的皇帝威廉二世采取了激进手段。11月20日他下达了一条皇家法令,禁止在职军官以后再跳探戈。

※

《蒙娜丽莎》仍旧音信全无。

阿道夫·洛斯最伟大的一年逐渐接近尾声。他在维也纳指环路的糖果店风格中感到窒息,发出愤怒的呼喊:《装饰和罪恶》。现在,1913年,他想用自己自由的精神和清晰的目光来净化的计划、灵魂、商店和房屋是越来越多了。他在拉罗赫巷3号的"朔伊之屋"和在诺塔特巷7号的"霍纳之屋"都完工了。另有两间内室也是他用最低限度派艺术风格布置的,浓缩精华,体现出别人无法模仿的华丽,它们同样在庆祝开业:约翰内斯巷的卡普阿咖啡馆和格拉本大街13号的裁缝店。

正因为洛斯及其美国妻子贝茜和维也纳许多艺术先锋派人士交往密切,例如柯克西卡、勋伯格、克劳斯和施尼茨勒等,所以对他来说,艺术和建筑之间有着天壤之别:"房子得让大家都满意。艺术品不一样,它不必迎合任何人。艺术品想要把人从他的舒适感中拽出来。房子为人的舒适感服务。艺术品是革命的,房子是保守的。"

他1913年的代表作是地处希岑区的"朔伊之屋",它是欧洲第一座梯田别墅,还在建设期间,它白色的简单优雅和阿拉伯风格的梯级激怒了维也纳的精英头脑们。但是它的业主,洛斯的朋友古斯塔夫·朔伊律师和他的妻子海伦却很高兴。"我在设计这座房子的时候丝毫没有想到东方,"洛斯说,"我只是想,如果二楼的几间卧室能够直通一个公共的大平台,将是极为方便的。""朔伊之屋"给所有人以海市蜃楼的感觉。起居室和卧室通向外界,人们可以走上大平台,整座房屋溢满阳光和空气。本地人和当局抗议了很久,然后洛斯做出了妥协:他让外墙覆满植物。洛斯最重视的是房间对人的影响:"然而我想要的正是,人们在我的房间里能感觉到周围的材料,材料对人们产生影响,使他们了解封闭的空间,使他们感受到材料、木头,用他们的脸和触觉感性地认知,使他们能舒服地坐下,用他们身体广泛的边缘触觉感觉椅子,然后说:这里很完美。"

阿道夫·洛斯从来不开玩笑,对一切事情都严肃得要命。尽管如此,他仍拥有不可置信的魅力。人们感受他设计的每一间内室和每一座房屋,它们确实恰到好处。与其建造一些不合适的东西,洛斯宁愿干脆不造。或者正如他自己伟大而真实的信条中所说的:"不要害怕被骂过时。改变旧的建筑方式只有当它意味着改良时才能去做,否则就因循守旧吧。因为真理,即便它已年逾几百岁,与我们的联系也比正在我们身边行进的谎言更多。"挑衅的革新家变身深思熟虑的传统主义者——洛斯对他同时代的观众提出了过高的要求。他毫不介意不被视为现代的(无论这个词到底意味着什么）。但是我们今天明白他有多么现代，大概超过在1913年工作的其他任何一位建筑师。

❋

11月8日22点27分，弗兰茨·卡夫卡在八个小时的火车车程后抵达柏林安哈尔特火车站。10月底，菲丽丝·鲍尔的女友格蕾特·布洛赫担任了布拉格和柏林之间的调解人，试图重新拉近这对不幸的恋人，他们因为卡夫卡拙劣的求婚信好似瘫痪般全无行动了。

11月9日，德国的命运之日，两人第二次相聚于柏林。这次又是一个悲剧。他们在上午晚些时分花了一个多小时穿行过动物园。然后菲丽丝必须去参加一个葬礼，她想回头再去阿斯坎尼亚宫廷酒店和卡夫卡碰面。但是她没有做到。雨缓慢地下个不停。卡夫卡又像3月里那样坐在旅馆里干等菲丽丝的消息。但是什么都没有发生。16点28分，卡夫卡踏上回布拉格的火车。他向中间人格蕾特·布洛赫汇报："我就这样离开柏林，正如我不合时宜地来。"

❋

在11月9日同一天，著名的精神分析师兼作家奥托·格罗斯在柏林弗兰茨·荣格的公寓里被普鲁士警官拘捕，驱逐到奥地利。在那里，他的父亲宣告他疯了，丧失行为能力，把他送进多瑙河畔的图尔恩疗养院。马克斯·韦伯在海德堡倾尽全力地为他们辩护，这是为了他的朋友，奥托的妻子弗里达·格罗斯。《行动》杂志出了一期特刊，从柏林发出抗议。这是一场父子之争，两代人之间不同寻常的冲突。通过剥夺行为能力的方式控制住难以控制的儿子。

❄

在奥匈帝国最重要的港口城市的里雅斯特的密涅瓦大厅，詹姆斯·乔伊斯举办了关于哈姆雷特的系列讲座。此前他尝试过以拍一部电影的名义在都柏林筹集资金，也想过从爱尔兰进口苏格兰羊毛呢卖到意大利，但是都失败了。连他想靠写书来赚钱的努力也付诸东流了。如今他上午做英语老师来勉强度日，下午则给私人授课，大器晚成的作家伊塔洛·斯韦沃是他的学生之一。晚上他大谈哈姆雷特。当地报纸《小晚报》大感振奋：讲座以其"厚重然而清晰的思想，以一种既高雅又朴实的形式，以其机智和活泼，焕发出真正的光彩"。

❄

"轻抚你的／坠落了"，这是聪慧、野性的埃尔泽·拉斯克-许勒初识戈特弗里德·贝恩时曾作的诗。现在他离开了她。她痛苦地倒下,下腹疼痛难忍。当时正在给恩斯特·路德维希·基尔希纳做肖像模特的阿尔弗雷德·德布林医生立即驱车去格鲁内瓦尔德,给她注射了吗啡。他不知道还有别的什么办法能帮到她。

❀

11月13日,《在斯万家那边》出版了,这是马塞尔·普鲁斯特的鸿篇小说《追忆似水年华》的第一部分。此书在被法斯凯勒和奥尔登堡两家出版社以及《新法兰西评论》退回之后,又遭到时任伽利玛出版社编辑的安德烈·纪德的拒绝,普鲁斯特只好在格拉塞出版社自费出版它。可是当第一本样书刚到他手中时,他的司机兼情人阿尔弗雷德·阿戈斯蒂内利就和他分手了。不过其他所有人都迷上了这位作家。里尔克在该书出版几天后就抢读了它。小说以金句开头:"在很长一段时期里,我都是早早就躺下了"——普鲁斯特以此触动了过度疲累的先锋派的神经,从卡夫卡到乔伊斯,从穆齐尔到托马斯·曼,都曾在日记中吹嘘他们某次成功地在午夜之前上床。早早上床睡觉——这对总是昏昏欲睡的现代主义先驱们来说就是对抗抑郁、酗酒、无意义的东张西望与滚滚向前的时间的最勇敢的斗争。

❀

奥斯瓦尔德·斯宾格勒在慕尼黑狂热地继续他的巨著《西方的没落》。第一部分已经完成。斯宾格勒的精神状态：类似西方。他的日记：一个悲剧。他记录道："我没有哪一个月没有自杀的念头。"但是无论如何，"我在内心中所经历的或许比同时代的其他任何人都多"。

❀

阿尔玛·马勒总是把头发绑得太高，在谈话或跳舞的时候很容易散开来。她精确地知道如何让深色的发丝在理想的时刻垂到脸上，让男人们丧失思考能力。今天她终于再次赏赐给柯克西卡这份快乐。因为他完成了他们的双人肖像画，它从年初起就挂在他的画架上，展示了在惊涛骇浪中的阿尔玛和他。他本来想叫它《特里斯坦和伊索尔德》，来源是瓦格纳的歌剧，在他俩第一次相遇时，她曾给他唱过那么一段。但是随后格奥尔格·特拉克尔给画起名为《风的新娘》——这就是最终敲定的名字。11月，深陷债务危机的柯克西卡到他柏林的画廊老板赫尔瓦特·瓦尔登那儿报道："在我的工作室里，一幅我从1月创作到现在的伟大作品《特里斯坦和伊索尔德》，2.5米×3.5米，10 000克朗，几天前完成了。我必须在1月1日之前取得10 000克朗的担保金，因为我的妹妹和一个男人订婚了，并将在2月结婚。这幅画的公开将引起轰动，我最强力、最伟大的作品，一切表现主义努力的巅峰之作：您想赢得它吗？您可能由此取得一次举世瞩目的成功。"

谦虚从来不是奥斯卡·柯克西卡的强项。但令人惊喜的是：阿尔玛·马勒承认在《风的新娘》中确实看到了她长久以来所要求的柯克西卡的杰作。"他在巨幅画作《风的新娘》中描画了我，我在风暴和惊涛骇浪中充满信任地依偎在他身旁——期待从他那里得到所有的帮助，他，一脸强硬的表情，浑身带劲地让风浪平息下来。"她很喜欢这幅画，她认为自己精力充沛，拥有让人平静的力量，能平息世界的波涛。阿尔玛，世界的女王。她如此设想她爱人的杰作，作为向她盲目的臣服的表达。至于曾经承诺为此嫁给他的事，她故意避而不谈。但是作为奖励，他被允许去塞默灵，因为她的新居已经竣工了。他可以在那里进行新一轮创作。

自夏天开始，阿尔玛让人在布莱滕施泰因建造一座奇特的房子，地皮是马勒于三年前买下的。这座房子看起来像一个超大的壁炉，深色调，松木瓦屋顶刚刚盖好，环绕的阳台让所有的房间都变得昏暗而阴沉。这是一座忧郁的寺庙。客厅里悬挂着一幅柯克西卡给阿尔玛的画像,他把她画成了制毒者鲁克蕾齐亚·波吉亚。旁边的一个玻璃柜里放着马勒未完成的第十交响曲,翻开在那垂死的病人大声呼救的一页:"阿尔米西,亲爱的阿尔米西。"

作为对他的《风的新娘》的褒奖,柯克西卡仅被允许涂画塞默灵房子的起居室,壁炉上方是一幅四米宽的壁画,主题令人惊讶:阿尔玛·马勒和奥斯卡·柯克西卡。或者如阿尔玛的表述:"展现我如何在幽灵般的光辉中指向天空,而他站在地狱里,似乎被死亡和蛇群包围。整体的灵感来源于持续燃烧的壁炉火焰。我的小古奇在旁边说:'嗨,你就不能画点除了妈妈以外的别的东西吗?'"好问题。答案是:不能。

❄

里尔克在巴黎心烦意乱地想起德国的夏天和秋天。他不安地在他所有的女人和"女王"之间来回游走,仍是妻子的克拉拉、前女友西多妮和露、夏日恋人埃伦·德尔普、他的母亲、赏识他的女士卡西勒、冯·诺斯蒂茨、冯·图尔恩和塔克西斯。一切皆有可能,没有一条明确的道路可走,也不知通往何处,这是赖纳·马利亚·里尔克在11月1日的所思所想。对生活来说,这是一场灾难;对诗歌来说,这是一个启示:

道路,敞开

这在我面前不再长久,

这不听使唤的,钳制我后退的:

道路,敞开,天空,纯净的山丘,

没有可爱的容颜逝去。

哦,爱情选择的痛苦

我日日夜夜地感觉到:

逃向彼此,再偷偷溜走,

没有什么通往幸福。

贝托尔特·布莱希特在奥格斯堡悲叹:现在是11月,又到了感冒的季节。除此之外,这个十五岁的中学生还为各种事情痛苦:他的日记中记录了他的头痛、感冒、黏膜炎、背部刺伤、后背疼痛、流鼻血。每天都有对他自己的"感觉"的病情短报。他饶有兴味地观察自己的病痛,并升级成他每分每秒的疾病收益:"上午米勒医生来了。干性支气管炎。有意思的病。每个人都可能感冒。"

俗语"一天一个苹果,让医生远离我"最早出现于

1913年的英国。出处是伊丽莎白·M.赖特的书《质朴的言语和民间文学艺术》。

❋

埃米尔·诺尔德非常缓慢地接近南太平洋。11月5日,他们成功渡过黄海,到达中国。他们乘坐蒸汽轮船"艾特尔·弗里德里希王子"号经过台湾,五天之后到达香港。然后从香港出发,探险小队乘坐蒸汽船"瓦尔德马王子"号穿越中国南海去往德属新几内亚。但是当他们在遥远的德国殖民地登陆后,诺尔德心神混乱了。他没有发现一个世外桃源般的天堂,却看到了一个倾销市场。1913年11月他给家乡写信:"亲爱的朋友,我无比痛心地观察到,这里的整个国家都被最糟糕的欧洲日用小百货淹没,从煤油灯到最平庸的棉料,被染成虚假的苯胺颜色。"他抱怨说,早知道会看到这些东西,他绝不会有此行。他的画具留在箱子里动都没动,他诅咒他的所见。

❋

11月2日,伯特·兰开斯特出生。

❋

格奥尔格·特拉克尔从威尼斯返回奥地利后,那座堕落的城市才（晚了一步）变成制造灵感的机器。在1913年的最后几个月里，诗意以意想不到的强制力量席卷了他，几乎打破他的脑袋。语言的狂醉讲述着内心的地狱业火。

"一切都裂成了两半。"他在11月写道。永远难以完全澄清那时到底发生了什么，但是可以猜测，是他亲爱的妹妹格蕾特怀孕了。孩子到底是她（身在柏林的）丈夫的，是他特拉克尔自己的，还是他私自认为和妹妹有一腿的他的朋友布施贝克的，没有人清楚。我们只知道，在特拉克尔11月的一首诗里出现了"未出生的孩子"一词，三个月后他又写道，他的妹妹流产了。但是谁知道呢。他的灵魂饱受蹂躏，生命本身已足够撕裂他。

出于对他的赞助人兼拯救者路德维希·冯·菲克尔的感谢，他尽管心情沮丧，仍然被说服了在公众场合露面。他在菲克尔的杂志《燃烧器》在因斯布鲁克音乐大厅里举办的第四个文学之夜上做了演讲。诗人大概不得不说，他现在似乎仍然喃喃自语地奔跑在威尼斯利多岛的海滩上："可惜诗人读得太无力，躲躲藏藏，好似在读过去或未来的东西，直到后来人们才从这位极其独特的人物的单调的、祈祷般的插话中识别出他的言词和句子，然后是图像和韵律，这些构成了他的未来主义的诗作。"这是约瑟夫·安东·施托伊雷尔在《蒂罗尔州公报》上对此的报道。

在利多岛和音乐大厅的两场拙劣表演之间,产生了20世纪德语诗歌的核心篇章之一。总共有49首诗,包括主要作品《梦中的塞巴斯蒂安》《卡斯帕·豪瑟之歌》(一部献给同去威尼斯的阿道夫·洛斯,另一部献给他的妻子贝茜),以及《邪恶的变形》。实际上诞生的诗歌应有499首或4 999首,因为特拉克尔的诗从来没有完成,有无数的版本、标题、翻新、修正和变形。他一次又一次地执笔改写手稿,他一次又一次地给发表他的诗的杂志出版人写信,说这个词必须换成那个词,那个词又必须换成这个词。一个"蓝色"可能变成"黑色",一个"安静"可能变成"智慧"。人们看到,他如何反复摆弄各个主题,如何尝试把主题一个诗节一个诗节地安排好,以及,假使这一切都不成功,他如何又把它们删除干净,然后挪进下一首诗,带进下一年。"从很高的意义上也没法更好。"阿尔贝特·埃伦施泰因这么说格奥尔格·特拉克尔。这话可说错了。即便他自己也是可以变得更好的。但也只有靠他自己。他的诗是所听、所读(主要是兰波,还有荷尔德林)、所感的蒙太奇。然而他的身上也可能发生那样的事,就如1913年11月的诗《变形》中所写的,作为"在夜间坏死的岩石"中迸发的"蓝色的泉源"开始的,却在最后变成"蓝色的花","在泛黄的岩石中轻声吟唱"。浪漫主义永远是出发点,可它有时也是安静的乐手特拉克尔的渴望目标。仅仅在他1913年秋天的诗作中,蓝色的花就绽放了九次。但是在他给诺瓦利斯写的墓志铭中,蓝花在前半段就凋谢了。不过,"蓝色"刚刚枯萎,刚刚被画掉,许许多多新的词汇实验接踵而来。然后花可以千变万化:先是"夜间的",再是"光彩四射的",最后是"玫瑰色的"。特拉克尔的诗不够简洁,因而显得不像预言。在他的诗里,德语词汇再度闪耀其全部的华丽,展示其全部的力量,运用了萨尔茨堡后期巴洛克的风格,直到特拉克尔打开通往他灵感的机械室的大门,让过去的腐毒之气吹过去,还有他灵魂的冰冷气息。到处都有花朵死亡,森林变暗,鹿群逃跑,声音喑哑。

> 一个死人拜访你。
> 从心脏中汩汩流淌出自行泼洒的鲜血
> 黑色的眉毛中停驻着难言的时刻;
> 黑暗的相逢
> 你——紫色的月亮,因为它现身在
> 橄榄树的绿荫。
> 永恒的夜晚随之而来。

这些永恒的虚无经验显得过于像生存体验了,使得人们没法指责其言词的迷醉,或者干脆说是媚俗。特拉克尔只能诗意地表达,他的修正和翻新是他的自传。他远远地望见了黑暗,捕捉到稍纵即逝,述说出不可思议。他看进自己的内心,从而成为不可见之物的证人,放飞仅仅在内省中才能得到彻底解放的想象力。

特拉克尔字斟句酌,和他的语言作战,直到他认为可以把它们释放到世界上。在这个世界,他自己都没有办法活下去。他的诗歌——即便它们讲的是人类最后的日子——也没有宣告任何灾祸。在他的诗里,历史早已在迪伦马特的意义上摒弃了"最坏的转折",正因为这转折已经一度被想到,一度成诗。

※

11月3日,玛丽卡·勒克出生。

※

罗伯特·穆齐尔累了,比他的妻子先上床。但他睡不着,某个时候他听到她走进浴室洗漱收拾。然后他摊开总是放在床头柜上的笔记本,拿起铅笔,简单地写下他的经历:"我听到你穿上睡衣。但这还远远没有结束。还有数以百计的琐碎小事。我知道你在抓紧时间,显然这一切事情都是必要的。我理解：我们观察动物们无声的行动，惊奇地看到这些应该没有灵魂的生物是如何做出接二连三的举动的，从早到晚。道理是一样的。你无意识地履行无数行动，它们在你看来是必要的，其实完全无关紧要。但是它们广泛地深入你的生活。我，我在等待，偶然感觉到了这点。"在用心感觉的、惊奇的、兴奋且温柔的倾听和观察中也体现出了爱意。

※

11月1日，官方宣布巴伐利亚国王奥托疯了。医生们诊断他已到"长期性精神病的晚期"。因此摄政王路德维希可以作为路德维希三世合法继承王位。

※

沃伊采克疯了，他产生了幻觉："城市上空灼灼燃烧！一团火焰横扫天际，轰隆之声好似从长号中倾泻而下。"在胡戈·冯·霍夫曼斯塔尔敦促多年之后，11月8日，1813年出生的格奥尔格·毕希纳写于1836年的戏剧残章《沃伊采克》在慕尼黑皇宫剧院首演。它完美地应和这一年，选择了恰到好处的时机渗透进人们的意识。这是怎样的一部戏，怎样的语言，怎样的节奏啊。剧本快满八十岁了，却完全应时应景。它是和亨利希·曼的《臣仆》平行的故事——只是更加暴力、更加古朴。沃伊采克让自己被一个医生滥用于实验,又被侮辱他的上尉愚弄,当他心爱的玛丽和风流倜傥的"鼓号官"合伙欺骗他后,他再也控制不住自己的进攻之心,刺死了她。受害者变成了肇事者。"核心点变成了"——如阿尔弗雷德·克尔所说——"折磨他人的人类——不是被折磨的人。"这是一部无产阶级剧作,一部起义和叛乱的戏剧。里尔克激动得说不出话来:"这是一部无与伦比的戏剧,这个饱受虐待的人穿着他的雇工衫站在宇宙间,身不由己,身后无尽的群星闪耀。这就是戏剧,戏剧才可以是这样。"不过,这首先是一种独特语言的狂欢,它在幻觉和童话之间、腐化和诗意之间追寻而至,像秃鹰一般朝着某人俯冲下来。戏剧的最后是关于一个孤独的孩子的童话:"因为地上再无一人,她想去天上,月亮友好地凝望她。等到她终于接近了月亮,月亮变成一块腐烂的木头。她又去找太阳,等到她刚一到达太阳,太阳变成一朵枯萎的向日葵。她奔向繁星,发现它们是金色的小蚊虫,它们被固定起来,就像被红背伯劳鸟插在黑刺李上。她想重回地球,地球已变成一个翻倒的码头,她彻底孤苦伶仃了。"

这是一则完全迎合1913年品位的童话。无可慰藉,没有任何乌托邦,但是充满诗意。

也许他也是11月8日《沃伊采克》首演的观众之一,他位于埃恩米勒街19号的住所离剧院只有几步之遥:爱德华·冯·凯泽林,当年最伟大,也是最容易被遗忘的反乌托邦者。他长相奇丑,又患上了严重的梅毒和脊髓病,如今这位贫困的波罗的海伯爵与他的两个姐妹亨丽埃特和埃尔泽住在施瓦本的一层小楼里。他现在几乎完全失明,但是他让他的姐妹们来帮他写下色彩缤纷的故事和小说。他年复一年出版的书里基本上讲的都是同一个故事,但它是语言上独一无二的、召唤自然的反复吟唱,他想要以此让贵族阶层温和的消亡变得更轻松。他把他们所欠缺的自我反省鉴定为其最明显的识别标志。他的书中流露出鼓舞人心的安宁,不惜笔墨描写感觉,堆叠言语和形容词,他使用这一切语汇只为了掩盖世界随着现代化而跌入的无意义的深渊。没有人,除了施蒂夫特的《晚夏》,能像他那样带着如此多的激情千变万化地描写北方夏天的辉煌。同时,爱德华·冯·凯泽林想要把怀旧的思绪表现为一种对当下无能为力的把握方式。当他笔下的人物说话的时候,他只是倾听,心存疑虑,权作消遣,神思恍惚。他只相信大自然,相信它的生长、开花和枯萎。相当天才。他最伟大的反乌托邦宣言《浪潮》刚出版不久,1913年他又开始写中篇小说《在南坡》,这是他的顶级之作。主人公卡尔·埃德曼·冯·韦斯特-瓦尔鲍姆和作者一样曾经在波罗的海拥有一处庄园,"敏感,且像在南坡成熟的水果一般精致"地徘徊在一场危险的决斗中。整部小说都围绕这场决斗展开。同时,故事里的贵族们嘲讽两性关系中的第一次决裂,大约是在被所有人梦寐以求的达妮埃拉·冯·巴尔多对她的崇拜者卡尔·埃德曼说出这番话的时候:"您应该不希望也变得复杂,现在所有人都希望变得复杂而神秘,他们相信那样就能讨人喜欢。"不久,他写了一封自认为感情真挚的情书,她把它带进凉亭,像用手术刀一般小心整齐地拆开,称之为"媚俗"。所以说,《在南坡》也是语言怀疑主义的一座丰碑。最让人无法抗拒的是,凯泽林是如何把握整个故事的悬念的,他把一切都引向那场不祥的大决斗。是卡尔·埃德曼这个自以为是的庸俗情人胜出,还是那个侮辱过他的勇敢的对手胜出?然后,高潮来了,凯泽林干脆让两颗子弹擦肩而过,决斗者们再次收拾起行装。一切分崩离析。什么是所谓的"传奇故事"?压根不是,这里根本没有"事件"。列席决斗的医生显然很失望,凯泽林神妙地讽刺他"内心已做好万全准备"。

所有参与者(连同读者)都感觉,仅仅这场危险的决斗和可能的死亡就是某种预示。当代文学极少如此专注于人的心态气质的研究。或者说，1913年，是在历史的南坡的一年。

✺

恩斯特·云格尔也在"内心已做好万全准备"。他对冒险的渴望驱使他离开巴德雷堡这个散发着奶牛、泥炭和老年人气味的疗养地，他要离开父母的房子，它的铅格窗子几乎完全遮挡了外界的阳光。

他曾在8月穿着冬天的衣服走进父亲的温室，让他的身体为极端的条件做好准备。现在他感觉去非洲的时机已经成熟。几年来，他一直在书桌底下阅读深入黑暗的心脏地带的探险游记。如今他想亲自前往了。"在一个潮湿、薄雾弥漫的秋日午后，我心怀恐惧，浑身战栗地走进旧货店购买了一把六发左轮手枪和弹药，花了12马克。我怀着胜利的感觉离开商店，再立即赶去书店买了一本厚厚的《黑暗大陆的秘密》，我觉得它是必不可少的。"

接下来，把手枪和书装进背包，他于11月3日出发了，没有知会任何人。但是从雷堡怎么坐火车去非洲呢？可惜他的地理从来不是太好。恩斯特·云格尔买了一只哨子，让自己感觉更成熟一些，并加强他的冒险心,然后买了一张四等座的车票,朝着西南方向从一个火车站移动到下一个火车站。他走得越来越远,先是到了特里尔,接着经过阿尔萨斯-洛林,云格尔经过了一段漫长的奥德赛之旅,11月8日,他正好抵达凡尔登,在那里加入外籍军团。他被编入第26指导中队,编号15308,被派遣到马赛,在那里登上轮船,去往他的梦想之地:非洲。地方报纸报道:"巴德雷堡,11月16日。高中生当了外籍军团士兵。八年级学生云格尔,矿主、哲学博士云格尔的一个儿子,被招募进法国外籍军团,现已在经由马赛去往非洲的途中。可怜的父亲向柏林的外交部寻求帮助。德国大使馆奉命和法国政府取得联系,争取遣散云格尔。"

❋

普鲁士公主维多利亚·路易丝和汉诺威亲王恩斯特·奥古斯特二世在5月完婚后,11月迁往布伦瑞克。等了将近五十年,布伦瑞克终于再次迎来一位韦尔夫家的公爵。这对年轻夫妇生活幸福,生了五个孩子。

❋

阿尔萨斯-洛林境内的边防小镇萨韦尔恩自1871年后归属德意志帝国,10月28日,这里发生了一些大事件。晚上,德国兵营来了几十个示威者,他们抗议军团司令官君特·冯·福斯特纳男爵向新兵们宣告法国人都是"瓦克斯"①,以及"你们可以向法国国旗拉屎"。这些话登上了地方报纸,引起居民的恐惧。示威者举起海报,想争取更多的尊重,这时军团司令官下令让三支步兵队用实弹和刺刀回应。抗议者陷入恐慌,德国士兵却还是追打他们,逮捕了三十余人,其中包括一些无辜路人。他们被关进没有光线和厕所的煤窖。后来军团司令官君特·冯·福斯特纳男爵发表了如下讲话:"如果现在有鲜血流淌,我认为这是一种幸福……我现在拥有指挥权,我有责任为军队谋得尊重。"

五天后,他带着一队士兵被人认出,一家鞋厂的几个工人朝他叫喊:"瓦克斯少尉。"听到这个,他情绪失控,殴打了一个跑得不够快的残疾工人,用军刀打他的脑袋。他倒下了,血流不止。

时隔仅仅一天后,柏林的德国国会就萨韦尔恩事件展开了辩论,"萨韦尔恩纠纷"前所未有地威胁到法国和德意志帝国之间的和平。德国战争部长埃里希·冯·法尔肯海恩没有被德国军方的公然违法行为动摇。他声称,"喧嚣的骚动"和"煽风点火的新闻机

---

① 瓦克斯(Wackes):过去在瑞士西部、巴登、普法尔茨和萨尔较为常见的、通常是贬义的俚语,用于称呼阿尔萨斯地区的居民。1913年因此称呼引发了萨韦尔恩丑闻。如今已不用于指代特定地区的人,而是根据场合表达出嘲讽以至贬低的意味。

构"才是使萨韦尔恩形势恶化的罪魁祸首。不久,州议会里也发生了骚乱,反对派抗议这种为军方逾越法律和秩序的行为找理由的做法。中间派议员康斯坦丁·菲伦巴赫说:"军方也应遵守法律法规,要是军队不受法律束缚,平民成为军队恣意妄为的牺牲品,要是我们到了那种地步,那么,先生们,德国完蛋了!……这是德意志帝国的灾难。"然而真正的灾难这时候才来临:德国国家元首威廉二世实际上首肯了德国军队的活跃行为,他在所谓的"萨韦尔恩纠纷"中没看出来什么激烈的问题。对指挥官福斯特纳的判决出来了,他先是因为故意伤人罪被判处43天监禁,在上诉过程中,又被高级军事法庭改为无罪释放,欧洲媒体一片哗然。法官声称,福斯特纳只是进行了"假想防卫",所以是无罪的。自由派的《法兰克福报》意识到了这无罪释放所传递出的令人不寒而栗的信息:"中产阶级遭遇了失败。这是萨韦尔恩诉讼真实可见的标志。……在军方力量和市民力量的角逐中,军事法庭确定了前者享有对市民阶层不受限制的统治权。"

❋

1913年,普拉达公司创立,在米兰的埃马努埃莱长廊开设了它的第一家分店,经营高档皮具。

❄

德皇威廉在11月中旬坐火车到达哈尔贝的"皇帝车站",然后换乘马车进入都布罗的森林地带。下午一点半在那里用布和网圈出一块地,开始狩猎。猎物被赶到它们的皇帝陛下的射程内。两个填弹帮手不停地给皇帝补充弹药。下午2点45分鸣金收兵,共收获560头猎物。德皇威廉二世单独射杀了10只鹿和10头母猪。在晚间的庆功宴上,他提议给他的精准枪法立一座纪念石碑。

❄

1913年11月,托马斯和亨利希·曼之间进行了最亲密、最互相理解,而且或许是最诚实的书信往来。托马斯·曼在这个时候过得不好。他的妻子卡蒂娅身体不佳,她几个月乃至几年间试图在疗养地医治的咳嗽又犯了,比以往更猛烈。另外,他第一次遭遇了严重的赤字,硬撑着盖完了波辛格街已到最后建造阶段的房子。他请求他的出版商萨穆埃尔·菲舍尔给他的下一部小说预支3 000马克。他给哥哥亨利希写信说道:"我的全部兴趣总是在衰败方面,也许这就是阻止我对进步感兴趣的真正原因。"接着又说道:"但这是说的什么废话啊。

如果时代和祖国的苦难全都压在一个人身上,那人却没有能力将之刻画出来,将是多么糟糕。不过这大概也正属于时代和祖国的苦难的一部分。还是说,它们会在《臣仆》中被刻画出来？我期待你的作品,更甚于我自己的。你在灵魂上更擅长此道,而这正是决定性的要素。"然后,是罕见的温暖的兄弟之情:"我这么给你写信,当然是明显的鲁莽了,因为你要怎么回答呢。"但是即将在几个月后结束伟大的时代小说《臣仆》的亨利希·曼显然知道该怎么回答。只是我们不知道他的反应,只知道托马斯·曼的:"我衷心感谢你聪明、温柔的回信。"接下来,是某种突然向兄弟姐妹们表达的爱:"很久以来,在我最美好的时刻,我一直梦想再写一部真实的长篇生活故事书,作为《布登勃洛克一家》的续篇,写我们五个兄弟姐妹的故事。我们是值得被写出来的。每个人都值得。"他后来再也没有让他的哥哥如此深入地洞察他深受疲劳和怀疑折磨的灵魂。

《蒙娜丽莎》无影无踪。

马塞尔·杜尚仍然对艺术不感兴趣,但是他有了一个想法。"人们是否能够,"他自问,"创造出不是艺术品的作品呢?"秋天,他位于巴黎圣伊波利特街的新公寓里突然出现了一辆自行车的前轮,他把它组装到一把普通的餐椅上。对此,马塞尔·杜尚随口说道:"这是我想在我的房间里有的东西,就好像想要火或者卷笔刀一样,只不过它没什么用途。这是一个令人愉快的装置,它具有的运动性让人愉快。"杜尚感觉当自己用手转动轮子时,就会变得平静。这无尽的"围绕自己转圈"很讨人喜欢。在巴黎、柏林和莫斯科,艺术家们还在战斗,为了澄清当今立体主义、现实主义、表现主义或抽象派谁是王道,年轻的杜尚却只是在他的厨房里安装了一个自行车轮子,从而创造出第一个"现成品"。这是艺术史上最漫不经心的范式转变。

❊

11月20日,卡夫卡在日记中写道:"看了电影。哭了。"

❊

1913年,青少年保护人士呼吁人们重视在电影院的情感控制。教育家阿道夫·塞尔曼在他的书《电影和学校》的前言中写道:"全体教师都有责任警惕坏电影带来的一切危险,保护我们的青少年不受此侵害。学校应起到澄清是非的作用,使人们无论在校园之内还是之外都能够洞察到,今天的电影院往往提供了多么糟糕的精神食粮。学校必须在媒体、家长会和各类大会上进行宣传教育,必须敦促有关部门采取法律措施、颁布治安条例,保护我们的青年一代免受电影可能带来的破坏性影响。"在富尔达,德国主教会议向圣职者下达了特殊的指导方针,以遏制电影的负面影响。任何人不得为粗制滥造的媚俗之作而哭!规定六岁以下的儿童不得进入电影院。此外成年人应避免看有违道德标准的电影。

人们管这叫虔诚的愿望。

❄

多么美丽的名字:阿尔贝特·蒙斯多夫-普伊-迪特里希施泰因伯爵。在遥远的19世纪,他的祖先娶了萨克森-科堡的一位公主,使得阿尔贝特·蒙斯多夫也被叫作阿里伯爵,几乎和所有的欧洲宫廷都扯得上亲缘关系,这每天带给他新的兴奋。这位驻在伦敦的英国国王的表亲兼帝国大使于1913年11月完成了他的杰作。英国国王乔治五世写信给他,希望"大公和公爵夫人能够安排在11月来温莎玩几天射击"。他们是否能够!这是对奥地利皇位继承人和他在外交场合饱受羞辱的妻子、公爵夫人索菲的第一次官方邀请。冯·蒙斯多夫-普伊-迪特里希施泰因伯爵清楚他做到了什么，于是给弗兰茨·斐迪南大公写信："如您所知，我非常憎恶这类官方行为，它安排了晚宴、祝酒、接待会、戏剧、等等，等等，人们在那里变得似病非病，急着作死（原文如此）。"这是一个恶劣的玩笑。因为这位伯爵可能是奥匈外交界最热心派对的人——他收集参加晚宴的每个人的菜单，在第二天早上画出一张座位图，标出他旁边坐的是谁。他如此谴责大公出访的社交部分，只有一个原因，那就是他由衷地厌恶那位皇位继承人。大公倒是压根儿无所谓。他很享受能和妻子进行第一次正式的出国访问。他也享受在和威廉皇帝一起狩猎之后才过两星期，现在又可以和国王乔治五世在温莎城堡附近追捕野鸡。弗兰茨·斐迪南和国王由三位英国公爵陪同出行，而女士们留在温莎城堡聊天、听音乐会。11月18日星期二，射手们已经捕杀了赶猎人驱赶到他们步枪下的上千只野鸡和450只野鸭。11月19日星期三，他们在明媚的阳光下射杀了1 700只野鸡。星期四大约又抓获1 000只野鸡。然后到了星期五，风雨鞭打皇家狩猎队员的脸，但仍然有800只野鸡和400只野鸭被杀。一场屠戮。

12

月

一切未知:美人们的未来和嘴唇。卡济米尔·马列维奇画了一个黑色的四方形。罗伯特·穆齐尔觉得德国一片黑暗。《蒙娜丽莎》在佛罗伦萨找到了,它成为世界上最重要的油画。赖纳·马利亚·里尔克情愿变成一只刺猬。托马斯·曼澄清:我写的不是魔术学徒,我写的是魔山!埃米尔·诺尔德在南太平洋的天堂里只看到不安的人群,卡尔·克劳斯却在雅诺维茨找到幸福。恩斯特·云格尔在非洲被人找到了,正在巴德雷堡庆祝圣诞节。星运如何指示呢?

《白底上的黑色四方形》,卡济米尔·马列维奇

1913年12月,当第一件"现成品"餐椅上的车前轮在巴黎的马塞尔·杜尚的手中转动的时候,在莫斯科诞生了第一个"黑色四方形"——这是现代艺术的两个零起点。

马列维奇在1913年于芬兰乌西科尔克举办的未来主义者大会上也引进了"至上主义"的概念,这对他来说是"一种新文明的开始"。他自己已甩开写实艺术的包袱,他声称即便是立体主义也没有脱离它的轨道。他要前进,他不再需要什么,不要真实,不要颜色。1913年12月,他在圣彼得堡的画展"0,10"上展示了他最新的35幅作品,他的"至上主义宣言",以及他闻所未闻的油画《白底上的黑色四方形》。这张画仅是一种挑衅、一种启示。在马列维奇看来,这四方形体现了"零-形式",纯粹空洞的体验。在黑与白的强烈对比中产生了他眼中的普遍性能量。这是艺术的终点,同时也是某些全新事物的发端。这是对加诸艺术家和艺术身上的所有要求的拒绝——从而恰恰是艺术自主性的最强烈的自作主张。想到1913年,也应该想到这"黑色四方形"。

给1913年刻上烙印的第二件杰作已经四百岁了,

被画在一张77厘米×53厘米大的伦巴底白杨木板上——列奥纳多·达·芬奇的《蒙娜丽莎》。自从两年前被从卢浮宫盗走之后,它一直无迹可寻。

然而,佛罗伦萨的艺术经销商阿尔弗雷多·杰里在12月初收到了一封信。这位大腹便便的绅士肩膀宽阔,乐于社交,他在博尔戈奥尼桑蒂街经营一家古玩店以迎合佛罗伦萨的上层阶级。埃莱奥诺拉·杜塞(通常被叫作杜塞)和她的情人加布里埃尔·邓南遮也是他的顾客。手中的这封信让他心烦意乱。这是事实,还是一个疯子的胡言乱语?他又读了一遍:"失窃的列奥纳多·达·芬奇的作品在我手中。它明显属于意大利,因为画家是意大利人。我的愿望是让这一杰作回到让它诞生、给它灵感的国家。列奥纳多。"

然后杰里成功地给那个可疑的发信人"列奥纳多"去信约好12月22日在米兰的某个地方碰头。但是12月10日晚上七点半,当杰里正要关店门的时候,一位先生来到他面前,此前他藏身在最后一批游客当中:"我的名字是列奥纳多。"杰里惊愕地打量他:他面色晦暗,黑色头发油光发亮,翘翘的小胡子,整体看来有点油乎乎的。该名男子说,他的确来得有点早,用"列奥纳多·温琴佐"的名字下榻在潘扎尼街的阿尔贝戈·的黎波里-意大利旅馆。也就是说,跟四百年前丽莎·德·焦孔多给列奥纳多做模特的地方博尔戈圣洛伦佐只隔了一个街区。

第二天下午三点,列奥纳多说,杰里先生可以去他的住处看《蒙娜丽莎》。杰里把这事告诉乌菲兹美术馆馆长乔瓦尼·波吉,他们一行三人从古玩店出发,走向那间破旧的旅馆。杰里和列奥纳多在穿过街道的时候达成一致,如果那幅画是真货,列奥纳多可以得到50万里拉。这很不错,列奥纳多说,但是他想要的完全不是钱,他只是想向意大利归还它被抢走的艺术珍品。波吉和杰里面面相觑。

然后先生们爬上阿尔贝戈·的黎波里-意大利旅馆陡峭的楼梯,列奥纳多简陋不堪的单人间在三楼。他从床底下拖出一只箱子,把内衣裤、工具和剃须用品等一切内容物全扔到床上。接着,他打开手提箱的第二层底,拿出一块红绸布衬着的木板。"在我们的眼前出现了神圣的焦孔多,保存完好,丝毫无损。我们把它举到窗前,和带来的一张照片做比较。波吉仔细检查了它。"生意人杰里后来叙述道。没什么可怀疑的了,它的背面还刻着卢浮宫的展品序号。尽管无比兴奋,杰里和波吉还是保持了冷静——他们对列奥纳多说,很可能他带来的画就是一直被寻找的那幅,他们必须进行更多的调查。长途旅行后筋疲力尽的列奥纳多,想着他50万里拉的前途,把画靠在他房间的墙壁上,躺下睡午觉了。

波吉立刻通知了警方——宪兵们开门的时候,列奥纳多还在沉睡,床边散落着他手提箱里的全部内容。他毫无抵抗地被拘捕了。《蒙娜丽莎》在警察的保护下被送到乌菲兹美术馆。波吉十分清楚这发现的重大意义,他不仅致电罗马的文化部长科拉多·里奇、法国大使卡米尔·巴雷尔,而且设法与国王维托里奥·埃马努埃莱三世、教皇庇护十世取得了联系。

在意大利国会,有两名议员正在斗殴,这时有人走进会议厅,大喊:"La Gioconda ha trovato!"焦孔多又回来了!人们立刻听懂了这个消息。刚刚还在打架的两人转眼就拥抱在一起,兴奋地彼此亲吻。

从这一分钟起,意大利各地都陷入对《蒙娜丽莎》的狂热中。那么列奥纳多呢?列奥纳多的原名叫温琴佐·佩鲁贾,三十二岁,在失窃案发生时作为切玻璃的临时工受雇于卢浮宫。他把《蒙娜丽莎》镶嵌进有问题的玻璃框里。既然是他把它装进去的,他也知道该怎么最简便地拿出来。他让自己在夜里被关在馆内,取出画,用亚麻布包起来,早晨带着它漫步出卢浮宫,认识他的守卫还跟他简短地打了招呼。

这真是荒唐至极。警方为了抓捕小偷,提取了卢浮宫里每一个人的指纹，每一个清洁工、每一个艺术史学家、每一个档案保管员，无一放过，因为小偷在画框上留下了痕迹。但是人们忘了切玻璃的临时工温琴佐·佩鲁贾。像对待其他每一个卢浮宫的工作人员一样，警方在寻找《蒙娜丽莎》的过程中甚至也去过他家，搜查过他位于圣路易医院街5号的陋室。但是警察没有看看床底下。

因此，在距卢浮宫直线距离一公里的地方，全世界动用最大力量寻找的艺术品躺了两年。这个故事太让人震惊了：对卢浮宫、对巴黎警方都是。不过它同时也是一个伟大的、带来好运的圣诞节讯息。佩鲁贾在他的牢房里收到心怀谢意的意大利人寄来的无数感谢信、糖果和礼物。

加布里埃尔·邓南遮就此写道："他，梦想名望和荣誉；他，拿破仑盗窃案的复仇者，带着它跨越国境回到佛罗伦萨。只有一位诗人，一位伟大的诗人才会怀揣这样的梦想。"

12月13日，法国政府官员和艺术史家就已抵达佛罗伦萨，辨别《蒙娜丽莎》的真伪。意大利文化部长里奇说了一通漂亮话："我只是希望法国人把这画鉴定为仿品，那样《蒙娜丽莎》就可以留在意大利了。"可惜法国人也判断该画是原件。

阿尔弗雷多·杰里获得卢浮宫给的一笔酬金,法国政府给他颁发了荣誉军团的花环。列奥纳多,又名温琴佐·佩鲁贾,被判处监禁七个月。

12月14日,在一支由法国和意大利两地身穿阅兵礼服的警察组成的独特的国际荣誉护卫队的看护下,镶在镀金核桃木的豪华边框里的《蒙娜丽莎》像游行一样被举着穿过大街小巷,挂进乌菲兹美术馆。三万多人目睹了这一幕,意大利的孩子们放了一天假,好去佛罗伦萨瞻仰他们民族的神圣瑰宝。12月20日,一列特等豪华客车载着画和一车贵客前往罗马,来到国王维托里奥·埃马努埃莱三世面前。第二天,他在法尔内塞宫象征性地把画递交给法国大使馆。圣诞节期间,在鲍格才别墅再一次展出该画——开馆时间里,文化部长里奇自己就坐在画的旁边,他承诺一秒钟也不会让画离开他的视线。夜里有十几名警察照看它。接下来,《蒙娜丽莎》被用豪华客车送往米兰——在最严密的安全防范下,在布雷拉博物馆展出两天。《蒙娜丽莎》周游意大利的旅程是一次空前的胜利游行。火车每经过一个火车站,都会有人欢呼雀跃,挥手致意。从米兰出发,《蒙娜丽莎》在米兰——巴黎的特快列车上占据一节私人车厢。它得到女王般的招待。12月31日深夜,《蒙娜丽莎》越过了法国边境。它作为一幅画离开卢浮宫,如今作为一团谜返回这里。

※

在《新评论报》12月号的一页未标页码的广告副刊上刊登了奥斯卡·比耶的一则小笔记,他之前去托马斯·曼家里拜访过他:曼在写一部新的中篇小说,题目叫《魔术学徒》。比耶的字迹太潦草,他常常自己都认不出,害得托马斯·曼整个12月都忙着告知那些因此给他写信的朋友和熟人:"您可别认为,(小说)已经完成了。另外,它的名字是《魔山》(比耶看错了)。"

※

12月15日,伟大的诗人、伦敦最活跃的核心文化代理人之一埃兹拉·庞德给的里雅斯特的詹姆斯·乔伊斯写了一封信。他请那位贫穷的英语老师给杂志《自我主义者》惠赐几首他最新的诗。这封友善的信以"尊敬的先生!"开头。"根据叶芝告诉我的事情,我可以想象,我们有那么一两处的厌恶是共同的。"自收到这封信起,乔伊斯好似死而复生了。从肯辛顿又来了庞德的第二封信,说他经叶芝之手收到了他的《我听到一支军队》,让他大感振奋。受到这样的鼓励,詹姆斯·乔伊斯在当天就坐下来修改他的两份手稿。两天后,《一个青年艺术家的画像》的第一章和短篇小说集《都柏林人》完工了,他用特快寄给伦敦的庞德。一颗明星诞生了。

※

漫漫长夜里,阿尔弗雷德·德布林医学博士,这位擅长写作的神经学家兼赫尔瓦特·瓦尔登的杂志《风暴》的职员,蛰伏在恩斯特·路德维希·基尔希纳位于科尔纳街的新工作室里。德布林翻来覆去地写男人和女人、共同生活的条件,写两性之间的战斗。大约在他的情人给他生了一个儿子之后,他说:"婚姻不是性欲的专门店。同样愚蠢的还有要求把所有的性关系都拘囿在婚内,这就好像要求人们只有在饭点且在特定的饭馆里才能饥饿一样。"基尔希纳很喜欢这论调。他在夏天给德布林的故事《女牧师会会员和死神》画了木版画,1913年11月发表在A. R.迈尔的维尔默斯多夫小出版社的《抒情传单》上。该社在1912年还出版了戈特弗里德·贝恩的《太平间》以及他1913年的新诗集《儿子们》。

12月,基尔希纳开始给德布林的独幕剧《伯爵夫人米兹》画插画,这是一部关于妓女的戏,基尔希纳曾以他画家的眼光在弗里德里希大街漫步时、在波茨坦广场的边缘贪婪地观察过她们。对于妓女,德布林说:"性器官是操作工具。"这是基尔希纳倾力绘画的实践背后的理论。他在这个12月里一再做出新的尝试,力图把波茨坦广场的魅力和冰冷、喧嚣和漠然转化为艺术。妓女们的皮衣领子、被衣领上的苍白冰凌映着的她们红彤彤的脸颊、刺眼的绿色羽毛围巾——旁边是没有脸的、被驱使着的男人们。基尔希纳画了又画,有一次他甚至在速写本上写下两个词:"妓女=时代的女人"。

❄

柏林克洛普施托克街洛维斯·科林特家的平安夜。

人生之作已经又累积了一年。特别是在蒂罗尔州,科林特拓展了他的调色盘,他找到了山的色调,后来把它用在瓦尔辛湖的景观画上,成为杰作。不过他现在仍然精力不足。等到圣诞节晚餐终于结束,应该开始分发圣诞礼物的时候,科林特爸爸请求孩子们再多一点耐心。他支起画架、楔形框,拿出颜料。夏洛特也出去了一会儿,和孩子们说的是去瞧瞧圣诞老人来了没有,实际上是去装扮成圣诞老人。他们的孩子托马斯和威廉明妮焦急地等待着。然后圣诞老人(其实是圣诞女人)来了,可以开始分发礼物了。可是洛维斯·科林特没有打开他的那一份,两眼只盯着画布——寥寥几下有力的笔触就让圣诞树跃然纸上,红色的蜡烛闪烁着温暖的光芒。旁边的托马斯正全神贯注地摆弄他配有红色幕布的新木偶剧院。身着白色小裙子的小威廉明妮刚刚也打开了包装,拿到了一个娃娃,又被下一件礼物吸引了过去。站在左边的夏洛特还穿着圣诞老人的衣装。在她面前,画面的左侧,摆着一块尚未切割的杏仁蛋糕。科林特用最美的棕色调画完它后,就把笔刷扔到一边,用抹布擦干净手指,拿起一块蛋糕。

❈

约瑟夫·斯大林被流放到西伯利亚挨冻。

❈

恩斯特·云格尔终于抵达非洲。作为外籍军团的一名新出炉的士兵,他与战友们待在北非西迪贝勒阿巴斯的一个尘土飞扬的帐篷里。他没有得到极大的自由,取而代之的只有无尽的演练。他们忍着灼人的炎热进行防卫练习、军事演习、耐力跑,直到彻底精疲力竭。到底是什么驱使他仓促订下五年的契约?云格尔又一次试图逃跑,这次他要逃离外籍军团。他藏身在摩洛哥。但是他被抓到了,被判在驻军监狱里关押一周。不知怎的,这一切和他所设想的非洲完全不同。正在此时,信使在12月13日给他送来如下电报:"雷堡,12点06分发出。法国政府已下达对你的解雇令,留下你的照片,云格尔。"通过外交干预,云格尔的父亲让他得以释放和遣返。12月20日,他离开外籍军团在北非的营地,他的遣散表格上注明的理由是:"父亲因其未成年提出申诉。"晒得黝黑、满心惭愧和烦乱的云格尔坐上火车,踏上从马赛返回巴德雷堡的漫长旅途。圣诞节的时候,他再次回到父母家里。平安夜里,他不是坐在非洲的星空下,而是在圣诞树下,它是几天前从雷堡的森林里砍来的。晚餐有鲤鱼吃。云格尔向他的父亲承诺,现在开始为了毕业努力学习。然后他表达了歉意,并早早上床睡觉。入睡前,他没有再读《黑暗大陆的秘密》。

❈

埃米尔·诺尔德到达了他梦想的目的地。在他启程两个月后,12月3日,他和阿达以及探险队的其他人一起乘坐北德意志-劳埃德航运公司的蒸汽轮船"瓦尔德马王子"号经过帕劳群岛。在加罗林群岛西部的亚普小岛上,他们和原住民有了第一次接触,那些人把自己的小船停在他们旁边,走上轮船的甲板。然后,一行人朝着赤道方向继续航行,途中也经过新几内亚的德国属地,奥古斯特·恩格尔哈特曾在那里建立他的帝国。这位来自德国的生活改革家在此期间已经变得瘦骨嶙峋,他建在海滩上的茅舍里堆满书籍,一群他的"椰子教"的追随者们聚集在他周围。他认为椰子是神圣的果实(因为它长在那么高不可及的地方),他传道说,要想健康,只有光吃椰肉和椰奶才行。他热爱椰子裂开瞬间那美妙的神圣之音。

诺尔德这些天也吃了很多椰子,但这对他来说还不够,他仍一直惦记着新鲜屠宰的鸡。12月13日,探险队抵达新不列颠保护区的首都拉包尔。在那里,每个人都得到一个当地"男孩"的帮助,照料阿达和埃米尔·诺尔德的两个男孩名叫图利和马塔姆。为了让所有人适应新环境,探险小组在拉包尔的小片丘陵地那马努拉待了四星期,他们住进一家新建成但尚未投入使用的殖民地医院。在干等了数周之后,诺尔德的创作欲望已不可遏制。他拿起水彩画纸,在一个容器里装了点河水,从清晨画到深夜:首先画的是马塔姆和图利,接着是土著的茅屋、女人、儿童、安宁、棕榈树。他还雕了一根木手杖,印上两个男孩的木刻画。深色的脑袋上可以看到细致的耳朵和眼睛,可以辨认出图利独特的鼻子和马塔姆向前突出的上唇,后面是南太平洋丛生的杂草。

不过埃米尔·诺尔德不仅仅是心醉神迷,他也经历了幻灭。保罗·高更曾画下的、欧洲诗人曾在诗中讴歌的未受污染的南太平洋，他在帕劳这儿没有看到。殖民地的原住民们以一种令人悲伤的方式实现了欧化，"他们的抗拒被打断，他们的头发被剪短"，他如此写道。他们全都被送到拉包尔学习德语或英语，然后返回各自的村庄，以便将来给旅游者做翻译。诺尔德坐船来到羚羊半岛，希望在那里看到更原始的结构——他见证到一种文化堕落的时刻，用他的水彩画进行了取证。他在三角梅和木芙蓉闪亮的粉红色花朵中寻找天堂，也在当地人赤裸的身体上寻找。可是诺尔德在他们的脸上发现了可怕的冷漠。他关于南太平洋的画面讲述的不是原始的生命活力，而是现代化的严重性。他给遥远的家乡写信："我绘画，我试图抓住一些原始的存在。有一点可能也成功了，无论如何我都认为，我画的原始人和部分水彩画相当真实和粗野，它们不可能挂在弥漫着香水味的沙龙里。"

这一年的12月在新不列颠诞生了数十张水彩画，它们是对一种文化在欧洲的压力下破碎的剧痛的忧郁研究。母亲和孩子依偎在一起，好似坐在一艘正在下沉的船上。这就是他梦想了多年的天堂，是他熬过六十来天的艰难旅程后到达的地方。

12月23日，诺尔德让邮船把他的215幅素描和水彩画从拉包尔带给他在哈勒的朋友兼赞助人汉斯·费尔。12月24日,埃米尔·诺尔德在日记中写道,他是多么想念白色圣诞节,壁炉里的柴火噼啪作响,还有装饰得漂漂亮亮的圣诞树:"在我们这儿几乎不可能有圣诞节的感觉,这里太热了。我们的思绪漂洋过海,钻进德国家乡的小屋,那里灯火灼灼。我把在海上旅行时用小刀雕刻的小人放到我们的圣诞餐桌上。

在12月25日《剧院》杂志第52期上刊登了库尔特·图霍尔斯基用假名特奥巴尔德·蒂格发表的诗《大——城市——圣诞节》。它把圣诞节描述为一场市民的戏剧,人们此时不再有真情实感,有的只是角色。

大—城市—圣诞节(……)

圣婴诞生了! 我们年轻人在聆听

一台沉默的神圣的留声机。

圣婴诞生了,准备好交换

领带、娃娃和词典,

正直的市民和家人在一起,

完整的鲤鱼,安静地坐在椅子上,九点半,

然后他对自己很满意,而且清楚地知道:

"哎呀,圣诞节还挺美的哩!"

他心情愉快地谈起"圣诞天气",
现在下雨也好,下雪也好,
他舒服快活地读他的晨报,
上面有满满当当的甜言蜜语。

圣婴飞行在这尘世的居所
真的只遇见虚荣的幸福?
我的上帝,他们只是在模仿圣诞平安……
"我们大家都在演戏。明白这点的人是聪明的。"

最后一个诗行里的引言出自阿图尔·施尼茨勒。"我们大家都在演戏。明白这点的人是聪明的。"这好似1913年的神秘密码。施尼茨勒应该感到骄傲,因为年轻的先锋派人士如此理解他,他们能够引用他的话,而且大家立刻知道这是针对谁说的。

但是阿图尔·施尼茨勒没有感到骄傲。他在12月的日记中记录,他现在终于放弃了希望,不再指望有某个人能真正理解他:"罗塞博士转交给我一本关于我的小册子,虽然用心良苦,但基本上和到处都有的评论没什么不同。我放弃期待被当今的批评界理解。"

❄

1913年12月18日,赫伯特·恩斯特·卡尔·弗拉姆出生在吕贝克,他后来叫维利·勃兰特。

1913年最流行的名字是格特鲁德、玛尔塔、埃尔娜、伊姆加德、夏洛特、安娜、伊尔泽、玛格丽特、玛利亚、赫尔塔、弗里达、埃尔泽。对于小男孩来说则是:卡尔、汉斯、瓦尔特、威廉、库尔特、赫伯特、恩斯特、赫尔穆特、奥托、赫尔曼、维尔纳、保罗、埃里希、维利。

❄

奥斯卡·柯克西卡在布莱滕施泰因新建的房子里与阿尔玛及其母亲和女儿一起庆祝圣诞节。灯还没有装配好,因此夜幕降临后,所有人都围坐在壁炉旁,熊熊燃烧的炉火和许多支蜡烛让一切沉浸在喜庆的光芒中。柯克西卡送给阿尔玛一把大扇子,他在上面作了画,画面中间的男人被一条大鱼夺去阿尔玛。柯克西卡确信:"从中世纪至今都找不出类似的,因为没有哪对情人曾经如此热情地相濡以沫。"(后来,当阿尔玛早就和瓦尔特·格罗皮乌斯相濡以沫了之后,柯克西卡让人仿造阿尔玛做了一个玩偶,和真人一般大小,他向玩偶制作人详细描述她臀部的每一条皱纹和每一个脂肪块,他和玩偶共同生活的时间比和阿尔玛本人在一起的时间都长。不过我只在括号中说这个,我们并不想知道接下来的一切如何发展,这里只谈 1913 年。)

❋

D. H. 劳伦斯刚刚庆祝过《儿子与情人》在英国取得的巨大成功,根据本书,男人只可以是儿子或情人中的一个(这也是某种弑父),劳伦斯在此书中已发掘出理智和本能之间的冲突这一伟大主题。为了取得他的情人弗丽达·冯·里希特霍芬的信任,他在秋天穿越了整个瑞士,眼下这两人正在地中海的一家港口酒吧里庆祝温暖的圣诞节。他在圣诞节坦白了自己独特的信仰:"我深信的宗教是,信仰血、肉比理智更聪明。我们会在我们的思想中迷路。但是我们的鲜血所感觉到的、所相信的和所述说的,却总是真实的。"

❋

他的话被卡夫卡听进去了。菲丽丝·鲍尔不再回信。他给她写挂号信,他寄给她一封特快邮件,他让他的朋友恩斯特·魏斯直接去她在林斯特龙股份公司的办公室带消息,但是她没有回音。然后卡夫卡收到一份电报，预告有一封信要来。但是信并没有来。他们通了个简短的电话，菲丽丝请求他不要在圣诞节的时候去柏林，她很快会给他写信。但是她没有回音。一直等到12月29日中午，仍然没有任何信件降临布拉格，弗兰茨·卡夫卡坐下来开始写一封新信，他的第二封求婚书。他写写想想，写写想想，写写想想。截至除夕，已经写了22页。最终的信长达35页。卡夫卡写道："我爱你菲丽丝，以我身上一切人性之良善，以我身上一切有价值之物爱你，这份爱让我漂流在人间。"十二点，又一次传来城堡区的钟声，卡夫卡稍微起身，望向窗外。他们在11月搬了家，如今出现在卡夫卡视野中的不再是河流、小桥和公园，而是老城广场。雪安静地下个不停，减弱了从城堡传来的炮声，外面的广场上，人们在庆祝新一年的开始。卡夫卡又坐了下来，继续奋笔疾书："你曾指摘我各种不是，想要改变我，甚至这一点我也喜欢，我只是想让你知道这个。"

※

凯特·柯勒惠支厌倦了和她丈夫在一起的生活，不确定她的艺术应该向哪个方向发展，她在除夕夜总结道："无论如何，1913年波澜不惊地过去了，没有死亡和困倦，内心生活相当丰富。"

❇

内心生活相当丰富，或许真是这样。黑暗的12月的夜晚，罗伯特·穆齐尔在整理他的笔记，他多年以后的小说《没有个性的人》肇始于此。现在他写下美丽的句子："乌尔里希预言了命运，却对它一无所知。"不错。他又喝了一口红酒，点上一支烟（人们至少可以这么想象一下），然后他从乌尔里希身边走开，写着写着就靠近了女主角狄奥蒂玛，她的美貌令人垂涎，是一个充满个性的女人，这段时间以来，这句特别的话早已呼之欲出。于是他写道："有些事情是未知的：它可能是未来，但无论如何，她的红唇也有那么一点儿。"

❇

在1913年的这个圣诞节，有一些幸福的人儿。卡尔·克劳斯和西多妮·纳德赫尔尼·冯·博鲁廷就是其中的两个，一切在他们面前敞开。和弗兰茨·韦费尔争吵的压力还没有波及他们的田园生活。他们仍然享受着彼此，密不告人，却充满爱意。克劳斯迷上了博鲁廷家在雅诺维茨的可爱城堡，那里只点着煤油路灯，一座梦幻般的公园内庭里生长着五百岁的神奇的老杨树——就是那座公园，里尔克也曾经拜倒在它永恒的魅力之下。即使是现在,在12月,高大的杨树树冠上仍留有一些凌乱的树叶,当风从山丘那边吹来,树叶飒飒作响。克劳斯完全被这个地方的魔力征服了,他心爱的西多妮是这里掌管马驹、狗和猪的女主人。这里是他的天堂。这里的一切如其所是:良好、自然、真实。西多妮和雅诺维茨把卡尔·克劳斯从维也纳以及他的知识分子紧身衣中解放出来,把他变成另一个人。西多妮的哥哥希望他的妹妹能有一场符合身份的婚礼,但是当夜里哥哥刚刚入睡,卡尔就飞快地穿过黑暗寒冷的城堡走廊,爬到他的西多妮的温暖的床上,把这类过时的等级势利统统抛到脑后。卡尔·克劳斯是在12月23日抵达雅诺维茨的,他的朋友阿道夫·洛斯在24日随后而至,他们想一起庆祝圣诞节。大概是为了不至于打扰这对年轻恋人太长时间,洛斯试图去参观下奥地利皇位继承人在克诺皮士杰的宫殿,它就在博鲁廷城堡的旁边不远处。他写了一封信请求允许他进去。但是弗兰茨·斐迪南不想被打扰。真是可惜,这本来可以成为奥匈帝国两个极端的一场美妙的碰面,洛斯是反对装饰的冷酷的战斗者,而弗兰茨·斐迪南是热血的军事指挥官。

这时候从巴黎来了一封给西迪[①]的信,发信人是里

---

① 西多妮的昵称。

尔克。"卡尔·克劳斯在您那儿吗?"他问道,因为西迪过去对他很是信任。然后他恰巧是向如此反感弗兰茨·韦费尔的西多妮请求给卡尔·克劳斯推介一篇关于韦费尔的杂文,题目是《关于年轻的诗人》。没有比这更不适合送给克劳斯的东西了,他很快获悉韦费尔传播他爱人的谣言,这把他变成了一头狂怒的公牛。

不过眼下里尔克的信并没有进一步打扰到雅诺维茨的爱情牧歌,西迪把信放到一边,这事不急,她想,和卡尔带着她心爱的狗波比又一次去了公园。雪花温柔地从天空飘落,他们在其间翩翩起舞。

此前,克劳斯从没有离开他的书桌超过两天,如今却把他的假期延长到新年,写下兴味盎然的自然诗篇。高傲的大美人西迪后来赠予他一张自己的生动照片,在背面用蓝色墨水写道:"卡尔·克劳斯/纪念在一起的日子,西迪·纳德赫尔尼/雅诺维茨1913—1914"。他立刻把它挂在自己维也纳的书桌上方,再也没有取下过。有一天,以后的生活中的某个时候,他从圣莫里茨给她写了一张明信片:"今晚请回想起1913年的圣诞节。"那一定曾是一个无比美妙的圣诞节。

※

12月27日,维也纳政府部门同意给患有神经衰弱症的二级图书管理员罗伯特·穆齐尔延长三个月的病假。他立刻赶去德国和萨穆埃尔·菲舍尔商谈,没几天就成为菲舍尔的杂志《新评论报》的一名编辑。在从维也纳到柏林的火车旅途中,他心烦意乱地记录道:"在德国显而易见的:巨大的黑暗。"

❊

1913年除夕,奥斯瓦尔德·斯宾格勒在日记中写道:"我记得,当我还是个小男孩的时候,是怀着怎样的心情看到圣诞树在除夕之夜被扫除干净,清理出门,一切又变得跟以前一样平淡无奇。我躺在床上悄悄地哭了一整夜,这么长、这么长的一年,到下一个圣诞节还要等那么久,无以慰藉。"然后又写道:"今天,本世纪中的存在压迫着我。一切,有文化、有美、有色彩存在的东西,都被扫除干净。"

❊

1913年底出版了一本令人惊讶的书。它的题目是《1913年》——它试图对现状做出总结,当下的"文化价值过于丰富",但同时也"看到大众的僵化和肤浅不断增长"。亮点在最后一篇恩斯特·特勒尔奇关于当代宗教现象的文章:"这是我们大家都熟知的老故事,人们一直称之为进步,后来又叫它颓废,今天的人们则乐意在这个故事中看到对一种新的理想主义的准备。社会改革者、哲学家、神学家、商人、神经科医生、历史学家都在给这理想主义做标记。可是它还没有到来。"人们曾经称之为进步的老故事——在1913年12月这是个相当明智的说法。然而在这一年的人声鼎沸中,又有谁理解这种语言?

※

在巴比伦发现了厄特默南基神庙遗址:这就是传说中的"巴别塔"。

※

当然,"同步可视历史记录法"的发明人维尔纳·施泰因也出生于1913年,生日是12月14日。他1946年出版的《人类文明编年纪事》把整个人类历史按照年度横向归结起来。

※

女人在除夕穿什么?《凉亭》的副刊《女性天地》的第52期提供了"岁末年初的时尚"建议。"缤纷的色彩之愉悦仍然是本季的特点,即使是在小型庆祝活动的洗手间里也引人注目。多亏了宽松的剪裁,大部分的衣服都印有优美的图案,在苗条的人身上散发出十足的魅力。对较为强壮的女士来说,当今的时尚故意模糊个别线条的设计也让她显得相当妩媚,只要她懂得选择。"下一页上是玛丽·穆勒的一首诗,它有一个听起来人畜无害的标题《除夕》,里面却有几行令人不安的句子:

> 因此,让我们行动,从早到晚,
> 好让我们有成功的一年!
> 好在争执和劳累之后,
> 给每个人带来胜利与和平。
> 也让世界大战的旋律
> 不再来势汹汹地响起!
> 让这声音很快也变得和谐
> 像钟声一般回荡。

❇

这 12 月的最后几天里,赖纳·马利亚·里尔克在巴黎过得不好。他写道:"我没有看到任何人,天寒地冻,结冰,下雨,滴水——这里的冬天就是这样,度日如年。我渐渐地受够了巴黎,这是一个该诅咒的地方。"接着写道:"这里是我对 1914、1915、1916、1917 年等等的愿望的缩影。"这愿望是：安宁,以及和一个姐妹般的人一起生活在乡下。这些姐妹般的人中的一个目前心思正在别的地方,她就是西多妮·纳德赫尔尼,里尔克给她写信道："我现在最好变成一只蜷缩起来的刺猬,好像没有脸一样,只有到了晚上才在路边的沟里打开身体,小心翼翼地爬上来,把灰色的口鼻朝向星星。"

❄

1913年第一次在天空中观察到了完整的天箭座星图。它位于狐狸座的南边和天鹰座的北边,是一支清楚明亮的箭头,正瞄准天鹅座。人们着迷地望向天空。天箭座的名字来源于神话中赫拉克勒斯射出的那支危险的箭。不过天鹅又走运了一次：利箭擦身而过。

❄

现在是1913年12月31日。阿图尔·施尼茨勒在日记中写下几句话："上午把那篇疯狂的小说暂时口授完结。"下午他读书：里卡达·胡赫的《德国的伟大战争》。"整天都非常焦虑。"然后是晚上的社交："玩了轮盘赌。"午夜,他们开球迎来1914年。

主要参考书目

本书参考了数量繁多的参考书目与文化史资料。下面记录了其中最主要的一些,感谢它们的作者对本书的重要指导。

Altenberg, Peter: *Extrakte des Lebens. Gesammelte Skizzen 1898–1919.* Wien und Frankfurt a. M. 1987.

Bauschinger, Sigrid: *Else Lasker-Schüler. Eine Biographie.* Göttingen 2004.

Berenth-Corinth, Charlotte: *Lovis Corinth, Die Gemälde. Werkverzeichnis.* München 1992.

Berger, Hilde: *Ob es Hass ist, solche Liebe? Oskar Kokoschka und Alma Mahler.* Wien 2008.

Bernauer, Hermann: *Zeitungslektüre im »Mann ohne Eigenschaften« (Musil Studien).* München 2007.

Bourgoing, Jean de (Hrsg.): *Briefe Kaiser Franz Josephs an Frau Katharina Schratt.* Wien 1964.

Brandstätter, Christian (Hrsg.): *Wien 1900. Kunst und Kultur. Fokus der europäischen Moderne.* Wien 2005.

Bülow, Ulrich von (Hrsg.): *»Sicherheit ist nirgends«. Das Tagebuch des Arthur Schnitzler, Marbacher Magazin 93*. Marbach 2001.

Decker, Kerstin: *Lou Andreas-Salomé. Der bittersüße Funke Ich*. Berlin 2010.

Dorrmann, Michael: *Eduard Arnhold (1849–1925)*. Berlin 2002.

Dyck, Joachim: *Benn in Berlin*. Berlin 2010.

Ellmann, Richard: *James Joyce. Biographie*. Frankfurt a. M. 1994.

Feininger, Lyonel: *Gelmeroda. Ein Maler und sein Motiv*. Wuppertal/Halle 1995.

Fest, Joachim: *Hitler. Eine Biographie*. Frankfurt a. M./München 1973.

Franz, Erich (Hrsg.): *Franz Marc: Kräfte der Natur. Werke 1912–1915. Katalog zur Ausstellung in München und Münster*. Ostfildern 1993.

Freedman, Ralph: *Rainer Maria Rilke. Der Meister 1906–1926*. Frankfurt a. M. 2002.

Freud, Martin: *Glory Reflected. Sigmund Freud-Man and Father*. London 1957.

Freud, Sigmund/Jung, C. G.: *Briefwechsel*. Hrsg. von William McGuire. Frankfurt a. M. 1974.

Fühmann, Franz: *Vor Feuerschlünden-Erfahrung mit Georg Trakls Gedicht.* Rostock 2000.

Gay, Peter: *Sigmund Freud.* Frankfurt a. M. 1988.

Gay, Peter: *Das Zeitalter des Doktor Arthur Schnitzler.* Frankfurt a. M. 2002.

Gebhardt, Miriam: *Rudolf Steiner. Ein moderner Prophet.* Stuttgart 2011.

Grochowiak, Thomas: *Ludwig Meidner.* Recklinghausen 1966.

Grosz, George: *Ein kleines Ja und ein großes Nein.* Frankfurt a. M. 2009.

Güse, Ernst-Gerhard (Hrsg.): *August Macke. Gemälde, Aquarelle, Zeichnungen.* München 1986.

Gumbrecht, Hans Ulrich: *1926. Ein Jahr am Rande der Zeit.* Frankfurt a. M. 2001.

Henkel, Katharina/März, Roland (Hrsg.): *Der Potsdamer Platz. Ernst Ludwig Kirchner und der Untergang Preußens.* Berlin 2001.

Hilmes, Oliver: *Witwe im Wahn. Das Leben der Alma Mahler-Werfel.* München 2004.

Hof, Holger: Gottfried Benn: *Der Mann ohne Gedächtnis. Eine Biographie.* Stuttgart 2011.

Hoffmeister, Barbara: *S. Fischer. Der Verleger. Eine*

Lebensbeschreibung. Frankfurt a. M. 2009.

Husslein-Arco, Agnes/Kallir, Jane (Hrsg.): *Egon Schiele. Selbstporträts und Porträts*. München 2011.

Jasper, Willi: *Der Bruder: Heinrich Mann*. München 1992.

Jasper, Willi: *Zauberberg Riva*. Berlin 2011.

Jauß, Hans Robert: *Die Epochenschwelle von 1912*. Heidelberg 1986.

Joachimsthaler, Anton: *Hitlers Weg begann in München. 1913–1923*. München 2000.

Jünger, Ernst: *Kriegstagebuch 1914–1918*. Hrsg. von Helmuth Kiesel. Stuttgart 2010.

Jünger, Ernst: *Afrikanische Spiele*. Stuttgart 1936.

Kafka, Franz: *Briefe an Felice und andere Korrespondenzen aus der Verlobungszeit*. Hrsg. von Erich Heller und Jürgen Born. Frankfurt a. M. 1967.

Kafka, Franz: *Tagebücher, Kritische Ausgabe*. Hrsg. von Hans-Gerd Koch, Michael Müller und Malcolm Pasley. Frankfurt a. M. 1990.

Karlauf, Thomas: *Stefan George. Die Entdeckung des Charismas*. München 2007.

Kerr, Alfred: *Mit Schleuder und Harfe. Theaterkritiken aus drei Jahrzehnten*. Hrsg. von Hugo Fetting. Berlin (Ost) 1981.

Kerr, Alfred: »*Ich sage, was zu sagen ist*«. *Theaterkritiken 1893–1919*. Hrsg. von Günther Rühle. Band VII.1, Frankfurt a. M. 1998.

Kessler, Harry Graf: *Das Tagebuch 1880–1938, Band 4: 1906–1914*. Hrsg. von Jörg Schuster, Roland S. Kamzelak und Ulrich Ott. Stuttgart 2005.

Klingsöhr-Leroy, Cathrin/Schneider, Katja (Hrsg.): *Franz Marc-Paul Klee. Dialog in Bildern*. Wädenswil 2010.

Kokoschka, Oskar: »Briefe 1905–1919«, in: ders.: *Briefe in 4 Bänden: 1905–1976, Band 1*. Hrsg. von Olda und Heinz Spielmann. Düsseldorf 1984.

Kraus, Karl: *Briefe an Sidonie Nádherný von Borutin 1913–1936*. Hrsg. von Friedrich Pfäfflin. Frankfurt a. M. 1973.

Küchmeister, Kornelia/Nicolaisen, Dörte et al. (Hrsg.): »*Alles möchte ich immer*«: *Franziska von Reventlow (1871–1918)*. Lübeck 2010.

Kühn, Heinrich: *Die vollkommene Fotografie*. Ostfildern 2010.

Kussmaul, Ingrid/Pfäfflin, Friedrich: *S. Fischer Verlag. Von der Gründung bis zur Rückkehr aus dem Exil. Eine Ausstellung des deutschen Literaturarchivs im Schiller-Nationalmuseum*. Marbacher Kataloge Nr. 40. Marbach 1985.

Kutscher, Arthur: *Wedekind. Leben und Werk*. München

1964.

Mächler, Robert: *Robert Walser. Biographie.* Frankfurt a. M. 1992.

Mann, Golo: *Erinnerungen und Gedanken. Eine Jugend in Deutschland.* Frankfurt a. M. 1986.

Mann, Thomas: *Briefe 1889–1913.* Hrsg. von Thomas Sprecher, Hans R. Vaget und Cornelia Bernini. Große Kommentierte Frankfurter Ausgabe: Briefe und Tagebücher, Tl. 1. Frankfurt a. M. 2002.

Matisse, Henri: *Radical Invention 1913–1917.* Chicago 2010.

Matuschek, Oliver: *Stefan Zweig. Drei Leben. Eine Biographie.* Frankfurt a. M. 2006.

Mehring, Reinhard: *Carl Schmitt. Aufstieg und Fall. Eine Biographie.* München 2009.

Mendelssohn, Peter de: *Der Zauberer. Das Leben des deutschen Schriftstellers Thomas Mann. Erster Teil 1875–1918.* Frankfurt a. M. 1975.

Moeller, Magdalena M. (Hrsg.): *Karl Schmidt-Rottluff. Ostseebilder: Katalog zur Ausstellung in Lübeck, Kunsthalle St. Annen und Museum Behnhaus Drägerhaus-Galerie des 19. Jahrhunderts. Brücke-Museum Berlin, 11.02.2011–17.07.2011.* München 2010.

Moeller, Magdalena M. (Hrsg.): *Emil Nolde in der Südsee.* München 2002.

Moeller, Magdalena M. (Hrsg.): *Emil Nolde. Expedition in die Südsee. Brücke-Archiv 20/2002.* München 2002.

Moeller, Magdalena M. (Hrsg.): *Ernst Ludwig Kirchner in Berlin. Katalog zur Ausstellung im Brücke-Museum, Berlin 2008/2009.* München 2009.

Montefiore, Simon Sebag: *Der junge Stalin.* Frankfurt a. M. 2007.

Morton, Frederic: *Wetterleuchten 1913/1914.* Wien 1990.

Musil, Robert: *Tagebücher.* Hrsg. von Adolf Frisé, 2 Bände. Reinbek bei Hamburg 1976.

Nebehay, Christian M.: *Egon Schiele. Leben und Werk.* Wien 1980.

Ott, Ulrich/Pfäfflin, Friedrich (Hrsg.): *Karl Kraus. Eine Ausstellung des Deutschen Literaturarchivs im Schiller Nationalmuseum Marbach 8. Mai-31. Oktober 1999.* Marbacher Kataloge Nr. 52. Marbach 1999.

Pinsent, David H.: *Reise mit Wittgenstein in den Norden. Tagebuchauszüge, Briefe.* Wien/Bozen 1994.

Rabaté, Jean-Michel: *1913. The Cradle of Modernism.*

Oxford, 2007.

Richardson, John: *Picasso. Leben und Werk, Band 2. 1907–1917.* München 1997.

Rilke, Rainer Maria: *Briefe aus den Jahren 1907–1914.* Leipzig 1939.

Rilke, Rainer Maria/Cassirer, Eva: *Briefwechsel.* Hrsg. und kommentiert v. Sigrid Bauschinger. Göttingen 2009.

Röhl, John C.G: *Wilhelm II. Der Weg in den Abgrund. 1900–1941.* München 2008.

Roters, Eberhard/Schulz, Bernhard (Hrsg.): *Stationen der Moderne. Die bedeutendsten Kunstausstellungen des 20. Jahrhunderts in Deutschland.* Berlin 1988.

Rubin, William (Hrsg.): *Picasso und Braque. Die Geburt des Kubismus - Mit einer vergleichenden biographischen Chronologie von Judith Cousins.* München 1990.

Sarason, David: *Das Jahr 1913. Ein Gesamtbild der Kulturentwicklung.* Leipzig/Berlin 1913.

Savoy, Benedicte: *Nofretete. Eine deutsch-französische Affäre. 1912–1931.* Köln 2011.

Schmitt, Carl: *Tagebücher. Oktober 1912 bis Februar 1915.* Hrsg. von Ernst Hüsmert. Berlin 2005.

Schwilk, Heimo (Hrsg.): *Ernst, Jünger: Leben und Werk in Bildern und Texten.* Stuttgart 1988/2010.

Schnitzler, Arthur: *Tagebuch 1913–1916*. Wien 1983.

Schnitzler, Arthur: *Briefe 1913–1931*. Hrsg. von Peter Michael Braunwarth, Richard Miklin und Susanne Pertlik. Frankfurt a. M. 1984.

Schuster, Peter-Klaus/Vitali, Christoph et al.: *Lovis Corinth*. München 1996.

Scotti, Rita: *Der Raub der Mona Lisa. Die wahre Geschichte des größten Kunstdiebstahls*. Köln 2009.

Simplicissimus, Jahrgang 1913, München.

Sinkovicz, Wilhelm: *Mehr als zwölf Töne. Arnold Schönberg*. Wien 1998.

Spengler, Oswald: *Ich beneide jeden, der lebt*. Düsseldorf 2007.

Stach, Rainer: *Kafka. Die Jahre der Entscheidungen*. Frankfurt a. M. 2002.

Tomkins, Calvin: *Marcel Duchamp. Eine Biographie*. München 1999.

Tucholsky, Kurt: *Briefe. Auswahl 1913 bis 1935*. Berlin (Ost) 1983.

Wagenbach, Klaus: *Franz Kafka. Bilder aus seinem Leben*. Berlin 2008.

Wagenknecht, Christian/Willms, Eva (Hrsg.): *Karl Kraus-Franz Werfel. Eine Dokumentation*. Göttingen 2001.

Weidinger, Alfred: *Kokoschka und Alma Mahler. Dokumente einer leidenschaftlichen Begegnung*. München 1996.

Weinzierl, Ulrich: *Hofmannsthal. Skizzen zu einem Bild.* Wien 2005.

Welt der Frau, Jahrgang 1913, München.

Wolff, Kurt: *Briefwechsel eines Verlegers 1911–1963.* Hrsg. von Bernhard Zeller und Ellen Otten. Frankfurt a. M. 1966.

www.wikipedia.de

Zweig, Stefan: *Die Welt von gestern.* Stockholm 1944.

致　谢

本书作者感谢霍尔格·霍夫在戈特弗里德·贝恩、莱昂哈德·霍洛夫斯基在普鲁士宫廷、赖纳·施塔赫在弗兰茨·卡夫卡以及维利·雅斯佩尔在亨利希·曼的研究方面给予的重要帮助。特别感谢本书的第一位读者,渊博的埃哈德·舒茨。

图书在版编目（CIP）数据

1913．世纪之夏的浪荡子们 /（德）弗洛里安·伊利斯著；续文译. -- 南京：译林出版社，2024．8.
ISBN 978-7-5753-0215-9

Ⅰ. K504-49
中国国家版本馆CIP数据核字第2024ZP0141号

1913. Der Sommer des Jahrhunderts by Florian Illies
Original published as: "1913. Der Sommer des Jahrhunderts"
Copyright © S. Fischer Verlag GmbH, Frankfurt am Main, 2012
This edition published by arrangement with S. Fischer Verlag GmbH through JIA-XI Books Co. Ltd.
Simplifed Chinese edition copyright © 2024 by Yilin Press, Ltd
All rights reserved.

著作权合同登记号 图字：10-2018-517号

1913：世纪之夏的浪荡子们 ［德国］弗洛里安·伊利斯／著 续 文／译

责任编辑	王瑞琪
装帧设计	韦 枫
校 对	王 敏
责任印制	董 虎

原文出版	Fischer, 2012
出版发行	译林出版社
地 址	南京市湖南路1号A楼
邮 箱	yilin@yilin.com
网 址	www.yilin.com
市场热线	025-86633278
排 版	南京展望文化发展有限公司
印 刷	江苏凤凰通达印刷有限公司
开 本	787毫米×1092毫米 1/32
印 张	11.625
插 页	2
版 次	2024年8月第1版
印 次	2024年8月第1次印刷
书 号	ISBN 978-7-5753-0215-9
定 价	59.00元

版权所有·侵权必究

译林版图书若有印装错误可向出版社调换。质量热线：025-83658316